Die Aufrechnung im internationalen Vertragsrecht

Internationalrechtliche Studien

Beiträge zum Internationalen Privatrecht, zum Einheitsrecht und zur Rechtsvergleichung

Herausgegeben von Ulrich Magnus

Band 20

PETER LANG
Frankfurt am Main · Berlin · Bern · Bruxelles · New York · Oxford · Wien

Ingo Janert

Die Aufrechnung im internationalen Vertragsrecht

PETER LANG
Europäischer Verlag der Wissenschaften

Die Deutsche Bibliothek - CIP-Einheitsaufnahme

Janert, Ingo:

Die Aufrechnung im internationalen Vertragsrecht / Ingo Janert.
- Frankfurt am Main ; Berlin ; Bern ; Bruxelles ; New York ;
Oxford ; Wien : Lang, 2002
(Internationalrechtliche Studien ; Bd. 20)
Zugl.: Hamburg, Univ., Diss., 2001
ISBN 3-631-39132-3

D 18
ISSN 0947-0395
ISBN 3-631-39132-3

www.peterlang.de

Vorwort

Die vorliegende Arbeit ist als Dissertation der Universität Hamburg angenommen worden. Die mündliche Prüfung fand am 31.10.2001 statt.

Ich möchte mich bei Herrn Prof. Dr. Ulrich Magnus für Anregung und Betreuung der Dissertation, für die Anfertigung des Erstgutachtens sowie für die Aufnahme der Arbeit in diese Schriftenreihe bedanken. Mein Dank gilt auch Herrn Prof. Dr. Jan Kropholler für die Erstellung des Zweitgutachtens.

Ich möchte mich weiter bei den Mitarbeitern des Max-Planck-Instituts für ausländisches und internationales Privatrecht in Hamburg bedanken. Die vielfältige Unterstützung bei der Literaturrecherche hat mir meine Arbeit sehr erleichtert.

Schließlich danke ich ganz herzlich meinen Eltern und Bettina für ihre fortdauernde Hilfe und Zuspruch.

Ingo Janert — Hamburg, im Dezember 2001

Inhaltsübersicht

Inhaltsverzeichnis

Abkürzungsverzeichnis

a.A.	anderer Ansicht
A.C.	Law Reports, Appeal Cases, House of Lords and Privy Council
aaO.	am angegebenen Ort
ABGB	Allgemeines Bürgerliches Gesetzbuch (Österreich)
Abs.	Absatz
AcP	Archiv für die civilistische Praxis
AG	Amtsgericht
AGB	Allgemeine Geschäftsbedingungen
AGBG	Gesetz zur Regelung der Allgemeinen Geschäftsbedingungen
All. E.R.	All England Law Reports
Anm.	Anmerkung
Art.	Artikel
AWD	Außenwirtschaftsdienst des Betriebs-Beraters
AWG	Außenwirtschaftsgesetz
BadRPrax	Badische Rechtspraxis
BAG	Bundesarbeitsgericht
Bd.	Band
BegrRegE	Begründung zum Regierungsentwurf
BGB	Bürgerliches Gesetzbuch (Deutschland)
BGBl.	Bundesgesetzblatt
BGE	Entscheidungen des Schweizerischen Bundesgerichts (amtliche Sammlung)
BGH	Bundesgerichtshof
BGHZ	Entscheidungen des Bundesgerichtshofs in Zivilsachen (amtliche Sammlung)
BT-Drucks.	Bundestags-Drucksache
bzw.	beziehungsweise
C.A.	Court of Appeal
C.B. (N.S.)	Common Bench Reports, New Series
C.c.	Code civil

Ch.	Law Reports, Chancery Division
CISG	Convention on the International Sale of Goods
D.P.	(Recueil) Dalloz périodique e critique
ders.	derselbe
EGBGB	Einführungsgesetz zum Bürgerlichen Gesetzbuch
EGV	Vertrag zur Gründung der Europäischen Gemeinschaft
EKG	(Haager) Einheitliches Kaufgesetz
EuGVÜ	Brüsseler EWG-Übereinkommen vom 27.09.1968 über die gerichtliche Zuständigkeit und die Vollstreckung gerichtlicher Entscheidungen in Zivil- und Handelssachen
EVHGB	Verordnung zur Einführung handelsrechtlicher Vorschriften im Lande Österreich
EVÜ	Römisches EWG-Übereinkommen vom 19.07.1980 über das auf vertragliche Schuldverhältnisse anwendbare Recht
EWG	Europäische Wirtschaftsgemeinschaft
EZB	Europäische Zentralbank
f., ff.	folgend(e)
Fn.	Fußnote
Fordham L.Rev.	Fordham Law Review
FS	Festschrift
Gaz. Pal.	Gazette du Palais
gem.	gemäß
ggf.	gegebenenfalls
GmbHG	Gesetz betreffend die Gesellschaften mit beschränkter Haftung
H.L.	House of Lords
h.L.	herrschende Lehre
h.M.	herrschende Meinung
HGB	Handelsgesetzbuch
Hrsg., hrsg.	Herausgeber, herausgegeben
HS	Halbsatz
i.d.F.	in der Fassung
i.S.d.	im Sinne des
i.S.v.	im Sinne von

i.V.m.	in Verbindung mit
Indian J. Int 'l L	Indian Journal of International Law
IPR	Internationales Privatrecht
IPRax	Praxis des Internationalen Privat- und Verfahrensrecht
IPRG	(Schweizer) Bundesgesetz über das internationale Privatrecht
IWF	Internationaler Währungsfonds
Jb.it.R.	Jahrbuch für italienisches Recht
JBL.	Juristische Blätter (Österreich)
JuS	Juristische Schulung
JW	Juristische Wochenschrift
JZ	Juristenzeitung
KG	Kammergericht
L.C.	Lord Chancellor
L.T.	Law Times Report
LG	Landgericht
lit.	litera
Ll.L.R.	Lloyd's Law Reports
m.a.W.	mit anderen Worten
M.L.R.	Modern Law Review
m.w.N.	mit weiteren Nachweisen
MDR	Monatsschrift für Deutsches Recht
n°	numéro
NJW	Neue Juristische Wochenschrift
NJW-RR	NJW-Rechtsprechungs-Report Zivilrecht
Nr.	Nummer
O.R.	Official Records
OGH	Oberster Gerichtshof (Österreich)
OLG	Oberlandesgericht
OLGRspr.	Die Rechtsprechung der Oberlandesgerichte auf dem Gebiete des Zivilrechts
OR	Obligationenrecht (Schweiz)
ord.	order

para.	paragraph
Q.B.	Law Reports, Queen´s Bench
Q.B.D.	Law Reports, Queen´s Bench Division
r.	rule
R.S.C.	Rules of the Supreme Court
RabelsZ	Rabels Zeitschrift für ausländisches und internationales Privatrecht
Rev.crit.	Revue critique de droit international privé
Rev.trim.dr.civ.	Revue trimestrielle de droit civil
RG	Reichsgericht
RGZ	Entscheidungen des Reichsgerichts in Zivilsachen
RheinArch	Archiv für Zivil- und Strafrecht der königlich preußisch Rheinprovinz(en)
RIW	Recht der internationalen Wirtschaft
Rn.	Randnummer
S.	Seite, Seiten
SJZ	Schweizerische Juristen-Zeitung
sog.	so genannte(r)
st. Rspr.	ständige Rechtsprechung
SZW	Schweizerische Zeitschrift für Wirtschaftsrecht
Tex.Int´l LJ.	Texas International Law Journal
u.a.	unter anderem
u.U.	unter Umständen
UNCITRAL	United Nations Commission on International Trade Law
UNIDROIT	International Institute for the Unification of Private Law
Va.J.Int.L.	Virginia Journal of International Law
vgl.	vergleiche
Vorbem.	Vorbemerkung
W.L.R.	Weekly Law Reports
WährG	Währungsgesetz
z.B.	Zum Beispiel
ZEuP	Zeitschrift für Europäisches Privatrecht

ZfRV	Zeitschrift für Rechtsvergleichung (IPR und Europarecht)
zit.	zitiert
ZPO	Zivilprozessordnung
ZSR	Zeitschrift für schweizerisches Recht
ZustG	Zustimmungsgesetz
ZVglRWiss	Zeitschrift für vergleichende Rechtswissenschaft

Einführung

Das Thema der vorliegenden Arbeit ist die *Aufrechnung im internationalen Vertragsrecht.* Wenn im Zusammenhang mit der Aufrechnung vom internationalem Vertragsrecht gesprochen wird, so bedarf dieser Begriff wegen seiner Weite der näheren Eingrenzung. Diese Arbeit befasst sich in ihrem ersten Teil mit der Aufrechnung im Wiener Übereinkommen über Verträge über den internationalen Warenkauf vom 11. April 1980 (CISG)[1] als Materie des internationalen Vertragsrechts und in ihrem zweiten Teil mit der Aufrechnung währungsverschiedener Forderungen bei Geltung des deutschen Aufrechnungsstatuts - ein Thema, dass an für sich keine genuine Materie des internationalen Vertragsrechts ist, aber gerade in grenzüberschreitenden Zusammenhängen von großer praktischer Bedeutung ist.

Anlass, sich mit der Aufrechnung im internationalen Vertragsrecht zu befassen, ergibt sich vor allem aus zwei Gründen.

Zum einen ist der internationale Warenhandel in den zurückliegenden Jahrzehnten sprunghaft angestiegen, was sich exemplarisch am Beispiel der Bundesrepublik Deutschland zeigt. 1960 importierte die damals noch junge Bundesrepublik Waren im Wert von 42, 7 Milliarden DM und exportierte Waren im Wert von 47, 9 Milliarden DM[2]. Bereits 10 Jahre später verdoppelten sich das Einfuhr- und Ausfuhrvolumen. 1970 betrug das Einfuhrvolumen 109, 6 Milliarden DM und das Ausfuhrvolumen 125, 3 Milliarden DM[3]. 1999 importierte die Bundesrepublik Deutschland Waren im Wert von 853, 1 Milliarden DM und exportierte solche im Wert von 984, 1 Milliarden DM[4].

Mit dieser Vervielfachung des internationalen Warenaustauschs hat notwendigerweise auch die Zahl der wechselseitigen Kaufpreis-, Schadensersatz- und sonstiger Geldansprüche der am internationalen Geschäftsverkehr Teilnehmen-

---

1 Vgl. zu den vielfältigen Abkürzungen des Wiener Kaufrechts *Flessner/Kadner*, ZEuP 1995, 347 ff.; die aus dem englischen Sprachgebrauch stammende Bezeichnung *CISG*, die in Literatur und Rechtsprechung zusehends an Boden gewinnt, steht für Convention of the International Sales of Goods.

2 Statistisches Jahrbuch für die Bundesrepublik Deutschland 1970, Statistisches Bundesamt Wiesbaden, Wiesbaden 1970, 259.

3 Statistisches Jahrbuch für die Bundesrepublik Deutschland 1980, Statistisches Bundesamt Wiesbaden, Wiesbaden 1980, 233.

4 Statistisches Jahrbuch für die Bundesrepublik Deutschland 2000, Statistisches Bundesamt Wiesbaden, Wiesbaden 2000, 269.

den zugenommen. Die Frage der Aufrechnung derartiger Ansprüche - auch in verschiedenen Währungen - ist also mit der wachsenden Interdependenz nationaler Volkswirtschaften und der damit einhergehenden Zunahme des grenzüberschreitenden Geschäftsverkehrs praktisch immer wichtiger geworden.

Zum anderen soll das in allen nationalen Rechtsordnungen bekannte, doch jeweils dogmatisch verschieden ausgestaltete Rechtsinstitut der Aufrechnung auch wegen seiner vielfachen Vorzüge für den internationalen Handel Gegenstand der vorliegenden Arbeit sein. Auch wenn trotz moderner Geldzahlungssysteme der grenzüberschreitende Geldverkehr in den letzten Jahren sicherer und zuverlässiger geworden ist, so haftet doch noch immer jeder grenzüberschreitenden Geldzahlung gewisse Risiken an. So kann etwa in ein anderes Land überwiesenes Geld verspätet beim Empfänger ankommen und gar verloren gehen. Die Aufrechnung schaltet dagegen diese Risiken aus, indem sie es überflüssig macht, dass Geld zwischen zwei Parteien über die Ländergrenzen hinweg hin- und hergezahlt wird.

Darüber hinaus hilft die Aufrechnung zu vermeiden, dass im Ausland prozessiert werden muss. Eine Partei etwa, die eine gerichtliche Geltendmachung einer gegen sie gerichteten Forderung vor einem ausländischen Gericht befürchtet, kann, wenn sie Gegenansprüche besitzt, aufrechnen und auf diese Weise einen Prozess in einem fremden Rechtssystem vermeiden. Dadurch bleiben der Partei die erhöhten Kosten einer Rechtsverteidigung im Ausland erspart. Weiterhin geht sie auf diese Weise dem mit der Prozessführung im Ausland typischerweise erhöhten Prozessrisiko erfolgreich aus dem Weg.

Wenn im Folgenden von der *Aufrechnung* gesprochen wird, ist damit die einseitige Aufrechnung in ihrer jeweiligen Grundform, nicht hingegen auch der Aufrechnungsvertrag oder die Aufrechnung im Insolvenzverfahren gemeint. Rechtsprechung und Literatur wurden, soweit zugänglich, bis Mai 2001 berücksichtigt.

1. Teil: Die Aufrechnung im CISG

§ 1 Gang der Untersuchung

Im Hinblick auf die Frage, ob und ggf. in welchem Umfang das UN-Kaufrecht die Aufrechnung regelt, sind in § 2 zunächst die verschiedenen Begriffspaare, wie z.B. dass der internen und externen Lücke, daraufhin zu untersuchen, welches davon geeignet ist, Missverständnisse für die weitere Untersuchung zu vermeiden. Im Anschluss daran wird ein kurzer Überblick darüber gegeben, wann das Kaufrechtsübereinkommen überhaupt zur Anwendung gelangt. Schließlich wird noch zu den Fragen der Auslegung des Übereinkommens und seiner Lückenfüllung Stellung genommen.

Die im ersten Teil der vorliegenden Arbeit zu erörternde Frage ist in Rechtsprechung und Literatur umstritten. § 3 stellt den gegenwärtigen Meinungsstand dazu da.

In § 4 soll ein eigener Lösungsansatz zu dieser Frage erarbeitet werden. Es wird untersucht, ob dem CISG eine Regelung sowie ein allgemeiner Grundsatz des Übereinkommens des Inhalts entnehmen lässt, dass sich gegenseitige Geldforderungen aus einem dem UN-Kaufrecht unterliegenden Vertragsverhältnis automatisch tilgen, ohne dass es einer entsprechenden Gestaltungserklärung einer der Kaufvertragsparteien oder eines Richterspruchs bedarf. Weiterhin wird insoweit die Verwendung eines einheitlichen Funktionsbegriffs vorgeschlagen. Schließlich wird in diesem Zusammenhang noch auf die Frage der Aufrechenbarkeit währungsverschiedener Forderungen sowie auf das Verhältnis des CISG zu anderen Regelungen, wie z.B. Art. 10 Abs. 1 lit. d EVÜ und Art. 32 Abs. 1 Nr. 4 EGBGB, eingegangen.

§ 5 widmet sich der Aufrechnung von Ansprüchen, die nicht einem dem UN-Kaufrecht unterliegenden Vertragsverhältnis entstammen und die sich nach ganz überwiegender Meinung nach dem vom IPR des Forums verwiesenen nationalen Recht beurteilen. Insoweit wird untersucht, ob eine einheitliche Sonderanknüpfung der Aufrechnung in Betracht kommt. Schließlich wird die Anknüpfung der Aufrechnung im deutschen IPR dargestellt und zu dieser Frage Stellung genommen.

§ 2 Grundlagen

I. Das Begriffspaar der nicht geregelten Fragen und der Regelungslücken

Die Entscheidung darüber, ob und ggf. in welchem Umfang das UN-Kaufrecht die Aufrechnung regelt, wird vor allem dadurch erheblich erschwert, dass im Hinblick auf die Einordnung einer Rechtsfrage als geregelte Übereinkommensmaterie verschiedene Begriffe verwendet werden. Eine einheitliche Bezeichnung hat sich bisher noch nicht durchsetzen können. Vor allem das neuere Schriftum setzt sich kritisch mit den anzutreffenden Bezeichnungen auseinander[1]. Doch finden sich auch im jüngeren Schriftum wiederum oft neue Begriffsvorschläge mit der Folge, dass die terminologische Vielfalt noch weiter zunimmt[2].

Aus diesem Grund soll hier auf eine eigene Begriffsschöpfung verzichtet werden. Vielmehr sind die verwendeten Begriffspaare daraufhin zu untersuchen, welche am ehesten dazu geeignet sind, Missverständnisse zu vermeiden und auf diesem Wege die Diskussion zu erleichtern.

Im deutschsprachigen Raum wird überwiegend zwischen *internen und externen Lücken* unterschieden[3]. Eine interne Lücke liegt danach vor, wenn die zu lösende Rechtsfrage einen in diesem Übereinkommen geregelten Gegenstand betrifft, der jedoch vom Übereinkommen nicht ausdrücklich entschieden worden ist[4]. Dem Begriff der internen Lücke wird der der externen Lücke gegenübergestellt. Von einer externen Lücke wird gesprochen, wenn die zu lösende Rechtsfrage nicht in den Regelungsbereich des Übereinkommens fällt[5]. Auch im ausländischen Schriftum finden sich vereinzelt vergleichbare Unterscheidungen. Im italienischen Rechtsraum werden z.B. die Begriffe der *lacune intra legem* und der *lacune esterne* verwendet.

Die Verwendung des Begriffspaars der internen/externen Lücke ist missverständlich, weil es sich bei einer externen Lücke begrifflich schon nicht um eine Lücke des Übereinkommens handelt. Als Lücke versteht man im allgemeinen juristischen Sprachgebrauch eine planwidrige Unvollständigkeit des Gesetzes[6].

---

1 Vgl. *Kramer*, JBL. 1996, 137, 147, Fn. 90; *Schütz*, UN-Kaufrecht und Culpa in contrahendo, 192 ff.

2 Vgl. dazu exemplarisch *Diedrich*, RIW 1995, 353 ff.

3 *Karollus*, UN-Kaufrecht, 16; *Magnus*, RabelsZ 59 (1995), 469, 475; *Reithmann/Martiny*, Internationales Vertragsrecht, Rn. 647; *Schmidt-Kessel*, RIW 1996, 60, 61; *Schlechtriem*, Internationales UN-Kaufrecht, Rn. 33; *Schmid*, Lückenfüllung und Normenkonkurrenz, 26 f.

4 *Magnus*, aaO.; *Karollus*, aaO.

5 *Karollus*, aaO.; ähnlich auch *Schlechtriem*, aaO.

6 *Larenz/Canaris*, Methodenlehre der Rechtswissenschaft, 194.

Kennzeichnend für eine Lücke in diesem Sinne ist dementsprechend die Ergänzungsbedürftigkeit des Gesetzes. Bei Fragen, die bereits schon nicht vom Regelungsbereich des Kaufrechtsübereinkommens umfasst sind, kann von einer Ergänzungsbedürftigkeit der Konvention und somit von einer Lücke des Übereinkommens schlechterdings nicht die Rede sein[7].

Zudem definiert Art. 7 Abs. 2 CISG Übereinkommenslücken als Fragen, „die in diesem Übereinkommen geregelte Gegenstände betreffen, aber in diesem Übereinkommen nicht ausdrücklich entschieden werden". Aus dieser Vorschrift folgt zunächst, dass das UN-Kaufrecht keine Anhaltspunkte für die Differenzierung zwischen internen und externen Lücken gibt. Auch in den Beratungen zu Art. 7 CISG wurde das Begriffspaar nicht verwandt[8]. Weiter ergibt sich aus Art. 7 Abs. 2 CISG, dass es bei der externen Lücke um keine Lücke i.S.d. Kaufrechtsübereinkommens handelt, da von einer Lücke nur dann gesprochen werden kann, wenn der Regelungsbereich des Abkommens einschlägig ist.

Im Schrifttum findet sich weiter eine an die vorherrschenden Terminologie angelegte Begriffsbestimmung. Vereinzelt wird von einer internen Lücke gesprochen, wenn die aufgetretene Lücke gem. Art. 7 Abs. 2 CISG aus den allgemeinen Grundsätzen des Übereinkommens geschlossen werden kann. Hingegen soll eine externe Lücke gegeben sein, wenn die Lücke mangels solcher Grundsätze nach dem Recht zu entscheiden ist, das nach den Regeln des IPR anwendbar ist[9]. Da sich diese Begriffsbestimmung selbst auf die Terminologie der h.M. bezieht, ist die vorgeschlagene Begriffsbildung unklar und soll bereits aus diesem Grund nicht im Folgenden verwendet werden[10].

Auf andere Bedenken stößt die im Schrifttum vertretene Begriffsschöpfung der *offensichtlichen und versteckten Regelungslücken.* Unter einer offensichtlichen Regelungslücke wird eine Lücke verstanden, die der internationale Gesetzgeber absichtlich nicht geregelt bzw. ausdrücklich vom Regelungsbereich ausgeschlossen hat[11]. Im Unterschied dazu wird von einer versteckten Regelungslücke gesprochen, wenn der internationale Gesetzgeber eine Frage innerhalb des Regelungsbereichs trotz eines tatsächlich bestehenden Regelungsbedarfs übersehen und ungewollt ungeregelt gelassen hat[12]. Gegen den Begriff der offensichtlichen Regelungslücke spricht wiederum, dass es sich hierbei um keine Lücke im allgemeinen juristischen Sprachgebrauch handelt. Das Begriffspaar kann sich auch nicht auf Art. 7 Abs. 2 CISG stützen.

---

7 Ähnlich auch *Schütz*, UN-Kaufrecht und Culpa in contrahendo, 193.
8 Vgl. O.R. 254 – 259.
9 *Frigge*, Externe Lücken, 5.
10 So auch *Schmid*, Lückenfüllung und Normenkonkurrenz, 26, Fn. 1.
11 *Diedrich*, RIW 1995, 353, 353.
12 *Diedrich*, RIW 1995, 353, 354.

Im Schriftum wird ferner zwischen *Rand- und Restfragen* differenziert. Um eine Randfrage soll es sich dann handeln, wenn das Einheitliche Kaufrecht auf eine Frage, die nach rechtsvergleichender Erfahrung nicht grundsätzlichen Wertungen berührt, keine Antwort gibt, und zwar unabhängig davon, ob diese Frage noch in den Regelungsbereich des Übereinkommens fällt oder diesen Bereich bereits überschreitet[13]. Von der Randfrage unterscheidet sich die Restfrage allein dadurch, dass sie nicht nur die Rechtstechnik betrifft, sondern grundsätzliche Wertungen berührt. Die Beurteilung einer Restfrage ist wie auch bei der einer Randfrage unabhängig vom Regelungsbereich des Einheitlichen Kaufrechts[14]. Gegen die Verwendung des Begriffspaars der Rand- und Restfragen im UN-Kaufrecht spricht zum einen, dass es sich hierbei weder um originäre Begriffe des Übereinkommens noch um international verbreitete Bezeichnungen handelt, so dass eine international einheitliche Verwendung der Begriffspaars kaum erreichbar sein dürfte.

Vielmehr ist im Einklang mit Art. 7 Abs. 2 CISG zwischen *Regelungslücken* und *nicht geregelten Fragen* zu unterscheiden[15]. Im Folgenden wird von einer *nicht geregelten Frage* gesprochen, wenn eine Rechtsfrage nicht mehr vom Regelungsbereich des UN-Kaufrechts erfasst wird, d.h. keinen in diesem Übereinkommen geregelten Gegenstand betrifft. Demgegenüber wird der Begriff der *Regelungslücke* immer dann verwendet, wenn eine Rechtsfrage noch in den Regelungsbereich des Kaufrechtsübereinkommens fällt, aber im Übereinkommen keine ausdrückliche Regelung gefunden hat (Art. 7 Abs. 2 CISG).

---

13 Nach Ansicht von *Stoll*, FS Ferid, 495, 498 f. ist für die Beurteilung einer Randfrage allein das Kriterium der geringen Wertungsrelevanz entscheidend; dadurch soll der Richter „der Notwendigkeit enthoben (werden), nach der genauen Grenze zwischen Lücken innerhalb des Regelungsbereichs des Einheitlichen Kaufrechts und den Rest-Fragen zu suchen, die diesen Bereich bereits überschreiten" (498). Zudem macht es nach Meinung von *Stoll* „keinen vernünftigen Sinn, sich wegen einer solchen Frage den Kopf zu zerbrechen, ob sie noch in den Regelungsbereich des Einheitlichen Kaufrechts fällt oder als Rest-Frage kollisionsrechtlich angeknüpft und dann nach dem subsidiären Vertragsstatut beantwortet werden muss" (499).

14 Nach Ansicht von *Stoll*, FS Ferid, 495, 497 liegen die Restfragen einerseits „außerhalb des vom Einheitlichen Kaufrecht selbst bestimmten Regelungsbereichs". Doch können sich Restfragen andererseits auch innerhalb des Regelungsbereichs der Konvention ergeben, wie *Stoll*, IPRax 1993, 75 ff. anhand der Verjährung, die er als „interne Lücke im Einheitlichen Kaufrecht" qualifiziert, nachweist.

15 So *Botzenhardt*, Wesentliche Vertragsverletzung, 138; *Schütz*, UN-Kaufrecht und Culpa in contrahendo, 194; Schlechtriem/*Ferrari*, Art. 7 CISG, Rn. 43.

II. Der Anwendungsbereich des Übereinkommens

Das UN-Kaufrecht beruht auf einem multilateralen Übereinkommen, das in den Vertragsstaaten unmittelbar anwendbares Recht für internationale Kaufverträge enthält[16]. Wenn das CISG die Aufrechnung auch nur zum Teil regelt, stellt sich die Frage, in welchem Verhältnis das Übereinkommen zu kollisionsrechtlichen Abkommen, wie z.B. dem EVÜ, oder zum unvereinheitlichten deutschen Recht steht. Ein derartiger Geltungskonflikt entsteht aber erst dann, wenn das Kaufrechtsübereinkommen im konkreten Fall überhaupt anwendbar ist. Aus diesem Grund bedarf die Anwendbarkeit des UN-Kaufrechts einige Anmerkungen.

Das CISG schränkt ebenso wie bereits sein Vorläufer, die Haager Einheitlichen Kaufgesetze, seinen Anwendungsbereich in sachlicher, räumlicher und zeitlicher Hinsicht ein. Demgegenüber sind persönliche Eigenschaften der Vertragsparteien gem. Art. 1 Abs. 3 CISG für die Frage der Anwendbarkeit außer acht zu lassen. Ausdrücklich verlangt diese Vorschrift, dass weder die Staatsangehörigkeit der Parteien noch ihre Kaufmannseigenschaft zu berücksichtigen sind.

Auch soweit Art. 2 lit. a CISG den Kauf zu privaten Zwecken aus dem Anwendungsbereich ausschließt, ist darin keine Beschränkung im Hinblick auf bestimmte Personengruppen zu erblicken[17]. Es kommt für diese Regelung nicht auf die Eigenschaft des Käufers als Privatperson, sondern darauf an, ob der Kaufgegenstand persönlichen Zwecken dienen soll[18].

1. Sachlicher Anwendungsbereich

Der sachliche Anwendungsbereich des Kaufrechtsübereinkommens wird in den Art. 1, 2 und 3 CISG sowohl positiv als auch negativ bestimmt. Positiv erstreckt Art. 1 Abs. 1 1. HS CISG den gegenständlichen Anwendungsbereich auf Kaufverträge über Waren. Darüber hinaus dehnt Art. 3 CISG die Geltung des Kaufrechtsübereinkommens auf einzelne andere Verträge aus, die keine reinen Kaufverträge sind. Negativ bestimmt dagegen Art. 2 CISG den Anwendungsbereich. Diese Vorschrift grenzt den Geltungsbereich nochmals ein, indem sie bestimmte Arten von Kaufvorgängen und -gegenständen vom Anwendungsbereich ausnimmt.

---

16 *Karollus*, JuS 1993, 378, 378; *Volken*, in: International Sale of Goods,, 19, 20.

17 Staudinger/*Magnus*, Art. 1 CISG, Rn. 125.

18 Honsell/*Siehr*, Art. 1 CISG, Rn. 12; Staudinger/*Magnus*, aaO.

a) Erfasste Verträge

Art. 1 Abs. 1 1. HS CISG begrenzt den sachlichen Anwendungsbereich ausdrücklich auf *Kaufverträge*. Das CISG enthält keine Definition des Kaufvertragsbegriffs, sondern setzt diesen als bekannt voraus[19].

Aus den Pflichten des Verkäufers zur Lieferung und Übereignung der Ware und eventueller Dokumente (Art. 30 CISG) sowie des Käufers zur Zahlung des Kaufpreises und zur Abnahme der Ware (Art. 53 CISG) lässt sich aber mittelbar der Begriff des Kaufvertrages gewinnen[20]. Um einen Kaufvertrag i.S.d. Übereinkommens handelt es sich danach immer dann, wenn die synallagmatischen Hauptpflichten des Vertrages für die eine Partei in der Übergabe und Übereignung der Ware und für die andere Partei in der Zahlung des Kaufpreises bestehen[21]. Insoweit besteht im Grundsatz Übereinstimmung mit dem Kaufvertragsbegriff des BGB[22].

Art. 3 CISG dehnt darüber hinaus den sachlichen Anwendungsbereich des Übereinkommens auf Werklieferungsverträge (Abs. 1) sowie auf Lieferverträge mit Dienstleistungsanteil (Abs. 2) aus.

Der Werklieferungsvertrag unterliegt aber dann nicht mehr dem Übereinkommen, wenn der Besteller das Material stellt und der Materialanteil, den der Besteller zur Herstellung der Ware dem Lieferanten zur Verfügung stellt, einen wesentlichen Teil ausmacht (Art. 3 Abs. 2 2. HS CISG). Im Einzelnen ist aber umstritten, auf welche Kriterien es für die Wesentlichkeit entscheidend ankommen soll[23], doch stellt die wohl h.M. zutreffend auf die Wertverhältnisse der von beiden Parteien beizusteuernden Materialien ab[24].

Eine vergleichbare Abgrenzung nimmt Art. 3 Abs. 2 CISG für Lieferverträge mit Dienstleistungsanteil vor. Diese Verträge fallen unter den sachlichen Anwendungsbereich des CISG, es sei denn, dass der Dienstleistungsanteil überwiegt.

---

19 *Bridge*, International Sale of Goods, chapter 2.15; *Herber/Czerwenka*, Art. 1 CISG, Rn. 3; Schlechtriem/*Ferari*, Art. 1 CISG, Rn. 12; Staudinger/*Magnus*, Art. 1 CISG, Rn. 13.

20 *Diedrich*, RIW 1993, 441, 443; *Enderlein/Maskow/Strohbach*, Art. 1 CISG, Anm. 1; Schlechtriem/*Ferari*, Art. 1 CISG, Rn. 13.

21 OGH 10.11.1994, IPRax 1994, 137, 138; *Achilles*, UN-Kaufrecht, Art. 1 CISG, Rn. 2; *Herber/Czerwenka*, aaO.; Honsell/*Siehr*, Art. 2 CISG, Rn. 1; *Schlechtriem*, Internationales UN-Kaufrecht, Rn. 24; Schlechtriem/*Ferrari*, aaO.

22 *Karollus*, JuS 1993, 378, 380; Schlechtriem/*Ferrari*, aaO.; Staudinger/*Magnus*, aaO.

23 Vgl. dazu m.w.N. *Schlechtriem*, Internationales UN-Kaufrecht, Rn. 26; Schlechtriem/*Ferrari*, Art. 3 CISG, Rn. 7 f.; Staudinger/*Magnus*, Art. 3 CISG, Rn. 14.

24 *Enderlein/Maskow/Strohbach*, Art. 3 CISG, Anm. 3; *Honnold*, Uniform Law, Rn. 59; *Reinhart*, Art. 3 CISG, Rn. 1; *Schlechtriem*, aaO.; Staudinger/*Magnus*, aaO.

Auch insoweit sind die Wertverhältnisse der Leistungen, sowie ihr jeweiliger Anteil am Gesamtpreis entscheidend[25].

b) Vertragsgegenstand

Gegenstand des Kaufvertrages und der nach Art. 3 CISG gleichgestellten Verträge müssen *Waren* („goods", „marchandises") sein.

Was unter diesem Begriff zu verstehen ist, wird in der Konvention nicht ausdrücklich gesagt. Einigkeit besteht insofern, als der Warenbegriff zumindest bewegliche Sachen erfasst[26] und daher Immobilien einerseits sowie Rechte andererseits als Kaufgegenstände ausscheiden[27]. Ob darüber hinaus der Begriff der Ware voraussetzt, dass die Sache körperlich sein muss oder ob auch immaterielle Gegenstände als Waren qualifiziert werden können, wird im Schriftum nicht einheitlich beantwortet[28]. Diese Frage gewinnt z.B. beim grenzüberschreitenden Verkauf von Standardsoftware praktische Relevanz[29].

Für das Erfordernis der Körperlichkeit der Sache spricht die Regelung des Art. 2 lit. f CISG, der die elektrische Energie vom sachlichen Anwendungsbereich ausnimmt[30]. Diese Sicht wird zudem durch verschiedene Übereinkommensvorschriften gestützt[31]. So setzt Art. 35 Abs. 1 CISG implizit voraus, dass die Ware geeignet ist, verpackt oder in einem Behältnis transportiert zu werden, während Art. 87 CISG davon ausgeht, dass die Ware überhaupt in Lagerräumen eingelagert werden kann. Auch die Vorschrift des Art. 56 CISG, nach der sich der Kaufpreis im Zweifel nach dem Nettogewicht der Ware bemisst, setzt implizit voraus, dass die Ware überhaupt ein Gewicht haben kann.

Mithin folgt daraus, dass als Kaufgegenstände jedenfalls alle körperliche und bewegliche Gegenstände in Betracht kommen[32]. Angesichts des recht weit gefassten Warenbegriffs sollte aber Software dann, wenn sie standardisiert und

---

25 *Schlechtriem*, Internationales UN-Kaufrecht, Rn. 27.

26 *Achilles*, UN-Kaufrecht, Art. 1 CISG, Rn. 4; *Enderlein/Maskow/Strohbach*, Art. 1 CISG, Anm. 2; *Höß*, Anwendungsbereich, 111; *Karollus*, JuS 1993, 378, 380; Schlechtriem/*Ferrari*, Art 1 CISG, Rn. 34; Staudinger/*Magnus*, Art. 1 CISG, Rn. 42.

27 *Karollus*, aaO.; Schlechtriem/*Ferrari*, Art. 1 CISG, Rn. 35 f.; Staudinger/*Magnus*, aaO.

28 Vgl. dazu eingehend *Höß*, Anwendungsbereich, 113 ff.

29 In der Literatur stellt die Frage der Anerkennung von Computersoftware als Ware eine vieldiskutierte Frage dar; vgl. dazu nur *Diedrich*, Autonome Auslegung, 159 ff. sowie *Höß*, Anwendungsbereich, 116 ff.

30 So wohl auch *Enderlein/Maskow/Strohbach*, Art. 1 CISG, Anm. 2.

31 Vgl. zu weiteren Beispielen *Höß*, Anwendungsbereich, 113 f.

32 So auch *Achilles*, UN-Kaufrecht, aaO.; *Reithmann/Martiny*, Internationales Vertragsrecht, Rn. 629; Schlechtriem/*Ferrari*, Art. 1 CISG, Rn. 34.

nicht als Einzelwerk für den Besteller angefertigt wird, als Ware i.S.d. Kaufrechtsübereinkommens anzusehen sein[33].

Art. 2 CISG grenzt die möglichen Vertragsgegenstände noch näher ein. So nimmt Art. 2 lit. a CISG den Kauf eines Konsumgutes aus dem Anwendungsbereich des Übereinkommens heraus. Die Qualifizierung als Konsumentenkauf bestimmt sich dabei nach dem privaten Verwendungszweck der Ware[34]. Der Verkäufer genießt aber insoweit Vertrauensschutz, als Art. 2 lit. a 2. HS CISG voraussetzt, dass der Verkäufer diesen privaten Zweck vor oder bei Vertragsschluss weder kannte noch kennen musste.

Weitere Ausnahmen enthält Art. 2 b - d CISG für bestimmte Kaufvorgänge (Käufe auf Versteigerungen (lit. b) oder aufgrund von Zwangsvollstreckungs- oder anderen gerichtlichen Maßnahmen (lit. c)) sowie für bestimmte Kaufgegenstände (Wertpapiere und Zahlungsmittel (lit. d), Schiffe und Luftfahrtzeuge (lit. e) oder elektrische Energie (lit. f)).

2. Räumlicher Anwendungsbereich

Den räumlichen Anwendungsbereich des Kaufrechtsübereinkommens bestimmt Art. 1 Abs. 1 und 2 CISG. Da das UN-Kaufrecht nach seiner Konzeption bei reinen Inlandsfällen nicht die nationalen Kaufrechte verdrängen, sondern ein spezielles Regelwerk für internationale Kaufrechtssachverhalte bereitstellen soll[35], verlangt Art. 1 Abs. 1 CISG als Auslandsbezug des Kaufvertrages zumindest, dass die Vertragsparteien ihre *Niederlassung in verschiedenen Staaten* („places of business in different States“) haben.

Der Begriff der Niederlassung wird nicht näher erläutert[36]. Etwas anderes ergibt sich auch nicht aus Art. 10 lit. a CISG, der insoweit nur eine Klarstellung vornimmt, welche von mehreren Niederlassungen einer Partei maßgebend ist[37]. Hat eine Partei mehrere Niederlassungen, so ist nicht etwa die Hauptniederlassung maßgebend, sondern es kommt gem. Art. 10 lit. a CISG darauf an, welche Niederlassung die engste Beziehung zu dem Vertrag und zu seiner Erfüllung aufweist. Hat eine Partei auch keine Niederlassung, so entscheidet gem. Art. 10 lit. b CISG ihr gewöhnlicher Aufenthalt.

---

33 *Karollus*, JuS 1983, 378, 380; Schlechtriem/*Ferrari*, Art. 1 CISG, Rn. 38, Staudinger/*Magnus*, Art. 1 CISG, Rn. 44; Soergel/*Lüderitz*, Art. 1 CISG, Rn. 16.

34 *Karollus*, UN-Kaufrecht, 25; *Schlechtriem*, Internationales UN-Kaufrecht, Rn. 29; Staudinger/*Magnus*, Art. 2 CISG, Rn. 11f.

35 Staudinger/*Magnus*, Art. 1 CISG, Rn. 70.

36 *Czerwenka*, Rechtsanwendungsprobleme, 130; *Herber/Czerwenka*, Art. 1 CISG, Rn. 14; Schlechtriem/*Ferrari*, Art. 1 CISG, Rn. 44; Staudinger/*Magnus*, Art. 1 CISG, Rn. 62.

37 *Herber/Czerwenka*, aaO.

Aus Art. 10 lit. a CISG lässt sich aber zumindest folgern, dass als Niederlassung nicht nur die Hauptniederlassung, sondern auch eine andere Niederlassung in Betracht kommt, sofern sie nur über eine gewisse autonome Entscheidungsgewalt verfügt[38]. Ferner ergibt sich aus dem englischen Begriff der *places of business*, dass an diesem Ort auch verschiedene geschäftlichen Aktivitäten entfaltet werden müssen[39]. Mithin ist unter dem Begriff der Niederlassung eine auf eine gewisse Dauer angelegte und betriebene Geschäftseinrichtung, die mit einer gewissen selbständigen Entscheidungskompetenz ausgestattet ist, zu verstehen[40].

Das CISG gewährt hinsichtlich des Auslandsbezuges (Niederlassung in verschiedenen Staaten) durch Art. 1 Abs. 2 CISG einen gewissen Vertrauensschutz. Danach muss die Niederlassung der Parteien in verschiedenen Staaten entweder aus dem Vertrag, aus den Verhandlungen zwischen den Parteien oder aus von ihnen gegebenen Auskünften spätestens bei Vertragsschluss objektiv erkennbar sein[41].

Allein durch die Bejahung des vorgenannten Auslandsbezuges kommt das CISG aber noch nicht zur Anwendung. Vielmehr setzt das Übereinkommen weiter voraus, dass entweder die verschiedenen Staaten Vertragsstaaten sind (Art. 1 Abs. 1 lit. a CISG, sog. autonome Lösung) oder die Regeln des internationalen Privatrechts zur Anwendung des Rechts eines Vertragsstaates führen (Art. 1 Abs. 1 lit. b CISG, sog. Vorschaltlösung).

a) Autonome Anwendung

Sofern im konkreten Fall die verschiedenen Staaten *Vertragsstaaten* i.S.d. Art. 1 Abs. 1 lit. a CISG sind, kommt das CISG ohne Vorschaltung des Kollisionsrechts der lex fori zur Anwendung[42]. Vertragsstaaten i.S.d. Konvention sind alle Staaten, die im Zeitpunkt des Abschlusses des Vertrages das Übereinkommen bereits in Kraft gesetzt haben[43]. Im Unterschied dazu sind aber Staaten, die z.B. von den

38 So auch *Herber/Czerwenka*, aaO.

39 So auch *Honnold*, Uniform Law, Rn. 43.

40 So auch mit Abweichungen im Einzelnen Honsell/*Siehr*, Art. 1 CISG, Rn. 11; *Karollus*, JuS 1993, 378, 379; Schlechtriem/*Ferrari*, Art. 1 CISG, Rn. 46 f.; Staudinger/*Magnus*, Art. 1 CISG, Rn. 63.

41 *Herber/Czerwenka*, Art. 1 CISG, Rn. 20 f.; Honsell/*Siehr*, Art 1 CISG, Rn. 28; *Schlechtriem*, Internationales UN-Kaufrecht, Rn. 10; Staudinger/*Magnus*, Art. 1 CISG, Rn. 73 f.

42 *Honnold*, Uniform Law, Rn. 45; *Schlechtriem*, Internationales UN-Kaufrecht, Rn. 8 f.; Staudinger/*Magnus*, Art. 1 CISG, Rn. 85; *Vékás*, IPRax 1987, 342, 342.

43 *Schlechtriem*, Internationales UN-Kaufrecht, Rn. 11; Schlechtriem/*Ferrari*, Art. 1 CISG, Rn. 64; Staudinger/*Magnus*, Art. 1 CISG, Rn. 86.

Vorbehaltsmöglichkeiten der Art. 92, 93 und 94 CISG Gebrauch gemacht haben, nur hinsichtlich der ratifizierten Teile der Konvention Vertragsstaaten[44].

b) Kollisionsrechtliche Anwendung

Den räumlichen Anwendungsbereich des Übereinkommens erweitert noch die Regelung des Art. 1 Abs. 1 lit. b CISG. Danach kommt das CISG auch zur Anwendung, wenn das angerufene Gericht nach Vorschaltung seines Kollisionsrechts zu dem Ergebnis gelangt, dass Vertragsstatut das Recht eines Vertragsstaates ist[45].

Die rechtspolitischen Bedenken gegen diese Vorschrift, die von der deutschen Delegation bereits schon auf der diplomatischen Konferenz geäußert wurden[46], entzündeten sich vor allem an dem Fall, dass die Verweisung auf das Recht eines Vertragsstaates auch dann zur Anwendung des Übereinkommens führen kann, wenn die Parteien zwar in verschiedenen Staaten, aber keine Partei in einem Vertragsstaat niedergelassen ist[47].

Die Anwendung des CISG als fremdes Recht in einem solchen Fall lässt sich aber damit rechtfertigen, dass die Vertragsstaaten mit der Vorschrift auch erklären, dass das CISG gegenüber ihrem unvereinheitlichtem Kaufrecht vorrangig anzuwenden ist, wenn nach Art. 1 Abs. 1 lit. b CISG auf ihr Recht verwiesen wird. Eine solche Erklärung ist auch von den Nichtvertragsstaaten zu respektieren[48].

Für diese Sicht spricht zudem die leichtere und zuverlässigere Rechtsfindung in internationalen Kaufrechtssachverhalten. So ist der Gesetzestext nicht nur in den wichtigsten Weltsprachen zugänglich, sondern das CISG ist nunmehr auch weltweit durch Rechtsprechung und Literatur aufbereitet und kommentiert[49].

Aufgrund der vorgebrachten Einwände gegen die Regelung des Art. 1 Abs. 1 lit. b CISG wurde den Staaten auf der diplomatischen Konferenz in Art. 95 CISG die Möglichkeit eingeräumt, das CISG ohne die vielfach kritisierte Vorschrift in Kraft zu setzen[50]. Danach kann jeder Staat bei der Hinterlegung seiner Ratifikati-

---

44 Schlechtriem/*Ferrari*, Art. 1 CISG, Rn. 65 ff.; Staudinger/*Magnus*, Art.1 CISG, Rn. 87 ff.

45 Schlechtriem/*Ferrari*, Art. 1 CISG, Rn. 71; *Schlechtriem*, Internationales UN-Kaufrecht, Rn. 14; Staudinger/*Magnus*, Art. 1 CISG, Rn. 93.

46 Vgl. die Kritik *Herbers*, O.R., 236 f.

47 *Schlechtriem*, Internationales UN-Kaufrecht, Rn. 16.

48 *Pünder*, RIW 1990, 869, 870 f.

49 *Schlechtriem*, aaO.

50 *Schlechtriem*, Internationales UN-Kaufrecht, Rn. 18; Schlechtriem/*Ferrari*, Art. 1 CISG, Rn. 70.

ons-, Annahme-, Genehmigungs- oder Beitrittsurkunde erklären, dass Art. 1 Abs. 1 lit. b CISG für ihn nicht verbindlich ist[51]. Verweist daher das internationale Privatrecht eines Vorbehaltsstaates auf das Recht eines Vertragsstaates, dann ist das in dem Vorbehaltsstaat angerufene Gericht nicht verpflichtet, das Übereinkommen anzuwenden[52]. Vielmehr kommt das CISG nur unter der Voraussetzung, dass die Parteien ihre Niederlassungen in Vertragsstaaten haben, zur Anwendung (Art.1 Abs. 1 lit. a CISG)[53].

Schwieriger erweist sich der Fall, wenn das Kollisionsrecht eines Vertragsstaates, der von der Vorbehaltsmöglichkeit keinen Gebrauch gemacht hat, auf das Recht eines Vorbehaltsstaates verweist. So kommt beispielsweise der französische Richter in einem Kaufrechtsfall, der eine mangelhafte Warenlieferung eines amerikanischen Verkäufers an einem nigerianischen Käufer zum Gegenstand hat, zu einer kollisionsrechtlichen (Sach-) Verweisung auf das amerikanische Recht.

In einem solchen Fall wird von manchen mit dem Hinweis auf die sich aus Art. 1 Abs. 1 lit. b CISG ergebene völkerrechtliche Verpflichtung des Vertragsstaates zur Durchsetzung des CISG gefolgert, dass sich die Wirkung des Vorbehalts nur auf den Vorbehaltsstaat selbst beschränken soll und daher das CISG ohne Rücksicht auf den eingelegten Vorbehalt anzuwenden sei[54]. Demgegenüber wollen andere den nach Art. 95 CISG erklärten Vorbehalt respektieren und das CISG in einem solchen Fall nicht anwenden, da der Vorbehaltsstaat das Übereinkommen selbst auch nicht anwenden würde[55].

Für die zuletzt genannte Ansicht spricht, dass eine Vertragspartei, die in einem Vertragsstaat niedergelassen ist, der einen Vorbehalt nach Art. 95 CISG erklärt hat, darauf vertraut, dass das CISG nur dann Anwendung findet, wenn beide Vertragsparteien ihre Niederlassungen in Vertragsstaaten haben (Art. 1 Abs. 1 lit. a CISG). Indem ein Vertragsstaat von der Vorbehaltsmöglichkeit Gebrauch macht, ruft er bei den Rechtsanwendern das Vertrauen hervor, dass die im Vorbehaltsstaat niedergelassenen Parteien nicht aufgrund einer kollisionsrechtlichen Verweisung dem Vertragsstatut des UN-Kaufrechts unterworfen werden. Dieses Vertrauen würde aber enttäuscht, wenn das CISG auch dann zur Anwendung

---

51 Den Vorbehalt nach Art. 95 CISG haben die USA, die VR China, Singapur sowie die Slowakische und Tschechische Republik erklärt.

52 *Czerwenka*, Rechtsanwendungsprobleme, 158; *Karollus*, UN-Kaufrecht, 32; *Pünder*, RIW 1990, 869, 872; Schlechtriem/*Ferrari*, Art. 1 CISG, Rn. 80; Staudinger/*Magnus*, Art. 1 CISG, Rn. 108.

53 *Czerwenka*, aaO.; *Kindler*, RIW 1988, 776, 778; *Pünder*, aaO.

54 *Czerwenka*, Rechtsanwendungsprobleme, 159; *Kindler*, aaO.; *Siehr*, RabelsZ 52 (1988), 587, 602; Schlechtriem/*Ferrari*, Art. 1 CISG, Rn. 78.

55 *Pünder*, RIW 1990, 869, 871; *Schlechtriem*, Internationales UN-Kaufrecht, Rn. 18; *Vékás*, IPRax 1987, 342, 345.

käme, wenn auf das Recht eines Vorbehaltsstaates verwiesen und der erklärte Vorbehalt nicht Beachtung finden würde.

Gewichtiger ist aber noch ein anderer Grund. Art. 1 Abs. 1 lit. b CISG schaltet der Anwendung des CISG ausdrücklich die Regeln des internationalen Privatrechts vor und erweitert auf diesem Wege den Anwendungsbereich des Übereinkommens. Die Vorschaltung des IPR umfasst auch die allgemeinen internationalprivatrechtlichen Maximen[56]. Dann muss aber auch das Gebot des internationalen Entscheidungseinklangs Berücksichtigung finden. Die Entscheidungsgleichheit sowohl im Vorbehalts- als auch im Nichtvorbehaltsstaat lässt sich aber nur dann verwirklichen, wenn das Gericht des Forums das CISG nur dann anwendet, wenn das verwiesene Recht dies auch täte[57]. Andernfalls würde auf denselben Sachverhalt unterschiedliches Recht zur Anwendung gelangen, je nachdem, ob ein gerichtliches Verfahren in einem Vorbehalts-, Nichtvorbehalts- oder Nichtvertragsstaat anhängig gemacht würde. Entscheidungsgleichheit wäre auf diesem Wege nicht erreichbar.

Mithin findet das CISG keine Anwendung, wenn ein Vertragsstaat, der von der Vorbehaltsmöglichkeit keinen Gebrauch gemacht hat, eine Verweisung auf das Recht eines Vorbehaltsstaates ausspricht. Im oben angeführten Beispielsfall würde daher der französische Richter dem Kaufrechtsfall nicht das CISG, sondern den Uniform Commercial Code (UCC) zugrunde legen.

Diese Sicht hat der deutsche Gesetzgeber in Art. 2 des deutschen VertragsG[58] zum CISG vom 5. Juli 1989 zum Ausdruck gebracht. Nach dieser bindenden Klarstellung für die Anwendung durch die deutschen Gerichte bleibt Art. 1 Abs. 1 lit. b CISG außer Betracht, wenn die Regeln des internationalen Privatrechts zur Anwendung des Rechts eines Vorbehaltsstaates führen[59].

Im Zusammenhang mit dem räumlichen Anwendungsbereich des Übereinkommens stellt sich noch die Frage des Verhältnisses zwischen UN-Kaufrecht und dem EVÜ als Rechtsvereinheitlichungsnorm der EG (Art. 90 CISG, Art. 21 EVÜ). Da das Konkurrenzverhältnis zwischen den beiden Staatsverträgen insbesondere dann zweifelhaft ist, wenn sich ihre Regelungsbereiche überschneiden[60], soll diese Frage erst dann Gegenstand der Erörterungen sein, nachdem untersucht worden ist, ob und ggf. in welchem Umfang das CISG die Aufrechnung regelt[61].

---

56 *Vékás*, aaO.

57 *Vékás*, IPRax 1987, 342, 346.

58 BGBl. 1990 II 1477.

59 *Karollus*, JuS 1993, 378, 379; Schlechtriem/*Ferrari*, Art. 1 CISG, Rn. 79; Staudinger/*Magnus*, Art. 1 CISG, Rn. 111.

60 *Jayme/Kohler*, IPRax 1989, 337, 344.

61 Vgl. zum Verhältnis des CISG zu anderen internationalen Abkommen § 4 III.

3. Zeitlicher Anwendungsbereich

Der zeitliche Anwendungsbereich des Übereinkommens wird in Art. 100 CISG geregelt. Entscheidender Stichtag ist danach der Zeitpunkt, zu dem das Übereinkommen für den oder die maßgeblichen Staaten in Kraft getreten ist. Dies sind für Art. 1 Abs. 1 lit. a CISG die beiden Niederlassungsstaaten und für Art. 1 Abs. 1 lit. b CISG der Staat, auf den das IPR des Forums verweist. Für die Bundesrepublik Deutschland ist das CISG am 1.1.1991 in Kraft getreten[62].

Die Regeln des Übereinkommens über den Vertragsabschluss (Teil II, Art. 14-24 CISG) gelten für Angebote ab dem Zeitpunkt des Inkrafttretens (Art. 100 Abs. 1 CISG). Dagegen finden die Regeln über die Vertragsdurchführung (Teil III, Art. 25-88 CISG) auf nach Inkrafttreten des Übereinkommens geschlossene Verträge Anwendung (Art. 100 Abs. 2 CISG).

III. Die Auslegung des Übereinkommens

Wann eine Rechtsmaterie noch vom Regelungsbereich des UN-Kaufrechts umfasst ist, bestimmt Art. 4 S. 1 CISG. Nach dieser Vorschrift regelt das Übereinkommen „ausschließlich den Abschluss des Kaufvertrages und die aus ihm erwachsenden Rechte und Pflichten des Verkäufers und des Käufers."

Ob und ggf. inwieweit die Aufrechnung noch dem Bereich der geregelten Rechte und Pflichten der Kaufvertragsparteien zugerechnet werden kann, ergibt sich erst durch eine genaue Untersuchung der maßgeblichen Konventionsvorschriften. Es ist daher notwendig, sich zunächst über die Methode der Auslegung Vergewissheit zu verschaffen.

Zu Recht wird überwiegend die Ansicht vertreten, dass die völkerrechtlichen Auslegungsmethoden, die in den Art. 31 ff. Wiener Vertragsrechtskonvention (WVK)[63] ihren Niederschlag gefunden haben, für die Auslegung der materiellrechtlichen Normen des CISG kaum nutzbar gemacht werden können[64]. Grund dafür ist der funktionale Unterschied zwischen den Auslegungsmethoden des Völkervertragsrechts und des materiellen Einheitsrechts. Denn während die völkerrechtlichen Auslegungsmethoden in erster Linie der Verwirklichung des Willens der Vertragstaaten dienen, verlangt das materielle Einheitsrecht wegen seiner

62 Bekanntmachung vom 23.10.1990, BGBl. 1990 II 1477.

63 BGBl. 1987 II 757.

64 *Botzenhardt*, Wesentliche Vertragsverletzung, 111 f.; *Diedrich*, Autonome Auslegung, 134; *Enderlein/Maskow/Strohbach*, Art. 7 CISG, Anm. 2.2; *Honnold*, Uniform Law, Rn. 103; *Karollus*, UN-Kaufrecht, 13; *Reinhart*, Art. 7 CISG, Rn. 8; anders Staudinger/*Magnus*, Art. 7 CISG, Rn. 16.

vornehmlich objektiven Gesetzesfunktion eine, soweit als möglich, objektive Auslegungsmethode[65]. Die völkerrechtlichen Auslegungsmethoden der Art. 31 ff. WVK kommen aber jedenfalls für die Auslegung der völkerrechtlichen Verpflichtungen der Vertragsstaaten in den Art. 89 - 101 CISG in Betracht[66].

Weiterhin besteht keine Einigkeit in der Frage, ob und ggf. inwieweit das UN-Kaufrecht die Methode seiner Auslegung selbst regelt. Es stehen sich hierzu im Wesentlichen zwei verschiedene Lösungsansätze gegenüber. Diese sind zunächst darzustellen. Im Anschluss daran ist ein eigener Lösungsansatz zu erarbeiten.

1. Die im Schriftum vertretenen Lösungsansätze

a) Entwicklungsauftrag für eine Auslegungsmethode

Im Schriftum wird überwiegend die Ansicht vertreten, dass das UN-Kaufrecht in Art. 7 Abs. 1 CISG zwar die Ziele der Auslegung festschreibt, aber die Methode seiner Auslegung selbst offen lässt[67]. Vielmehr wird aus dem Übereinkommen selbst nur der Auftrag hergeleitet, eine spezifisch einheitliche Auslegungsmethode erst noch zu entwickeln. Der Auftrag, eine Auslegungsmethode für das Einheitsrecht zu entwickeln, folge aus Art. 7 CISG[68]. Als einzelne Interpretationsmethoden werden verschiedentlich die grammatikalische, systematische, historische, teleologische Auslegung sowie die Rechtsvergleichung genannt[69].

---

65 *Botzenhardt*, aaO.; *Karollus*, aaO.; *Honnold*, aaO.

66 *Czerwenka*, Rechtsanwendungsprobleme, 127; *Honnold*, aaO.; *Karollus*, aaO.; *Reinhart*, aaO.; *Schmid*, Lückenfüllung und Normenkonkurrenz, 62, Fn. 10; *Schütz*, UN-Kaufrecht und Culpa in contrahendo, 34, Fn. 49; anders insoweit *Botzenhardt*, Wesentliche Vertragsverletzung, 113, der einen Rückgriff auf die Auslegungsregeln der WVK wegen Art. 7 Abs. 2 CISG für unzulässig hält.

67 *Botzenhardt*, Wesentliche Vertragsverletzung, 91 f.; *Herber/Czerwenka*, Art. 7 CISG, Rn. 3; Honsell/*Melis*, Art. 7 CISG, Rn. 10; *Karollus*, UN-Kaufrecht, 13; *Kramer*, JBL. 1996, 137, 141; Schlechtriem/*Ferrari*, Art. 7 CISG, Rn. 8; *Schütz*, UN-Kaufrecht und Culpa in Contrahendo, 35; Staudinger/*Magnus*, Art. 7 CISG, Rn. 30.

68 Honsell/*Melis*, aaO.; *Magnus*, RabelsZ 53 (1989), 116, 123; *Schütz*, aaO.

69 Im Einzelnen gehen die Ansichten aber auseinander, welche Interpretationsmethoden für das UN-Kaufrecht nutzbar gemacht werden können; vgl. nur Honsell/*Melis*, Art. 7 CISG, Rn. 10 f.; *Karollus*, UN-Kaufrecht, 13 ff.; *Schütz*, UN-Kaufrecht und Culpa in Contrahendo, 35 ff.

b) Das Modell der vierstufigen Interpretationsleiter

Andere halten dagegen die Auslegungsmethode noch vom Übereinkommen geregelt[70]. Diese Sicht wird vor allem damit begründet, dass Art. 7 Abs. 1 CISG die Auslegung und ihre grundsätzlichen Ziele nennt und die Trennung von Zielen und Methode nicht dem bestehenden Sachzusammenhang Rechnung trägt[71].

Da danach das Übereinkommen die Methode seiner Auslegung selbst regelt, wird insoweit konsequent der in Art. 7 Abs. 1 CISG zugrundeliegende Grundsatz der autonomen Auslegung des Übereinkommens als Ausgangspunkt für eine konventionskonforme Auslegungsmethode verwendet[72]. Mit Hilfe einer Synthese der Auslegungsmethoden des Common-Law- und Civil-Law-Rechtskreises wird schließlich eine *vierstufige Interpretationsleiter* für das UN-Kaufrecht entwickelt[73]. Zum Kanon dieser einheitlichen Auslegungsmethode sollen kummulativ die grammatikalische und systematische (1. Stufe), die historische (2. Stufe), die (unechte) rechtsvergleichende (3. Stufe) und als „ultima ratio" die (echte) rechtsvergleichende Interpretation (4. Stufe) gehören[74].

Bedenken gegen den zuletzt genannten Lösungsansatz ergeben sich vor allem aus zwei Gründen. Zum einen ist der dogmatische Ansatzpunkt des vorgenannten Auslegungsmodells zweifelhaft. Die zur Begründung der Einschlägigkeit des Regelungsbereichs vorgenommene Gleichsetzung von Zielen und Methode der Auslegung findet keine Stütze im Wortlaut des Art. 7 Abs. 1 CISG, der sich ausdrücklich auf bestimmte Zielvorgaben für die Auslegung beschränkt. Auch wäre die Aufzählung von bestimmten Auslegungszielen in dieser Vorschrift überflüssig, wenn das CISG selbst die Methode seiner Auslegung regeln würde.

Zum anderen bestehen Bedenken, für die Konkretisierung des allgemeinen Grundsatzes der autonomen Auslegung des Übereinkommens auf eine Synthese der verschiedenen nationalen Auslegungsmethoden zurückzugreifen. Vielmehr müsste auch die Herleitung der einzelnen Auslegungsmethoden, die als Grundstock für eine einheitliche konventionskonforme Auslegungsmethode in Betracht kommen, konsequenterweise autonom, d.h. aus dem Übereinkommen selbst erfolgen. Dies wird aber kaum möglich sein.

Mithin ist davon auszugehen, dass das UN-Kaufrecht die Methode seiner Auslegung offen lässt. Doch verlangen sowohl das in Art. 7 Abs. 1 CISG normierte Auslegungsziel der einheitlichen Anwendung der Konvention als auch die

---

70 So ausdrücklich *Schmid*, Lückenfüllung und Normenkonkurrenz, 62; *Diedrich*, Autonome Auslegung, 152.

71 *Schmid*, Lückenfüllung und Normenkonkurrenz, 62 f.

72 *Schmid*, Lückenfüllung und Normenkonkurrenz, 63.

73 Vgl. *Diedrich*, Autonome Auslegung, 154 f.; *ders.*, RIW 1995, 353, 355, Fn. 22.

74 *Diedrich*, Autonome Auslegung, 313 ff.; *ders.*, RIW 1995, 353, 355.

in der Präambel zum Ausdruck kommende grundlegende ratio conventionis, nämlich zwischen den Vertragstaaten ein einheitliches Recht für den internationalen Warenkauf zu verwirklichen, die Entwicklung einer einheitlichen Auslegungsmethode für das UN-Kaufrecht.

2. Die Doppelfunktion des Art. 7 Abs. 1 CISG

Art. 7 Abs. 1 CISG gibt bestimmte Auslegungsgrundsätze vor. Die Übereinkommensvorschrift lautet: "Bei der Auslegung dieses Übereinkommens sind sein internationaler Charakter und die Notwendigkeit zu berücksichtigen, seine einheitliche Anwendung und die Wahrung des guten Glaubens im internationalen Handel zu fördern".

Die Entwicklung einer spezifischen Auslegungsmethode für das UN-Kaufrecht setzt ein erweitertes Normverständnis dieser Vorschrift voraus. Bereits aus dem Wortlaut des Art. 7 Abs. 1 CISG ergibt sich die erste Funktion dieser Norm. Der Rechtsanwender wird angehalten, die genannten Ziele bei der jeweiligen Auslegung einer Übereinkommensvorschrift zu beachten. Dadurch nimmt Art. 7 Abs. 1 CISG unmittelbar Einfluß auf den konkreten Vorgang der Auslegung selbst. Diese Funktion der Auslegungsnorm ist allgemein anerkannt[75].

Wenn der Rechtsanwender aber schon beim jeweiligen Auslegungsvorgang die Vorgaben des Art. 7 Abs. 1 CISG beachten muss, dann muss erst recht auch die Auslegungsmethode, auf deren Grundlage der Rechtsanwender überhaupt tätig wird, abstrakt im Einklang mit Art. 7 Abs. 1 CISG stehen. Art. 7 Abs. 1 CISG stellt danach einen abstrakten Maßstab für eine konventionskonforme Auslegungsmethode dar, die es ermöglicht, zu überprüfen, ob die verschiedentlich genannten Interpretationsmethoden konventionskonform sind oder nicht. Nur wenn die jeweils einzelne Interpretationsmethode mit den Vorgaben des Art. 7 Abs. 1 CISG im Einklang steht, findet sie Eingang in den Kanon einer konventionskonformen Auslegungsmethode[76].

Für dieses erweitertes Normverständnis spricht noch ein weiterer Grund. Es gibt der Wissenschaft, der in erster Linie die Aufgabe der Entwicklung einer einheitlichen Auslegungsmethode für das UN-Kaufrecht zukommt[77], bestimmte Kriterien vor, mit deren Hilfe die im Schriftum genannten Argumente für oder gegen eine Interpretationsmethode in ein bestimmtes Argumentationsschema ein-

---

75 Honsell/*Melis*, Art. 7 CISG, Rn. 3; *Karollus*, UN-Kaufrecht, 11; *Magnus*, RabelsZ 53 (1989), 116, 122 f.; Schlechtriem/*Ferrari*, Art. 7 CISG, Rn. 28.

76 Angedeutet von Schlechtriem/*Ferrari*, Art. 7 CISG, Rn. 34, der verneint, dass die Vorschriften der WVK, die die Auslegung betreffen, mit den Auslegungszielen des Art. 7 Abs. 1 CISG kollidieren.

77 *Diedrich*, Autonome Auslegung, 36.

gestellt werden können. Die Kriterien, die letztendlich dafür maßgebend sind, ob eine Interpretationsmethode zum Kanon einer einheitlichen Auslegungsmethode zu rechnen ist, sind dabei nicht willkührlich gewählt, sondern ergeben sich konventionsautonom aus Art. 7 Abs. 1 CISG. Da auf diesem Wege die verschiedenen Argumente einer Systematisierung zugänglich sind, kann dieses Normverständnis auch dazu beitragen, eine einheitliche Auslegungsmethode für das UN-Kaufrecht zu entwickeln.

Im Folgenden sind zunächst die in Art. 7 Abs. 1 CISG normierten Auslegungsziele kurz darzustellen. Daran anschließend sind die im Schriftum genannten Interpretationsmethoden anhand des Art. 7 Abs. 1 CISG daraufhin zu überprüfen, ob diese konventionskonform sind und daher Eingang in den Kanon einer spezifischen Auslegungsmethode für das UN-Kaufrecht finden.

a) Normative Auslegungsvorgaben

Art. 7 Abs. 1 CISG schreibt vor, dass bei der Auslegung des Kaufrechtsübereinkommens bestimmte Auslegungsziele zu berücksichtigen sind. Als Auslegungsziele werden die Berücksichtigung des internationalen Charakters, die Förderung der einheitlichen Anwendung des Übereinkommens sowie die Wahrung des guten Glaubens im internationalen Handel genannt.

Der Grund für die Aufnahme bestimmter Auslegungsziele in die Konvention ist zum einen darin zu erblicken, dass es im Einheitsrecht schon immer besonders schwierig gewesen ist, eine einheitliche Anwendung in allen Vertragsstaaten und damit die erstrebte Rechtsvereinheitlichung zu verwirklichen. Zum anderen fehlt eine übernationale Rechtsprechnungsinstanz zum CISG, die für eine einheitliche Anwendung des Übereinkommens in allen Vertragsstaaten Sorge zu tragen hätte[78].

Gerade mit dem Fehlen einer übernationalen Rechtsprechungsinstanz ist aber die Gefahr verbunden, dass die einzelnen nationalen Gerichte, der *universal judical attitude towards domestic law* folgend, das UN-Kaufrecht im Lichte des ihnen vertrauten nationalen Rechtsverständnisses auslegen, womit im Laufe der Zeit der Vereinheitlichungseffekt kontinuierlich abgeschwächt und bald wieder nationales Sonderrecht gelten würde[79]. Dabei wird die Gefahr einer national divergierenden Anwendungspraxis des UN-Kaufrechts um so größer, je mehr Staaten der Konvention beitreten[80]. Aus diesen Gründen stellt die von Art. 7 Abs. 1

---

78 Honsell/*Melis*, Art. 7 CISG, Rn. 7; *Karollus*, UN-Kaufrecht, 11; *Kramer*, JBL. 1996, 137, 139; Staudinger/*Magnus*, Art. 7 CISG, Rn. 3.

79 *Karollus*, UN-Kaufrecht, 11; *Kramer*, aaO.

80 *Botzenhardt*, Wesentliche Vertragsverletzung, 90.

CISG intendierte Vereinheitlichung der Auslegungsmethoden derzeit der einzige Weg dar, für die Einheitlichkeit in der Anwendung der Konvention zu sorgen[81].

Durch das zuerst angeführte Auslegungsziel, den internationalen Charakter des Übereinkommens zu berücksichtigen, wird der Rechtsanwender verpflichtet, das CISG primär als internationales Rechtsvereinheitlichungsübereinkommen anzuwenden[82]. Dem Rechtsanwender soll dadurch vor Augen geführt werden, dass der Übereinkommenstext auf internationaler Ebene entstanden ist. Das UN-Kaufrecht ist nicht auf einen klar definierten Willen eines einzigen nationalen Gesetzgebers zurückzuführen, sondern ist zwischen den Vertretern verschiedenster nationaler Rechtsordnungen erarbeitet worden[83].

Konkretisiert wird die Auslegungsleitlinie durch das Gebot der autonomen Auslegung der Konvention, wonach die Begriffe des CISG aus sich selbst heraus zu interpretieren sind und sich ein Rückgriff auf nationales Recht grundsätzlich verbietet[84]. Eine weitere Ausprägung ist das Gebot der autonomen Qualifikation. Danach sind einzelne Begriffe des Übereinkommens aus dem System des Übereinkommens heraus auszulegen[85]. Zuletzt ist die Verbindlichkeit der authentischen Textfassungen Ausdruck des Gebots, den internationalen Charakter des UN-Kaufrechts zu berücksichtigen. Verbindlichkeit der authentischen Textfassungen bedeutet, dass nur der arabische, chinesische, englische, französische, russische und spanische Wortlaut des CISG maßgeblich ist. Die deutsche Textfassung stellt dagegen lediglich eine völkerrechtlich nicht bindende Übersetzungshilfe dar[86].

Als weiteres Auslegungsziel nennt Art. 7 Abs. 1 CISG die Förderung der einheitlichen Anwendung der Konvention. Dieses Auslegungsziel bezweckt die Überführung der abstrakten[87] Rechtsvereinheitlichung in eine konkrete[88]. Die Rechtsvereinheitlichung in Gestalt von auf internationalen Konventionen beru-

---

81 *Karollus*, aaO.; *Kramer*, aaO.; Staudinger/*Magnus*, Art. 7 CISG, Rn. 3.

82 Bianca/Bonell/*Bonell*, Art. 7 CISG, Anm. 2.2.2; *Botzenhardt*, Wesentliche Vertragsverletzung, 93; Honsell/*Melis*, Art. 7 CISG, Rn. 5; Schlechtriem/*Ferrari*, Art. 7 CISG, Rn. 9.

83 Honsell/*Melis*, aaO.

84 Vgl. zu den Einschränkungen: *Schlechtriem*, Internationales UN-Kaufrecht, Rn. 43; Staudinger/*Magnus*, Art. 7 CISG, Rn. 12.

85 *Schlechtriem*, aaO.; Staudinger/*Magnus*, Art. 7 CISG, Rn. 12.

86 Honsell/*Melis*, Art. 7 CISG, Rn. 10; *Karollus*, UN-Kaufrecht, 13; Schlechtriem/*Ferrari*, Art. 7 CISG, Rn. 31; Staudinger/*Magnus*, Art. 7 CISG, Rn. 16.

87 *Karollus*, UN-Kaufrecht, 11 versteht unter dem Begriff der abstrakten Rechtsvereinheitlichung, dass auf dem Papier dieselben geschriebenen Regeln gelten.

88 In Anschluss an *Karollus*, aaO. kann von einer konkreten Rechtsvereinheitlichung erst dann gesprochen werden, wenn wirklich gleiches Recht in allen Vertragsstaaten gilt.

henden Einheitsprivatrecht ist danach erst dann realisiert, wenn auch die Rechtsanwendung zu diesem Recht vereinheitlicht werden kann[89]. Dies kann aber nur dann gelingen, wenn der Rechtsanwender bei der Auslegung sowohl die ausländische Rechtsprechung als auch die ausländische Literatur, soweit praktikabel, mit berücksichtigt[90] und sich stets um eine internationalisierungsfähige Lösung bemüht, die auch in anderen Vertragsstaaten auf Befolgung rechnen kann[91]. Adressaten dieser Bestimmung sind vor allem die nationalen Gerichte, welche die Bestimmungen des Kaufrechtsübereinkommens anzuwenden haben[92].

Zuletzt führt Art. 7 Abs. 1 CISG die Wahrung des guten Glaubens im internationalen Handel an. Dabei handelt es sich um ein materielles Erfordernis[93], das dem in allen nationalen Rechtsordnungen entwickelten Grundsatz von Treu und Glauben entspricht[94]. Der Gutglaubensgrundsatz gilt nicht nur für die Auslegung der Konvention, sondern allgemein für das Parteiverhalten[95]. Sein internationaler Bezugspunkt soll zudem sicherstellen, dass nicht die Gutglaubensgrundsätze nationalrechtlicher Provenienz Eingang in das UN-Kaufrecht finden[96].

b) Maßstab für eine konventionskonforme Auslegungsmethode

Seit langem bestanden im Hinblick auf die Interpretation von internationalem Einheitsrecht erhebliche Divergenzen zwischen den Ländern des Common-Law- und des Civil-Law-Rechtskreises. Der sich möglichst strikt am Gesetzeswortlaut festhaltenden (sog. literal rule) und den travaux préparatoires keine Aufmerksamkeit schenkenden englischen Rechtsprechung stand eine relativ freie, zweckorientierte Interpretation von internationalem Einheitsrecht in den kontinentaleuropäischen Ländern gegenüber[97]. Diese traditionelle Unvereinbarkeit der

---

89 *Karollus*, aaO.

90 Bianca/Bonell/*Bonell*, Art. 7 CISG, Anm. 3.1.3; *Bridge*, International Sale of Goods, chapter 2.30; *Loewe*, Internationales Kaufrecht, Art. 7 CISG; *Piltz*, Internationales Kaufrecht, § 2, Rn. 169; *Reinhart*, Art. 7 CISG, Rn. 2; *Schlechtriem*, Internationales UN-Kaufrecht, Rn. 43; Staudinger/*Magnus*, Art. 7 CISG, Rn. 21.

91 *Karollus*, UN-Kaufrecht, 11/12; Honsell/*Melis*, Art. 7 CISG, Rn. 6; Staudinger/*Magnus*, Art. 7 CISG, Rn. 20; Schlechtriem/*Ferrari*, Art. 7 CISG, Rn. 16.

92 Honsell/*Melis*, aaO.

93 *Karollus*, UN-Kaufrecht, 12; wohl auch Schlechtriem/*Ferrari*, Art. 7 CISG, Rn. 26.

94 Honsell/*Melis*, Art. 7 CISG, Rn. 9; *Karollus*, aaO.

95 So wohl überwiegend Bianca/Bonell/*Bonell*, Art. 7 CISG, Anm. 2.4.1; *Karollus*, UN-Kaufrecht, 11/12; Schlechtriem/*Ferrari*, Art. 7 CISG, Rn. 26; Staudinger/*Magnus*, Art. 7 CISG, Rn. 10.

96 Bianca/Bonell/*Bonell*, Art. 7 CISG, Anm. 2.4.2; *Karollus*, aaO.; Staudinger/*Magnus*, Art. 7 CISG, Rn. 24.

97 *Volken*, in: International Sale of Goods, 19, 39 f.

Interpretationsmethoden scheint aber nunmehr aufgrund des Einschwenkens der englischen Rechtsprechung auf die kontinentaleuropäische Auslegungsmethode von internationalem Einheitsrecht nicht mehr so ins Gewicht zu fallen[98]. Als Ausgangspunkt für eine einheitliche Auslegungsmethode kommen aus diesem Grund die dem kontinentaleuropäischen Rechtsanwender seit langem bekannten Auslegungsmethoden der grammatikalischen, systematischen, historischen, teleologischen sowie der rechtsvergleichenden Interpretation in Betracht[99].

Ob die genannten Interpretationsmethoden den Grundstock für eine konventionskonforme Auslegungsmethode bilden, hängt davon ab, ob sie mit den Auslegungszielen des Art. 7 Abs. 1 CISG vereinbar sind. Dabei kommt den zwei zuerst angeführten Auslegungszielen besondere Bedeutung zu, während das Gebot der Wahrung des guten Glaubens im internationalen Handel wegen seines überwiegend materiellen Gehalts[100] sowie wegen seines bislang nicht hinreichend geklärten Inhalts[101] insoweit nur untergeordnete Bedeutung erlangt.

aa) Grammatikalische Interpretation

Die grammtikalische Auslegung geht vom gewöhnlichen Wortsinn der aus einer authentischen Textfassung des Übereinkommens stammende Vorschrift aus, wie er sich aus dem allgemeinen oder speziellen juristischen Sprachgebrauch und den Regeln der Grammatik ergibt[102].

Diese Interpretationsmethode verdeutlicht dem einzelnen Rechtsanwender, dass das CISG eine autonome, d.h. vom nationalen Recht unabhängige Rechtsquelle für den internationalen Warenkauf darstellt. Da eine Auslegungsmethode, die sich am natürlichen Wortsinn einer Übereinkommensvorschrift hält, zudem regelmäßig am ehesten die Gewähr dafür bietet, nicht in nationale Eigentümlichkeiten zu verfallen, sondern auf internationale Resonanz zu stoßen[103], trägt die grammtikalische Interpretation dem internationalen Charakter des Übereinkommens sowie dem Gebot seiner einheitlichen Anwendung hinreichend Rechnung.

---

98 Vgl. nur die neueren Entscheidungen der englischen Obergerichte unter dem Einfluß des EG-Rechts, wie z.B. die Entscheidung des Courts of Appeal in der Entscheidung Buchanan & Co. Ltd. v. Babco Forwarding and Shipping (UK) Ltd. (1977) 1 All. E.R. 518, 523 C.A. oder des House of Lords in der Entscheidung Fothergill v. Monarch Airlines Ltd. (1980) 2 All. E.R. 696 (H.L.).

99 Vgl. dazu auch Honsell/*Melis*, Art. 7 CISG, Rn. 11; *Kropholler*, Internationales Einheitsrecht, 263 ff.; Schlechtriem/*Ferrari*, Art. 7 CISG, Rn. 30 ff.; Staudinger/*Magnus*, Art. 7 CISG, Rn. 32 ff.

100 *Botzenhardt*, Wesentliche Vertragsverletzung, 101; *Karollus*, UN-Kaufrecht, 12.

101 *Botzenhardt*, aaO.; Staudinger/*Magnus*, Art. 7 CISG, Rn. 25.

102 Honsell/*Melis*, Art. 7 CISG, Rn. 11; *Karollus*, UN-Kaufrecht, 13.

103 *Kropholler*, Internationales Einheitsrecht, 264.

bb) Systematische Interpretation

Ziel der systematischen Auslegung ist es, aus dem Bedeutungszusammenhang, in dem eine Norm steht, auf ihren Sinn zu schließen[104]. Lassen einzelne Begriffe einer Vorschrift nach der grammatikalischen Interpretation mehrere Auslegungsmöglichkeiten zu, so ist zu untersuchen, ob nicht aus dem systematischen Zusammenhang eine genaue Bedeutung erschlossen werden kann. Dabei darf die systematische Auslegung sich nicht in Widerspruch zur übrigen Regelung des Übereinkommens setzen. Insoweit setzt die Systematik des auszulegenden Übereinkommenstextes der Auslegungsmethode eine Grenze[105].

Dass diese Auslegungsmethode dem Ziel, den internationalen Charakter zu berücksichtigen, Rechnung trägt, ergibt sich bereits daraus, dass Art. 7 Abs. 2 CISG die Berücksichtigung des systematischen Zusammenhangs einzelner Bestimmungen bei der Auslegung gerade verlangt. Denn wenn schon die allgemeinen dem UN-Kaufrecht zugrunde liegenden Grundsätze zu beachten sind, so muss erst recht die erkennbare Einordnung in das System des Übereinkommens zur Auslegung herangezogen werden können[106].

Dem Postulat der einheitlichen Anwendung des Übereinkommens wird jedenfalls dann entsprochen, wenn die Systematik innerhalb des Übereinkommens, nicht aber die des nationalen Rechts beachtet wird. Andernfalls würden nämlich nationale Alleingänge bei der Anwendung des Übereinkommens begünstigt[107].

Schwieriger ist indes zu entscheiden, inwieweit Art. 7 Abs. 1 CISG es zulässt, Rechtssätze aus anderen internationalen Abkommen heranzuziehen, um eine Regelung im UN-Kaufrecht in einem weiteren Bedeutungszusammenhang zu sehen. Teilweise wird die sytematische Interpretation des CISG durch einen Vergleich mit den Haager Kaufgesetzen für denkbar gehalten, darin aber einen Verstoß gegen den Grundsatz der autonomen Interpretation des Übereinkommens gesehen[108].

Mit dem Grundsatz der autonomen Interpretation wohl noch vereinbar ist die Beachtung der Systematik anderer, mit dem UN-Kaufrecht materiell und historisch eng verbundener Abkommen. So bezieht sich z.B. das Übereinkommen über die Verjährung beim internationalen Warenkauf[109] inhaltlich auf das CISG.

---

104 *Kropholler*, Internationales Einheitsrecht, 271.

105 *Botzenhardt*, Wesentliche Vertragsverletzung, 130.

106 *Magnus*, RabelsZ 53 (1989), 116, 124.

107 So auch *Gstoehl*, ZfRV 1998, 1, 2; Honsell/*Melis*, Art. 7 CISG, Rn. 11; *Karollus*, UN-Kaufrecht, 14; *Kramer*, JBL. 1996, 137, 143; Staudinger/*Magnus*, Art. 7 CISG, Rn. 34.

108 *Botzenhardt*, Wesentliche Vertragsverletzung, 131.

109 Vom 14. Juni 1974 in der Fassung des Protokolls vom 11. April 1980.

Die inhaltliche Nähe zwischen den beiden Abkommen zeigt sich bereits daran, dass der Anwendungsbereich des UN-Verjährungsübereinkommens (Art. 1 bis 6) auf das UN-Kaufrechtsübereinkommen zugeschnitten ist, sowie auch daran, dass beide Übereinkommen auf eine Rechtsvereinheitlichung durch die Vereinten Nationen zurückgehen. Zudem gleichen sich die Abkommen in der Frage der Auslegung ihrer Vorschriften (vgl. Art. 7 Abs. 1 CISG, Art. 7 UN-Verjährungsübereinkommen).

Das genannte Abkommen soll das UN-Kaufrecht nach seiner jüngeren Entstehungsgeschichte auch inhaltlich ergänzen. Das UN-Kaufrecht enthält keine Verjährungsvorschriften. Daher wurde das aus dem Jahre 1974 stammende UN-Verjährungsabkommen in Wien überarbeitet und an die Bestimmungen des Kaufrechtsübereinkommens angepasst.

Das einen solchen Fall charakterisierende Näheverhältnis zwischen den Abkommen rechtfertigt es, die Normen eines mit dem UN-Kaufrecht so eng verbundenen Abkommens heranzuziehen, um eine Regelung des CISG in einem weiteren Bedeutungszusammenhang zu sehen. Da es aber im Übrigen an entsprechenden Vergleichsgrundlagen mangelt, handelt es sich hierbei um einen eng umrissenen Ausnahmefall. Die systematische Auslegung beschränkt sich daher im UN-Kaufrecht grundsätzlich auf das Übereinkommen selbst. Insoweit genügt die systematische Auslegung den sich aus Art. 7 Abs. 1 CISG ergebenen Anforderungen.

cc) Historische Interpretation

Der Rückgriff auf die Entstehungsgeschichte des Kaufrechtsübereinkommens ist auf die Ermittlung des tatsächlichen Willens des Normgebers anhand der Gesetzesmaterialien gerichtet und verfolgt das Ziel, den Normzweck zu ergründen[110].

Der internationale Charakter des Übereinkommens verlangt, dass das CISG trotz der Transformation in innerstaatliches Recht primär als internationales Rechtsvereinheitlichungsabkommen behandelt wird[111]. Diesem Erfordernis wird dann entsprochen, wenn zur Ermittlung des historischen Willens auf die internationalen Materialien zum UN-Kaufrecht zurückgegriffen wird[112]. Materialien in diesem Sinne sind die Vorentwürfe und Beratungen zum CISG sowie das Haager

110 *Kropholler*, Internationales Einheitsrecht, 274.

111 Honsell/*Melis*, Art. 7 CISG, Rn. 5; *Karollus*, UN-Kaufrecht, 11; Schlechtriem/*Ferrari*, Art. 7 CISG, Rn. 9.

112 Für den Rückgriff nur auf die internationalen Materialien sprechen sich auch aus: *Enderlein/Maskow/Strohbach*, Art. 7 CISG, Anm. 3; Honsell/*Melis*, Art. 7 CISG, Rn. 11; *Karollus*, UN-Kaufrecht, 15; Schlechtriem/*Ferrari*, Art. 7 CISG, Rn. 36; Staudinger/*Magnus*, Art. 7 CISG, Rn. 35.

Kaufrecht und die dazu ergangene, umfangreiche Rechtsprechung und Literatur[113].

Demgegenüber wird der Vorgabe der international einheitlichen Anwendung des Übereinkommens Rechnung getragen, wenn sich die Gerichte gemeinsam am historischen Willen der Konventionsgeber orientieren. Der Rückgriff auf die Entstehungsgeschichte ist für die Civil-Law-Staaten nicht ungewöhnlich. Da – wie bereits zuvor ausgeführt - auch die englische Rechtsprechung ihre Vorbehalte gegen die Verwendung der travaux préparatoires bei der Auslegung internationaler Abkommen aufgegeben hat, zeichnet sich insoweit nun auch eine internationale Entscheidungsgleichheit ab[114]. Aus diesen Gründen hat auch die historische Interpretation ihren festen Platz im einheitlichen Auslegungskanon.

dd) Teleologische Interpretation

Die teleologische Auslegung zeichnet sich dadurch aus, dass der Zweck einer Norm vor allem aus den hinter der Kodifikation stehenden Grundsätzen und Wertungen ermittelt wird[115]. Grundgedanke dieser Interpretationsmethode ist, dass jede Vorschrift eine sachgerechte Regelung und damit einen angemessenen Interessenausgleich bewirken soll[116]. Dabei ist aber nicht nur der Zweck der einzelnen Norm, sondern auch jener der Gesamtkonvention sowie die in Art. 7 Abs. 1 CISG formulierten Auslegungsziele zu berücksichtigen[117].

Der teleologischen Auslegung wird von vielen eine wichtige Funktion für die Weiterentwicklung des UN-Kaufrechts beigemessen. Auf diesem Wege soll verhindert werden, dass das Einheitsrecht im ursprünglichen reinen Wortlaut verharrt und mit der Zeit veraltet („Versteinerung“)[118].

Der internationale Charakter des Übereinkommens wird durch diese Auslegungsmethode nicht tangiert. Zweifel ergeben sich aber in Hinsicht auf die Vorgabe, die einheitliche Anwendung des Kaufrechtsabkommens zu fördern. Denn es besteht die Gefahr, dass der Anwender von den eigenen, von nationalen Vorverständnissen geprägten Zweckvorstellungen ausgeht und die teleologische In-

---

113 *Gstoehl*, ZfRV 1998, 1, 2; Schlechtriem/*Ferrari*, aaO.; Staudinger/*Magnus*, aaO.

114 So auch Schlechtriem/*Ferrari*, Art. 7 CISG, Rn. 36; Staudinger/*Magnus*, Art. 7 CISG, Rn. 30; *ders.*, RabelsZ 53 (1989), 116, 124.

115 *Kropholler*, Internationales Einheitsrecht, 276 f.

116 *Botzenhardt*, Wesentliche Vertragsverletzung, 133.

117 *Karollus*, UN-Kaufrecht, 15, Staudinger/*Magnus*, Art. 7 CISG, Rn. 36.

118 *Botzenhardt*, Wesentliche Vertragsverletzung, 134; *Diedrich*, Autonome Auslegung, 72; *Karollus*, UN-Kaufrecht, 15; für das Einheitsrechts allgemein *Kropholler*, Internationales Einheitsrecht, 277.

terpretation so dazu beiträgt, dass sich im Laufe der Zeit eine divergierende Entscheidungspraxis zwischen den Vertragsstaaten abzeichnet[119].

Dieser Gefahr für die einheitliche Anwendung des CISG kann aber dadurch wirksam begegnet werden, dass die ausländische Rechtspraxis und Literatur bei der Auslegung des Übereinkommens mitberücksichtigt wird. Aus diesem Grund kann die teleologische Interpretation, beschränkt durch das Gebot der internationalen Entscheidungsgleichheit, im Rahmen einer einheitlichen Auslegungsmethode für das UN-Kaufrecht Anwendung finden.

ee) Rechtsvergleichende Interpretation

Schwieriger ist dagegen zu entscheiden, ob und ggf. in welchem Umfang die rechtsvergleichende Interpretation Eingang in den Kanon einer einheitlichen Auslegungsmethode für das UN-Kaufrecht findet[120]. Im Schriftum werden vor allem praktische Einwände gegen die Rechtsvergleichung geltend gemacht[121]. So wird zu Recht darauf hingewiesen, dass es praktisch schwierig sei, für die Rechtsvergleichung das nationale Recht aller oder doch zumindest möglichst vieler Vertragsstaaten vergleichend heranzuziehen[122]. Den gleichen Bedenken begegnen aber auch Versuche, „repräsentative" Rechtsordnungen oder „Mutterrechtsordnungen" für den Vergleich zu konsultieren.

Nach dem Gegenstand des Rechtsvergleichs sind zwei methodisch verschiedene Vorgehensweisen zu unterscheiden[123]. Die erste Vorgehensweise zeichnet sich durch einen Rechtsvergleich ausschließlich mit der zum auszulegenden Übereinkommen ergangenen Rechtsprechung und Literatur aus. Bei dieser Art des Vergleichs wird die Rechtspraxis zum autonomen nationalen Recht des betreffenden Staates nicht berücksichtigt[124]. Hieraus wird bereits ersichtlich, dass es sich bei dieser Art der vergleichenden Auslegung nicht um Rechtsvergleichung im klassischen Sinn handelt. Denn Bezugspunkt des Vergleichs sind nicht die

---

119 Honsell/*Melis*, Art. 7 CISG, Rn. 11; Staudinger/*Magnus*, aaO.; *ders.*, RabelsZ 53 (1989), 116, 125.

120 Kritisch zur Rechtsvergleichung im Rahmen der Auslegung des CISG auch *Botzenhardt*, Wesentliche Vertragsverletzung, 121 f.; *Diedrich*, Autonome Auslegung, 74 f.; *Frigge*, Externe Lücken, 68; Honsell/*Melis*, Art. 7 CISG, Rn. 11; Schlechtriem/*Ferrari*, Art. 7 CISG, Rn. 40; Staudinger/*Magnus*, Art. 7 CISG, Rn. 37; *ders.*, RabelsZ 53 (1989), 116, 125.

121 *Diedrich*, Autonome Auslegung, 75; *Frigge*, aaO.; Schlechtriem/*Ferrari*, aaO.; Staudinger/*Magnus*, aaO.

122 *Frigge*, aaO.; Schlechtriem/*Ferrari*, aaO.

123 Vgl. zu dieser methodischen Differenzierung *Kropholler*, Internationales Einheitsrecht, 278 ff.

124 *Diedrich*, Autonome Auslegung, 74.

verschiedenen autonomen nationalen Rechtsordnungen, sondern das auszulegende Übereinkommen mit seinen vereinheitlichten Normen selbst. Da somit der Bezugspunkt des Rechtsvergleichs identisch ist und nur die Rechtspraxis zur Konvention in den verschiedenen Vertragsstaaten miteinander verglichen wird, kann man bei diesem Vergleich nicht von echter Rechtsvergleichung sprechen[125]. Vielmehr wird im Folgenden für diese Art der rechtsvergleichenden Interpretation der Begriff der Berücksichtigung der Rechtspraxis in den Vertragsstaaten verwendet.

Als davon methodisch zu unterscheidende Vorgehensweise kommt auch ein Rechtsvergleich mit der Rechtsprechung und Literatur zum internen nationalen Recht anderer Vertragsstaaten in Betracht[126]. Da bei diesem Typus der vergleichenden Auslegung Bezugspunkt verschiedene Rechte, nämlich auf der einen Seite das auszulegenden Übereinkommen und auf der anderen Seite das damit zu vergleichende unvereinheitlichte nationale Recht, sind, kann in diesem Fall von echter Rechtsvergleichung im klassischen Recht gesprochen werden[127].

Die Berücksichtigung der Rechtspraxis in den Vertragsstaaten bereitet im Hinblick auf die Vorgaben des Art. 7 Abs. 1 CISG keine Schwierigkeiten. Der Charakter des UN-Kaufrechts als internationales Rechtsvereinheitlichungsabkommen wird dadurch, dass die ausländische obergerichtliche Rechtsprechung und, soweit praktikabel, auch Literatur bei der Auslegung des Übereinkommens berücksichtigt werden, nicht in Frage gestellt. Vielmehr fordert das Auslegungsziel der Förderung der international einheitlichen Anwendung des Übereinkommens nicht nur das stete Bemühen um internationalisierungsfähige Lösungen, sondern gerade auch die Berücksichtigung ausländischer Rechtspraxis zur Auslegung des UN-Kaufrechts. Nur auf diesem Wege kann ein einheitliches Recht für den Warenkauf in den Vertragsstaaten geschaffen werden. Da diese Art der rechtsvergleichenden Interpretation den Auslegungserfordernissen des Art. 7 Abs. 1 CISG genügt, sollte daher bei der Auslegung des UN-Kaufrechts stets auch die ausländische Rechtspraxis zum Übereinkommen mitberücksichtigt werden[128].

---

125 *Mansel*, JZ 1991, 529, 531 spricht in einem solchen Fall von „angewandter Rechtsvergleichung"; *Diedrich*, Autonome Auslegung, 76 verwendet stattdessen den Begriff der Berücksichtigung von Rechtsprechung und Literaturmeinungen zur Auslegung des Einheitsrechts.

126 *Diedrich*, Autonome Auslegung, 74.

127 *Diedrich*, aaO.

128 Die ausländischen Judikate sind aber nicht zwingend; vielmehr kommt ihnen die Bedeutung einer „persuasive authority" zu; vgl. dazu Staudinger/*Magnus*, Art. 7 CISG, Rn. 21.

Demgegenüber wirft die Rechtsvergleichung mit dem internen nationalen Recht Zweifel dahingehend auf, ob sie dem internationalen Charakter des Kaufrechtsübereinkommens ausreichend Rechnung trägt. Dieser Auslegungsvorgabe wird nur dann entsprochen, wenn diese Art des Rechtsvergleichs den Charakter des CISG als internationales Rechtsvereinheitlichungsabkommen wahrt.

Der internationale Gesetzgeber war überwiegend bemüht, autonome und originäre Begriffe zu finden, die nicht einer einzigen Rechtsordnung entstammten und auch nicht mit einer bestimmten juristischen Fachbedeutung „vorbelastet“ waren. Die Suche nach möglichst neutralen Begriffen diente vor allem auch der Überwindung der die Vorarbeiten des CISG beherrschenden Ost-West-Konflikts auf der einen und des Spannungsverhältnisses zwischen Entwicklungs- und Instrustrieländern auf der anderen Seite. Der Übereinkommenstext besteht daher im Wesentlichen aus supranationalen Sammelbegriffen, die aus Kompromissen zwischen den Staatenvertretern hervorgegangen sind[129]. Da das CISG somit selbst auf fundierten rechtsvergleichenden Vorarbeiten beruht, kann anschaulich davon gesprochen werden, dass das UN-Kaufrecht „zu Normen geronnene Rechtsvergleichung“ darstellt[130]. Der Rückgriff auf das nationale Recht zur Auslegung solcher supranationaler Begriffe hätte aber zur Folge, dass die auf der Wiener Konferenz durch mühsame Kompromisse geschaffene Synthese der verschiedenen nationalen Rechtsordnungen wieder rückgängig gemacht und diese Begriffe einer einseitig nationalrechtlichen Auslegung zugänglich gemacht würden. Diese „Renationalisierung“ der Begriffe würde sich aber über deren internationale Herkunft hinwegsetzen und den Charakter des CISG als Rechtsvereinheitlichungsabkommen unberücksichtigt lassen. Für die Auslegung solcher supranationaler Begriffe des CISG kommt daher ein Rechtsvergleich mit dem unvereinheitlichten nationalen Recht nicht in Betracht.

Ausnahmsweise hat der internationale Gesetzgeber aber auch bewußt auf die Schaffung originärer Lösungen und Begriffe im Übereinkommen verzichtet und diese aus bestimmten nationalen Rechtstraditionen rezipiert[131]. So hat beispielsweise das englische Recht für das Voraussehbarkeitskonzept in Art. 74 S. 2 CISG Pate gestanden[132]. Wenn das CISG aber deutlich durch eine nationale Rechtsordnung beeinflußt worden ist, stellt der Rückgriff auf die maßgebliche Rechtsordnung den internationalen Charakter des Übereinkommens nicht in Frage. Zum

---

129 *Diedrich*, RIW 1993, 441, 443; *ders.*, Autonome Auslegung, 74; *Schütz*, UN-Kaufrecht und Culpa in contrahendo, 37.

130 Staudinger/*Magnus*, Art. 7 CISG, Rn. 37.

131 *Diedrich*, Autonome Auslegung, 74; Schlechtriem/*Ferrari*, Art. 7 CISG, Rn. 11; *Schlechtriem*, Internationales UN-Kaufrecht, Rn. 43; Staudinger/*Magnus*, Art. 7 CISG, Rn. 13.

132 Staudinger/*Magnus*, aaO.

Verständnis etwa des nach Art. 74 S. 2 CISG „bei Vertragsschluss als mögliche Vertragsverletzung vorausgesehenen oder vorausehbaren“ Schadens kann daher auf die Funktion zurückgegriffen werden, die das Voraussehbarkeitskonzept im englischen Recht hat[133].

Mithin muss für die Frage, ob die rechtsvergleichende Interpretation Eingang in den Kanon einer konventionskonformen Auslegungsmethode findet, differenziert werden. Die ausländische Judikatur und Rechtslehre ist, soweit wie praktikabel, bei der Auslegung des Übereinkommens stets heranzuziehen. Für die echte Rechtsvergleichung im klassischen Sinn gilt stattdessen folgendes: Nur soweit das Übereinkommen keine originär einheitliche Lösungen und Begriffe vorsieht, kann für die Auslegung auf diejenige nationale Rechtsordnung zurückgegriffen werden, die bei der Redaktion einzelner Normen des CISG Pate gestanden hat. In den übrigen Fällen setzt sich aber die rechtsvergleichende Interpretation über die erstgenannte Auslegungsvorgabe des Art. 7 Abs. 1 CISG, nämlich den internationalen Charakter des Übereinkommens zu berücksichtigen, hinweg und kann daher nicht im Rahmen einer einheitlichen Auslegungsmethode des UN-Kaufrechts verwendet werden.

Im Ergebnis sind für die Auslegung des Kaufrechtsübereinkommens somit die grammatikalische, systematische, historische und teleologische Interpretation heranzuziehen. Zum Kanon einer konventionskonformen Auslegungsmethode gehören schließlich auch die unechte Rechtsvergleichung sowie die echte Rechtsvergleichung in Fällen, in denen nachweisbar nationale Begriffe und Lösungen bei der Redaktion einzelner Normen des Übereinkommens Pate gestanden haben.

IV. Die Lückenfüllung im Übereinkommen

Den Vorschriften des UN-Kaufrechts lässt sich nicht ohne weiteres auf jede kaufrechtsrelevante Frage eine Antwort entnehmen. Da das Kaufrechtsübereinkommen vielmehr wie alle rechtsvereinheitlichenden Privatrechtskonventionen notwendig lückenhaft ist[134], liegt es gerade im Interesse der internationalen Rechtsanwendung festzustellen, nach welcher Methode Regelungslücken im Übereinkommen zu schließen sind. Darüber hinaus ergibt sich die besondere Relevanz der Lückenfüllung auch aus dem hier zu erörternden Untersuchungsgegenstand. Die Untersuchung, ob und ggf. in welchem Umfang dem CISG eine konventions-

133 *Schlechtriem*, aaO.; Staudinger/*Magnus*, aaO.

134 *Enderlein/Maskow/Strohbach*, Art. 7 CISG, Anm. 7; Ferrari, JZ 1998, 9, 10; *Frigge*, Externe Lücken, 4; *Magnus*, RabelsZ 59 (1995), 469, 471; *Reinhart*, Art. 4 CISG, Rn. 1; Schlechtreim, Internationales UN-Kaufrecht, Rn. 8.

autonome Lösung der Aufrechnungsfrage zu entnehmen ist, ist nur dann erfolgversprechend, wenn Sicherheit über die dafür notwendige Methode der Lückenfüllung sowie deren Grenzen besteht.

1. Methode der Lückenfüllung

Art. 7 Abs. 2 CISG sieht zwei verschiedene Möglichkeiten der Lückenfüllung vor. Eine Regelungslücke ist danach vorrangig konventionsautonom zu schließen („autonome Lückenfüllung"). Erst wenn sich für eine Regelungslücke kein entsprechender allgemeiner Grundsatz des Übereinkommens finden lässt, ist eine Lösung nach dem vom IPR der lex fori berufenen nationalen Sachrecht anzustreben („internationalprivatrechtliche Lückenfüllung").

Einen ausdrücklichen Anhaltspunkt dafür, nach welcher Methode Regelungslücken im UN-Kaufrecht vorrangig zu schließen sind, gibt das Übereinkommen in Art. 7 Abs. 2 CISG. Diese sind aus der Konvention selbst heraus, nämlich durch die ihr zugrunde liegenden allgemeinen Grundsätze, zu schließen. Darüber hinaus lassen sich aber auch Rückschlüsse aus Art. 7 Abs. 1 CISG ziehen, auch wenn diese Norm ihrem Wortlaut nach nur die Auslegung des Übereinkommens betrifft[135].

So deutet die räumliche Nähe der Auslegung (Abs. 1) zur Lückenfüllung (Abs. 2) auf die inhaltliche Verwandtschaft beider Begriffe hin[136]. Zudem ist der Übergang von der Auslegung zur Lückenfüllung fließend mit der Folge, dass sich die Trennung beider Begriffe nicht immer konsequent durchhalten lässt[137]. Die extensive Anwendung einer Vorschrift fällt z.B. noch in den Bereich der Auslegung, während die davon oft kaum zu unterscheidene analoge Anwendung dem Bereich der Lückenfüllung zuzurechnen ist. Diese inhaltliche Überschneidung rechtfertigt es, eine wechselseitige Einwirkung der beiden Absätze des Art. 7 CISG dergestalt anzunehmen, dass zum einen die Auslegung im Übereinkommen autonom zu erfolgen hat und zum anderen bei der Lückenfüllung die Auslegungsziele, und hier vor allem das Gebot der Förderung der einheitlichen Anwendung des Übereinkommens, zu berücksichtigen sind[138].

---

135 So auch *Schütz*, UN-Kaufrecht und Culpa in contrahendo, 186.

136 *Schmid*, Lückenfüllung und Normenkonkurrenz, 60.

137 *Botzenhardt*, Wesentliche Vertragsverletzung, 92; *Czerwenka*, Rechtsanwendungsprobleme, 127; *Huber*, RabelsZ 43 (1979), 413, 433; *Schmid*, aaO.; Staudinger/*Magnus*, Art. 7 CISG, Rn. 9.

138 Nach *Kropholler*, Internationales Einheitsrecht, 292 folgt aus dem Umstand, dass eine scharfe Grenze zwischen Interpretation und Rechtsfortbildung nicht gezogen werden kann, dass die Lückenfüllung eine Fortsetzung der Auslegung auf einer anderen Stufe sei.

a) Die unterhalb der allgemeinen Grundsätze stehenden Lückenfüllungsmethoden

Aus dem Umstand, dass Art. 7 Abs. 2 CISG mit dem Verweis auf die allgemeinen Grundsätze des Übereinkommens eine der am weitesten der Rechtsfortentwicklung entsprechende Methode der Lückenfüllung für zulässig erklärt, lässt a maiore ad minus den Schluss zu, dass auch weniger weitgehende Methoden angewendet werden dürfen[139]. Bei diesem Vorgehen handelt es sich aber methodisch wiederum um Lückenfüllung i.S.d. Art. 7 Abs. 2 CISG, die im Hinblick auf den Satz der prädikativen Logik, wonach Aussagen nicht auf sich selbst bezogen sein dürfen, Bedenken bereitet[140]. Doch spricht für eine solche Selbstanwendung des Art. 7 Abs. 2 CISG nicht nur, dass im allgemeinen Sätze der Aussagenlogik nicht schlechthin auf die Normenlogik übertragbar sind[141], sondern auch, dass im Hinblick auf die "milderen Mittel“ methodisch eine Regelungslücke besteht, die sich zudem konventionsautonom schließen lässt.

Im Schriftum zum internationalen Einheitsrecht werden oft folgende, unterhalb der Ebene der allgemeinen Grundsätze des Übereinkommens stehende Methoden der Lückenfüllung genannt: argumentum a maiore ad minus, argumentum e contrario sowie die teleologische Reduktion und Extension[142].

Sofern eine Regelungslücke besteht, sind zunächst die zuvor genannten Lückenfüllungsmethoden zu konsultieren. Sofern sich diese dadurch nicht schließen lässt, ist auf die allgemeinen Grundsätze des Übereinkommens zurückzugreifen.

b) Die allgemeinen Grundsätze des Übereinkommens

Nach Art. 7 Abs. 2 CISG sind Regelungslücken nach den allgemeinen Grundsätzen, die dem CISG zugrunde liegen, zu schließen. Was aber unter dem Begriff der *allgemeinen Grundsätze des Übereinkommens* verstehen ist, sagt die Konvention nicht. Es ist daher in erster Linie der Rechtsprechung und -lehre überlassen, diesen Rechtsbegriff auszufüllen.

---

139 *Enderlein/Maskow/Strohbach*, Art. 7 CISG, Anm. 9.1; *Kramer*, JBL. 1996, 137, 148; *Schmid*, Lückenfüllung und Normenkonkurrenz, 66.

140 So *Czerwenka*, Rechtswendungsprobleme, 127 f. zur Frage, ob vor der Klärung der Anwendbarkeit des Übereinkommens eigene Normen der Konvention, wie beispielsweise die Auslegungsvorschrift des Art. 7 Abs. 1 CISG, überhaupt zum Tragen kommen können.

141 *Czerwenka*, aaO.

142 Bianca/Bonell/*Bonell*, Art. 7 CISG, Anm. 2.3.2.1; *Karollus*, UN-Kaufrecht, 17; *Reinhart*, Art. 7 CISG, Rn. 6; *Schlechtriem*, Internationales UN-Kaufrecht, Rn. 47; Schlechtriem/*Ferrari*, Art. 7 CISG, Rn. 47.

Aus dem englischen Begriff „general principles“ folgt zunächst, dass die allgemeinen Grundsätze nicht nur die bloße Schnittmenge verschiedener Vorschriften sind, sondern dass es sich vielmehr um tragende Leitgedanken der Konvention handeln muss.

Dabei kann sich ein bestimmter Rechtsgedanke entweder aus einer einzelnen Vorschrift ergeben, die ein Prinzip für die gesamte Konvention aufstellt (z.B. das Prinzip des Vorrangs des Parteiwillens in Art. 6 CISG)[143], oder aber in mehreren Vorschriften seinen Niederschlag gefunden haben (z.B. der Grundsatz des Vertrauensschutzes in den Art. 16 Abs. 2 lit. b und Art. 29 Abs. 2 S. 2 CISG)[144].

Weiterhin begriffsnotwendig für die allgemeinen Grundsätze ist, dass der ermittelte tragende Leitgedanke nach seiner ratio generell, d.h. in einer Vielzahl von Fällen Anwendung finden soll[145]. Dieses Wesenserfordernis deutet auf die Nähe des allgemeinen Grundsatzes zur Rechtsnorm hin. Es folgt gleichfalls aus dem in Art. 7 Abs. 2 CISG verwendeten Begriff „general principles“.

Schließlich ergibt sich aus dem Gebot der einheitlichen Anwendung des Übereinkommens noch das Erfordernis der Formulierbarkeit als allgemeiner Rechtssatz. Denn nur, wenn sich der Regelungsgehalt des allgemeinen Grundsatzes ohne weiteres nachvollziehen lässt, besteht die begründete Hoffnung, dass der ermittelte Grundsatz in der Rechtsanwendung auf internationale Akzeptanz und Gefolgschaft rechnen kann. Das zuletzt genannte Erfordernis ergibt sich wiederum aus dem Begriff der „general principles“. Von einem allgemeinen Grundsatz kann nämlich nur dann gesprochen werden, wenn dieser einen für die Gerichte und den einzelnen Rechtsanwender ohne weiteres nachvollziehbaren Regelungsinhalt aufweist. Auch insoweit steht der allgemeine Grundsatz in sachlicher Nähe zur Rechtsnorm.

Da die allgemeinen Grundsätze wegen dieser begrifflichen Offenheit und Weite das umfangreichste und weitestgehende Instrumentarium der autonomen Lückenfüllung darstellen, könnte im Zuge der Fortentwicklung des CISG durch die Rechtsprechung aus ihnen ein einheitliches *case law* des internationalen Warenkaufs geschaffen werden[146].

Dabei folgt die Notwendigkeit, das UN-Kaufrecht schöpferisch weiterzuentwickeln, nicht nur aus dem Umstand, dass das CISG wie jedes andere Recht mit der Zeit ein vom Willen des historischen Gesetzgebers unabhängiges Eigenleben entfalten wird („life of it´s own“)[147]. Vielmehr verlangt gerade die Auslegungsvorschrift des Art. 7 Abs. 1 CISG, dessen grundsätzliche Wertungen für die

---

143 Schlechtriem/*Ferrari*, Art. 7 CISG, Rn. 48; Staudinger/*Magnus*, Art. 7 CISG, Rn. 40.
144 Schlechtriem/*Ferrari*, Art. 7 CISG, Rn. 54; Staudinger/*Magnus*, aaO.
145 *Schmid*, Lückenfüllung und Normenkonkurrenz, 68.
146 *Schmid*, Lückenfüllung und Normenkonkurrenz, 70.
147 So Bianca/Bonell/*Bonell*, Art. 7 CISG, Anm. 3.1.3.

autonome Lückenfüllung nutzbar gemacht werden können, die Fortentwicklung des CISG. So gebietet zum einen das Gebot der Förderung der einheitlichen Anwendung der Konvention die Weiterentwicklung des Kaufrechtsübereinkommens, da der Rückgriff auf unvereinheitlichtes nationales Recht stets zugleich auch ein Verzicht auf den Regelungsanspruch des UN-Kaufrechts darstellt. Zum anderen wird dem internationalen Charakter des Übereinkommens nur dann Rechnung getragen, wenn durch die schöpferische Weiterschreibung des geschriebenen Rechts einer sonst drohenden „Versteinerung" des Übereinkommens im ursprünglichen Gesetzeswortlaut entgegengewirkt wird, so dass das CISG auch auf sich zukünftig stellende Fragestellungen Antwort geben kann.

Andererseits lässt sich aus dem Gebot, die international einheitliche Anwendung des Übereinkommens zu fördern, auch folgern, dass die Rechtsfortbildung durch autonome Lückenfüllung nicht schrankenlos sein kann. Denn sofern bei der Lückenfüllung keine einheitlichen, auf internationale Gefolgschaft rechnenden Schranken eingehalten würden, fiele die Rechtsfortbildung in bestimmten Fragen unterschiedlich weit aus, je nachdem, ob die Rechtsprechung und -lehre in den einzelnen Vertragsstaaten dem Einheitsrecht gegenüber aufgeschlossen sind oder nicht. Dem Auslegungsziel, die einheitlichen Anwendung zu fördern, würde eine derart divergierende Entscheidungspraxis in den Vertragsstaaten nicht genügen. Es sind daher noch die Grenzen autonomer Lückenfüllung darzustellen.

2. Grenzen der Lückenfüllung

a) Regelungsbereich des Übereinkommens

Als konventionsunmittelbare Grenze der autonomen Lückenfüllung kommt zunächst der Regelungsbereich des Übereinkommens in Betracht. Nur soweit danach eine Frage noch vom Regelungsbereich der Konvention umfasst ist, kann die autonome Lückenfüllung Platz greifen. Umgekehrt findet eine solche dort ihre Grenze, wo der Regelungsbereich des Übereinkommens nicht oder nicht mehr betroffen ist[148].

Abweichend davon wird teilweise zwischen *offensichtlichen* und *versteckten Regelungslücken* differenziert[149]. Eine offensichtliche Regelungslücke soll vorliegen, wenn der internationale Gesetzgeber bestimmte Rechtsmaterien absicht-

---

148 Bianca/Bonell/*Bonell*, Art. 7 CISG, Anm. 2.3.1.; *Botzenhardt*, Wesentliche Vertragsverletzung, 138 f.; *Enderlein/Maskow/Strohbach*, Art. 7 CISG, Anm. 8; *Frigge*, Externe Lücken, 43; Honell/*Melis*, Art. 7 CISG, 12; *Karollus*, UN-Kaufrecht, 16; *Kramer*, JBL. 1996, 137, 147; *Schlechtriem*, Einheitliches UN-Kaufrecht, 24; *ders.*, Internationales UN-Kaufrecht, Rn. 45 f.; Schlechtriem/*Ferrari*, Art. 7 CISG, Rn. 42; Staudinger/*Magnus*, Art. 7 CISG, Rn. 38.

149 *Diedrich*, RIW 1995, 353 ff.; vgl. zur Kritik an diesem Begriffspaar auch § 2 I.

lich nicht geregelt bzw. ausdrücklich vom Regelungsbereich ausgeschlossen hat. Hierzu gehört sowohl die Eigentumsübertragung an den Waren (Art. 4 Satz 2 lit. a CISG) als auch die Gültigkeit des zugrundeliegenden Kaufvertrages (Art. 4 Satz 2 lit. b CISG), worunter beispielsweise Fragen der Anfechtbarkeit, der Vertretung und des Wegfalls der Geschäftsgrundlage, aber auch der Inhaltskontrolle im Rahmen etwa des deutschen AGBG oder des englischen Unfair Contract Terms Act 1977 fallen[150]. Im Unterschied hierzu soll es sich bei den versteckten Regelungslücken um Fragen innerhalb des Regelungsbereichs des Übereinkommens handeln, die der Konventionsgeber trotz eines tatsächlich bestehenden Regelungsbedarfs übersehen und ungewollt ungeregelt gelassen hat[151].

Nach der Auslegung des Art. 7 Abs. 2 CISG mittels Anwendung der *vierstufigen Interpretationsleiter*[152] gelangt diese Schriftumsansicht zu dem Ergebnis, dass auch die offensichtlichen Regelungslücken entweder durch rein autonome Lückenfüllung (argumentum e contrario, argumentum a maiore ad minus sowie Gesetzesanalogie unter Zuhilfenahme der dem Übereinkommen zugrundeliegenden Prinzipien) oder durch einheitliche kollisionsrechtliche Anknüpfung bzw. Anpassung autonom zu schließen seien[153]. Nach diesem Ansatz setzt der Regelungsbereich des Übereinkommens der autonomen Lückenfüllung keine Grenze.

Dieser Meinung ist nur im Ausgangspunkt ihrer Argumentation zuzustimmen. Art. 7 Abs. 2 CISG unterliegt danach wie auch alle anderen Vorschriften des CISG dem für das gesamte Wiener Kaufrecht geltenden Gebot der autonomen Auslegung[154]. Die Frage, ob und ggf. inwieweit der Regelungsbereich der Konvention als Grenze autonomer Lückenfüllung in Betracht zu ziehen ist, kann folglich nur durch Auslegung der Vorschrift einer auf internationale Akzeptanz rechnenden Lösung zugeführt werden. Dafür muss allerdings die Methode der Auslegung selbst konventionskonform sein. Ein solch konventionskonformer Auslegungskanon beinhaltet die grammatikalische, systematische, historische sowie teleologische Interpretation. Dabei ist die Rechtsprechung und -lehre in den anderen Vertragsstaaten als Fall der unechten Rechtsvergleichung, soweit wie praktikabel, stets zu berücksichtigen. Die echte rechtsvergleichende Auslegung im klassischen Sinn steht dagegen grundsätzlich im Widerspruch zu den Auslegungsvorgaben des Art. 7 Abs. 1 CISG und kommt nur ausnahmsweise dann in Betracht, wenn bei der Redaktion einzelner Normen des Übereinkommens nachweisbar einzelne nationale Rechtsordnungen Pate gestanden haben[155].

---

150 *Diedrich*, RIW 1995, 353, 353.
151 *Diedrich*, RIW 1995, 353, 354.
152 Vgl. dazu § 2 III 1 b).
153 *Diedrich*, RIW 1995, 353, 358 f.
154 So *Diedrich*, RIW 1995, 353, 355.
155 Vgl. dazu § 2 III 2 b) ee).

Sowohl die englische Textfassung („matters governed by this Convention") als auch die französische Fassung mit der gleichfalls eindeutigen Formulierung („les matiéres régies par la présente Convention") legen den Schluss nahe, dass Art. 7 Abs. 2 CISG und damit die autonome Lückenfüllung nur für die im UN-Kaufrecht geregelten Bereiche Geltung beanspruchen[156].

Weiterhin spricht für diese Sicht der systematische Zusammenhang der Lückenfüllungsvorschrift mit Art. 4 CISG. Diese Norm bestimmt in ihrem Satz 1, dass das UN-Kaufrecht nur den Vertragsschluss sowie die aus dem CISG-Vertragsverhältnis erwachsenen Rechte und Pflichten des Käufers und des Verkäufers regelt. Nochmals explizit werden in Satz 2 dann Gültigkeits- und Eigentumsfragen vom Regelungsbereich des Übereinkommens ausgenommen. Dabei legt der mit der Formulierung des Art. 7 Abs. 2 CISG wiederum in englischer („governs") und französischer („régies") Textfassung übereinstimmende Ausdruck den Schluss nahe, dass die Grundentscheidung über den Regelungsbereich des Übereinkommens stets gefallen sein muss, bevor die autonome Lückenfüllung ins Spiel kommt.

Ferner spricht auch der Umstand, dass Art. 17 EKG bereits den Regelungsbereich als Grenze autonomer Lückenfüllung festlegte[157] und Art. 7 Abs. 2 CISG in seiner jetzigen Fassung auf der Wiener Konferenz nur im Hinblick auf die Formulierung modifiziert wurde[158], dafür, dass der internationale Gesetzgeber davon ausging, dass die autonome Lückenfüllung nur in den Grenzen des vom UN-Kaufrecht geregelten Bereichs zulässig sein sollte. Dies legt auch die Verwendung des Begriffs „gap" während der Beratungen nahe, der von den Staatenvertretern wohl im hergebrachten Sinne, nämlich als planwidrige Unvollständigkeit des Übereinkommens, verstanden wurde[159].

Zuletzt spricht für diese Sicht, dass auch die ausländische Rechtslehre den Regelungsbereich der Konvention als Grenze autonomer Lückenfüllung betrachtet. So weist beispielsweise *Bonell* darauf hin, dass Fragen, die nicht in den Regelungsbereich der Konvention fallen, nicht mittels Rückgriffs auf die allgemeinen Grundsätze zu lösen sind[160]. *Kramer* verneint die Anwendbarkeit des Art. 7 Abs. 2 CISG für nicht im Übereinkommen geregelte Gegenstände mit der Erwägung, dass es sich bei solchen Fragen begrifflich schon nicht um Lücken handelt[161]. Zudem sollen Lücken nicht als „versteckte" bezeichnet werden, weil

---

156 So auch Schlechtriem/*Ferrari*, Art. 7 CISG, Rn. 42.

157 Dölle/*Wahl*, Art. 17 EKG, Rn. 18.

158 Vgl. zur Entstehungsgeschichte des Art. 7 Abs. 2 CISG *Magnus*, RabelsZ 59 (1995), 469, 473 ff.

159 Vgl. zu den Beratungen zu Art. 7 Abs. 2 CISG O.R., 254 ff.

160 Bianca/Bonell/*Bonell*, Art. 7 CISG, Anm. 2.3.1.

161 *Kramer*, JBL. 1996, 137, 147.

die juristische Methodenlehre herkömmlicherweise den Begriff der versteckten (verdeckten) Lücke als Gegenbegriff zu dem der „echten" (=offenen) Lücke vorsehe[162]. Auch *Honnold* führt die Formulierung „concerning matters by this Convention" im Zusammenhang mit Art. 4 CISG zu dem Ergebnis, dass nur Fragen, die in den Regelungsbereich des Übereinkommens fallen, überhaupt nur der autonomen Lückenfüllung zugänglich sind: „Since these areas are not „governed" by the Convention they are beyond the reach of „gap-filling" under Article 7 (2)"[163].

Die Auslegung des Art. 7 Abs. 2 CISG ergibt somit, dass der zuvor genannten Meinung nicht gefolgt werden kann. Ihr liegt zwar das begrüßenswerte Anliegen zugrunde, die Reibungen zwischen der Konvention einerseits und der im Übrigen anwendbaren nationalen Rechtsordnungen andererseits nach Möglichkeit gering zu halten. Dabei schießt sie aber, indem sie die autonome Lückenfüllung auch auf die außerhalb des Regelungsbereichs der Konvention liegenden Bereiche ausdehnen will, über ihr Ziel hinaus. Vielmehr ist stattdessen gerade auch im Hinblick auf das Ziel einheitlicher Anwendung der Konvention an dem insoweit eindeutigen Wortlaut des Art. 7 Abs. 2 CISG festzuhalten, der den Regelungsbereich als Grenze autonomer Lückenfüllung festschreibt.

b) Interne allgemeine Grundsätze

Eine weitere Grenze autonomer Lückenfüllung ergibt sich wiederum aus Art. 7 Abs. 2 CISG. Nach dieser Vorschrift sind Regelungslücken durch die allgemeinen Prinzipien, die dem Übereinkommen zugrunde liegen, zu schließen. Daraus folgt, dass nur interne allgemeine Grundsätze zur autonomen Lückenfüllung herangezogen werden dürfen. Damit scheidet generell die Möglichkeit aus, aus den Rechten verschiedener Staaten oder auch nur der Vertragsstaaten externe Grundsätze rechtsvergleichend zu ermitteln[164].

---

162 *Kramer*, JBL. 1996, 137, 147, Fn. 90.

163 *Honnold*, Uniform Law, Rn. 98.

164 *Botzenhardt*, Wesentliche Vertragsverletzung, 141 f.; *Enderlein/Maskow/ Strohbach*, Art. 7 CISG, Anm. 9.2; *Ferrari*, JZ 1998, 9, 12; *Kramer*, JBL. 1996, 137, 149 f.; *Schlechtriem*, Internationales UN-Kaufrecht, Rn. 52, Fn. 80; aA.: Dölle/*Wahl*, Art. 17 EKG, Rn. 75 zu Art. 17 EKG sowie *Mansel*, JZ 1991, 529, 532 allgemein für einheits- oder kollisionsrechtliche Staatverträge privatrechtlichen Inhalts. *Magnus*, RabelsZ 59 (1995) 469, 476 f. hält die Ermittlung allgemeiner Grundsätze durch echte Rechtsvergleichung für unvereinbar mit Art. 7 Abs. 2 CISG; für wohl noch vereinbar mit der Lückenfüllungsvorschrift betrachtet er dagegen den Rückgriff auf international abgestimmte und auf internationale Akzeptanz stoßende Prinzipien außerhalb des CISG, wie beispielsweise die von UNIDROIT entwickelten „Principles of International Commercial Contracts".

Für diese Sicht spricht schon die englische Textfassung („is based"), während die französische Fassung eine etwas abgeschwächte Formulierung („dont elle s'inspire") wählt. Nach dem insoweit eindeutigen Wortlaut des Art. 7 Abs. 2 CISG verlangt die Ermittlung allgemeiner Grundsätze eine Rückbindung an den Abkommenstext und an das System des Kaufrechtsübereinkommens[165].

Auch der Vorläufer des Art. 7 Abs. 2 CISG, Art. 17 EKG, sah nach seinem Wortlaut vor, dass Regelungslücken durch die allgemeinen Prinzipien, die den Übereinkommen zugrunde lagen, geschlossen werden sollten. Bei den Beratungen auf der Abschlusskonferenz 1980 in Wien stand vor allem die Frage, auf welche Rechtsquellen im Einzelnen neben der Konvention zur Lückenfüllung zurückzugreifen sei, im Mittelpunkt der Diskussion[166]. Die Formulierung des Art. 17 EKG wurde im Hinblick auf die jetzige Fassung des Art. 7 Abs. 2 CISG lediglich sprachlich modifiziert. Dies deutet darauf hin, dass die Staatenvertreter auf der Wiener Abschlusskonferenz den Rückgriff auf externe Grundsätze ausschließen wollten[167].

Zudem spricht für diese Sicht noch die Vorgabe des Art. 7 Abs. 1 CISG, die international einheitliche Anwendung des Übereinkommens zu fördern[168]. Denn hielte man die Beiziehung externer, durch Rechtsvergleichung gewonnener Generalprinzipien für zulässig, so wäre der einzelne Rechtsanwender wegen der sich daraus ergebenden praktischen Schwierigkeiten nicht nur regelmäßig überfordert[169], sondern er wäre zudem noch oft geneigt, die ihm vertraute Lösung des eigenen Rechts auch für die allgemein gültige zu halten[170]. Ein solches Vorgehen könnte aber nicht mit internationaler Gefolgschaft rechnen. Dem Ziel der einheitlichen Anwendung des Übereinkommens würde man auf diesem Weg keinen Schritt näher kommen. Mithin ergibt sich, dass ein Rückgriff auf externe, durch Rechtsvergleichung gewonnene Grundsätze zur Lückenfüllung unzulässig ist. Insoweit setzt Art. 7 Abs. 2 CISG der autonomen Lückenfüllung eine weitere konventionsunmittelbare Grenze.

---

165 So auch *Enderlein/Maskow/Strohbach*, aaO.; Schlechtriem/*Ferrari*, Art. 7 CISG, Rn. 62.

166 *Frigge*, Extrene Lücken, 39 f.

167 So auch *Schlechtriem*, Internationales UN-Kaufrecht, Rn. 52, Fn. 80.

168 So auch *Magnus*, RabelsZ 59 (1995), 469, 476 f., der aber diese Auslegungsvorgabe dann nicht gefährdet sieht, wenn auf international abgestimmte und auf internationale Akzeptanz stoßende Prinzipien außerhalb des CISG zurückgegriffen wird.

169 *Enderlein/Maskow/Strohbach*, Art. 7 CISG, Anm. 9.2 weisen zutreffend darauf hin, dass es unmöglich ist, von den Rechtsordnungen der an der Erarbeitung der Konvention beteiligten Länder die wichtigsten nach objektiven Kriterien auszuwählen; ähnlich auch *Schlechtriem*, Einheitliches UN-Kaufrecht, 24 f.

170 *Magnus*, aaO.

Im Hinblick auf die von UNIDROIT entwickelten „Principles of International Commercial Contracts“ gilt, dass diese Grundsätze im Sinne einer *persuasive authority* zur Bekräftigung einer auf einen allgemeinen Grundsatz des Übereinkommens gestützte Lösung herangezogen werden können. Weiterhin können sie auch helfen, einen solchen Grundsatz näher zu umschreiben. Voraussetzung dafür ist, dass der Grundsatz im CISG selbst Niederschlag gefunden hat[171].

c) Das Gebot der einheitlichen Anwendung des Übereinkommens

Zuletzt folgt noch aus dem zuvor genannten Gebot der einheitlichen Anwendung des Übereinkommens eine konventionsmittelbare Schranke für die Rechtsfortbildung. Danach darf die autonome Lückenfüllung nicht zu einer uneinheitlichen Anwendung des UN-Kaufrechts führen, etwa wenn einzelne Vertragsstaaten in bestimmten Fragen eine weitergehende Lückenfüllung vornehmen als andere. Damit das Vorgehen in einer bestimmten Frage auch in den anderen Vertragsstaaten auf Gefolgschaft rechnen kann, bedarf es nicht nur der Berücksichtigung der ausländischen Rechtsprechung und -lehre, sondern im Ergebnis einer gewissen Akzeptanzprognose[172]. Der Rechtsanwender soll dadurch angehalten werden, sich zu vergewissern, ob die von ihm begründete Rechtsfortbildung auch in anderen Vertragsstaaten auf internationale Akzeptanz stoßen wird.

§ 3 Der gegenwärtige Meinungsstand

Der gegenwärtige Meinungsstand zur Frage, ob und ggf. in welchem Umfang das UN-Kaufrecht die Aufrechnung regelt, zeichnet sich vor allem dadurch aus, dass sich vor allem die ältere Literatur mit dem Hinweis begnügt, dass die Aufrechnung im UN-Kaufrecht nicht geregelt ist[173], während sich die neueren Stellungnahmen im Schriftum zumeist eingehender mit dieser Frage auseinandersetzen[174].

---

171 So auch Schlechtriem/*Ferrari*, Art. 7 CISG, Rn. 63 f.

172 *Schmid*, Lückenfüllung und Normenkonkurrenz, 71, wobei er zu Recht darauf hinweist, dass die wünschenswerte Fortbildung des Einheitsrechts nur möglich ist, wenn Rechtsprechung und Literatur in einem Vertragsstaat den ersten Schritt tun.

173 *Enderlein/Maskow/Strohbach*, Art. 88 CISG, Anm. 9; *Piltz*, Internationales Kaufrecht, § 2, Rn. 148; *Stoll*, FS Ferid, 495, 495.

174 *Achilles*, UN-Kaufrecht, Art. 4 CISG, Rn. 10; *Burkart*, Interpretatives Zusammenwirken von CISG und UNIDROIT-Principles, 199; *Kindler*, IPRax 1996, 16, 18 ff.; *Magnus*, ZEuP 1997, 823, 831 f.; *Schlechtriem*, Internationales UN-Kaufrecht, Rn. 42; Schlechtriem/*Ferrari*, Art. 4 CISG, Rn. 39.

Die Rechtsprechung vermittelt zu der hier zu untersuchenden Frage kein einheitliches Bild. So lassen sich sowohl Urteile zum UN-Kaufrecht finden, in denen das Rechtsinstitut der Aufrechnung als außerhalb des Kaufrechtsübereinkommens stehend betrachtet wird[175], als auch Urteile, in denen – teilweise auch inzident - davon ausgegangen wird, dass die Aufrechnung zumindest zum Teil im Übereinkommen geregelt ist[176].

Im Folgenden soll zunächst versucht werden, aus der Vielfalt der Erörterungen die wesentlichen Hauptansätze systematisch zusammenzustellen. Daran anschließend sind die vorgebrachten Argumente einer kritischen Würdigung zu unterziehen.

I. Ansichten im Schriftum

1. Die Aufrechnung als externe Lücke

Nach der wohl noch immer vorherrschenden Schriftumsansicht umfasst der Regelungsbereich des UN-Kaufrechts die Aufrechnung generell nicht[177]. Dieses Ergebnis wird überwiegend damit begründet, dass die Aufrechnung als Rechtsinstitut des allgemeinen Schuldrechts keine typische Kaufrechtsmaterie sei[178]. In Anlehnung an die Terminologie der h.M. wird insoweit von einer externen Lücke, d.h. von einer Rechtsfrage, die außerhalb des Regelungsbereichs des Übereinkommens steht, gesprochen[179].

---

175 OLG Koblenz 17.09.1993, RIW 1993, 934, 937; OLG Hamm 9.06.1995, RIW 1996, 689, 690; OLG Stuttgart 21.08.1995, IPRax 1996, 139, 139; OLG Hamm 05.11.1997, CISG online Nr. 381; LG München I 20.03.1995, IPRax 1996, 31, 33; LG Duisburg 17.04.1996, RIW 1996, 774, 776; Kantonsgericht Freiburg 23.01.1998, CLOUT Nr. 259.

176 OLG Düsseldorf 10.02.1994, NJW-RR 1994, 506, 507; OLG München 09.07.1997, CISG online Nr. 282; Hanseatisches Oberlandesgericht 26.11.1999, CISG online Nr. 515; LG Trier 12.10.1995, NJW-RR 1996, 564, 565; LG Frankfurt a.M. 13.07.1994, NJW-RR 1994, 1264, 1265; Schiedsgericht der Handelskammer Hamburg 21.03.1996, NJW 1996, 3229, 3230 f.

177 Bianca/Bonell/*Tallon*, Art. 81 CISG, Anm. 2.6; *Enderlein/Maskow/Strohbach*, Art. 88 CISG, Anm. 9; unsicher insoweit *Karollus*, UN-Kaufrecht, 45; *Kegel*, Internationales Privatrecht, § 18 VI; *Kindler*, IPRax 1996, 16, 19; *Naumann*, Regelungsbereich des UN-Kaufrechts, 323; *Piltz*, Internationales Kaufrecht, § 2, Rn. 148; *Reithmann/Martiny*, Internationales Vertragsrecht, Rn. 655; *Schlechtriem*, Internationales UN-Kaufrecht, Rn. 41; Schlechtriem/*Ferrari*, Art. 4 CISG, Rn. 39; *Witz/Salger/Lorenz*, Art. 4 CISG, Rn. 29.

178 *Kindler*, aaO.; *Piltz*, Internationales Kaufrecht, § 2, Rn. 145.

179 *Schlechtriem*, Internationales UN-Kaufrecht, Rn. 41.

Da Art. 7 Abs. 2 CISG nur im Fall einer internen Lücke, d.h. einer Rechtsfrage, die zwar im Übereinkommen geregelt, aber in diesem nicht ausdrücklich entschieden wird, Anwendung findet[180], bestimmen sich nach dieser Ansicht die Voraussetzungen und Folgen der Aufrechnung nach derjenigen nationalen Rechtsordnung, auf die das IPR des Forums verweist[181]. Bei Geltung der Art. 27 ff. EGBGB soll die Aufrechnung dem Statut der Hauptforderung, also der Forderung, gegen die aufgerechnet wird, unterstehen[182].

2. Die Aufrechnung als Restfrage

Ausgehend von der zwingend vorgegebenen Aufspaltung des Vertragsstatuts in Einheitsrecht und nationales Recht ist nach einer vereinzelt vertretenen Schriftumsansicht eine Sonderanknüpfung der Restfragen geboten[183]. Bei Geltung des deutschen IPR sei also Art. 28 Abs. 2 EGBGB i.V.m. Art. 28 Abs. 1 S. 2 EGBGB nicht Ausnahmeregel, sondern Ausgangspunkt der objektiven Anknüpfung der Restfragen[184].

Bei der Aufrechnung soll es sich um eine Frage von grundsätzlicher Wertung handeln mit der Folge, dass sie als Restfrage zu qualifizieren sei[185]. Da die Aufrechnung das Vertragsverhältnis als solches nicht berühre, sondern allein den Inhalt und die Abwicklung einer dem Kaufvertrag entspringenden Forderung betreffe, sei das Recht des Staates anzuwenden, in dem der Schuldner seine Niederlassung habe (Art. 28 Abs. 2 EGBGB i.V.m. Art. 28 Abs. 1 S. 2 EGBGB), sofern nicht die Forderung eine engere Verbindung mit einer anderen Rechtsordnung aufweise (Art. 28 Abs. 1 S. 2 EGBGB i.V.m. Art. 28 Abs. 5 EGBGB)[186].

3. Die Aufrechnung als nicht ausfüllbare Lücke

Nach einer weiteren Schriftumsmeinung ist bei der Aufrechnung zu unterscheiden, ob gegen die Kaufpreisforderung z.B. mit einer Schadensersatzforderung

---

180 Der Regelungsbereich des Übereinkommens stellt eine Grenze für die autonome Lückenfüllung dar; vgl. dazu § 2 IV 2a).

181 *Enderlein/Maskow/Strohbach*, Art. 88 CISG, Anm. 9; *Kindler*, IPRax 1996, 16, 19; *Piltz*, Internationales Kaufrecht, § 2, Rn. 148; *Schlechtriem*, Internationales UN-Kaufrecht, Rn. 42; *Witz/Salger/Lorenz*, Art. 4 CISG, Rn. 30.

182 *Kindler*, IPRax 1996, 16, 20; *Piltz*, aaO.; *Reithmann/Martiny*, Internationales Vertragsrecht, Rn. 655; *Schlechtriem*, aaO.

183 Vgl. zu der von *Stoll* vorgeschlagenen Differenzierung zwischen Rand- und Restfragen sowie zur kritischen Würdigung des Vorschlages § 5 II 2.

184 *Stoll*, FS Ferid, 495, 503.

185 *Stoll*, FS Ferid, 495, 507.

186 *Stoll*, aaO.

aus demselben Vertrag aufgerechnet wird, oder ob mit einer Forderung aus einem anderen Vertrag aufgerechnet wird[187]. Es soll sich in beiden Fällen um eine Frage handeln, die die Rechte und Pflichten des Verkäufers und des Käufers i.S.d. Art. 4 S. 1 CISG betrifft[188]. Insoweit handele es sich bei der Aufrechnung um einen im Übereinkommen geregelten Gegenstand[189].

Ausgehend davon stellt sich auch nach dieser Meinung gem. Art. 7 Abs. 2 CISG die Frage der Lückenfüllung durch die allgemeinen Grundsätze des Übereinkommens. Doch könne für die Frage der Aufrechnung weder dann, wenn die Forderungen aus demselben, noch wenn sie aus einem anderen Vertrag herrühren, ein entsprechender allgemeiner Grundsatz gefunden werden[190]. Vielmehr müsse in Ermangelung eines solchen Grundsatzes auf das IPR des Forums zurückgegriffen werden, um das auf diesen Fall anwendbare nationale Recht zu bestimmen, das die aufgetretene Lücke zu schließen habe[191]. Bei Geltung des deutschen IPR sei eine Sonderanknüpfung der Frage der Aufrechnung in sinngemäßer Anwendung des Art. 28 Abs. 2 S. 1 EGBGB i.V.m. Art. 28 Abs. 1 S. 2 EGBGB möglich, die auf das Recht des Staates verweise, in dem der Schuldner seinen gewöhnlichen Aufenthalt bzw. seine Niederlassung habe. Daher sei bei der Aufrechnung gegen die Kaufpreisforderung aus dem UN-Kaufrecht das Recht des Staates, in dem der Käufer seinen Sitz hat, maßgeblich[192].

4. Die Aufrechnung konventionsinterner Ansprüche als allgemeiner Grundsatz

Im Schrifttum wird aber ferner bereits im Rahmen des Art. 4 CISG danach differenziert, ob die wechselseitigen Geldforderungen aus einem Vertragsverhältnis herrühren, das dem UN-Kaufrecht unterliegt[193]. Stammen die gegenseitigen Forderungen des Käufers und des Verkäufers aus einem Vertragsverhältnis, das dem

---

187 *Frigge*, Externe Lücken, 54.
188 *Frigge*, Externe Lücken, 55.
189 *Frigge*, aaO.
190 *Frigge*, Externe Lücken, 77 f. sowie 86.
191 *Frigge*, Externe Lücken, 97.
192 *Frigge*, Externe Lücken, 142.
193 *Achilles*, UN-Kaufrecht, Art. 4 CISG, Rn. 10; *Burkart*, Interpretatives Zusammenwirken von CISG und UNIDROIT-Principles, 199; Honsell/*Siehr*, Art. 4 CISG, Rn. 20 f.; Schlechtriem/*Leser/Hornung*, Art. 81 CISG, Rn. 16; Staudinger/*Magnus*, Art. 4 CISG, Rn. 46 f.; *ders.*, RabelsZ 59 (1995), 469, 485 f.; *ders.*, ZEuP 1997, 823, 831 f.; *Weber*, in: Wiener Kaufrecht, 165, 186; ähnlich Schlechtriem/*Bacher*, Art. 78 CISG, Rn. 20, wonach die Zinspflicht unabhängig von der Frage der Aufrechnungsbefugnis schon dann wegfallen soll, wenn (und soweit) sich zwei fällige Zahlungsansprüche gegenüberstehen und es sich um Ansprüche aus demselben Vertrag handelt.

CISG unterliegt, so wird von sog. konventionsinternen Ansprüchen gesprochen. Im Unterschied dazu wird von sog. konventionsexternen Ansprüche gesprochen, wenn die Haupt- und Gegenforderung nicht aus einem dem Übereinkommen unterliegenden Vertragsverhältnis herrühren[194].

Die Aufrechnung konventionsexterner Ansprüche stelle eine nicht im Übereinkommen geregelte Frage dar[195]. Da die Möglichkeit einer autonomen Lückenfüllung mithin ausscheide, beurteile sich die Aufrechnung nach dem vom IPR des Forums verwiesene nationale Recht[196]. Bei Geltung des deutschen IPR sei das Recht maßgebend, das für die Hauptforderung gilt, gegen die aufgerechnet werden soll[197].

Dagegen falle die Aufrechnung konventionsinterner Ansprüche noch in den Regelungsbereich des UN-Kaufrechts[198]. Hauptbeispiel sei der Fall, dass der Käufer mit Schadensersatzansprüchen aus Sachmängeln oder aus sonstigen Vertragsverletzungen gegen den Kaufpreisanspruch des Verkäufers aufrechnet[199]. Da die Frage der Aufrechnung konventionsinterner Ansprüche nicht ausdrücklich im UN-Kaufrecht entschieden sei, liege insoweit eine Regelungslücke vor, die der autonomen Lückenfüllung zugänglich sei. Der allgemeine Grundsatz der Aufrechnung gegenseitiger Zahlungsansprüche aus dem CISG-Vertragsverhältnis folge vor allem aus dem Grundsatz der Zug-um-Zug-Verpflichtung (Art. 58, 91 Abs.2 S. 2 CISG) sowie aus Art. 84 Abs. 2 CISG[200]. Zudem ergebe sich aus den genannten Übereinkommensvorschriften im Einzelnen die Voraussetzungen und Folgen der Aufrechnung konventionsinterner Ansprüche. Danach setze die sich allein nach dem CISG beurteilende Aufrechnung voraus, dass die Haupt- und Gegenforderung aus einem Vertragsverhältnis herrühren, dass dem CISG unterliegt, sich im Gegenseitigkeitsverhältnis gegenüberstehen und es sich hierbei um Geldforderungen handelt[201].

---

194 Staudinger/*Magnus*, Art. 4 CISG, Rn. 47; *ders.*, ZEuP 1997, 823, 831 f.

195 Davon inzident ausgehend Honsell/*Siehr*, Art. 4 CISG, Rn. 21; Staudinger/*Magnus*, Art. 4 CISG, Rn. 47.

196 *Achilles*, UN-Kaufrecht, Art. 4 CISG, Rn. 10; Honsell/*Siehr*, aaO.; Staudinger/*Magnus*, aaO.

197 *Achilles*, aaO.; Staudinger/*Magnus*, Art. 32 EGBGB, Rn. 61; *ders.*, ZEuP 1997, 823, 831.

198 Davon inzident ausgehend Honsell/*Siehr*, Art. 4 CISG, Rn. 20; Schlechtriem/*Leser/Hornung*, Art. 81 CISG, Rn. 16; Staudinger/*Magnus*, Art. 4 CISG, Rn. 47.

199 *Magnus*, RabelsZ 59 (1995), 469, 485.

200 Honsell/*Siehr*, aaO.; Schlechtriem/*Leser/Hornung*, aaO.; Staudinger/*Magnus*, aaO.; *Weber*, in: Wiener Kaufrecht, 165, 186.

201 Staudinger/*Magnus*, aaO.; *Magnus*, ZEuP 1997, 823, 832.

II. Ansichten in der Rechtsprechung

1. Die Aufrechnung als externe Lücke

In der Rechtsprechung wird zumeist ohne nähere Begründung angenommen, dass das Rechtsinstitut der Aufrechnung außerhalb des Regelungsbereichs des Kaufrechtsübereinkommens steht. Es handele sich insoweit um eine nicht im Übereinkommen geregelte Frage[202]. Da eine Lückenfüllung durch die allgemeinen Grundsätze des Übereinkommens danach nicht in Betracht kommt, werden die Voraussetzungen und Rechtsfolgen der Aufrechnung der nationalen Rechtsordnung entnommen, auf die das IPR des Forums verweist[203]. Bei Geltung des deutschen IPR soll die Aufrechnung dem Statut der Hauptforderung, also der Forderung, gegen die aufgerechnet wird, unterstehen[204].

2. Die Aufrechnung konventionsinterner Ansprüche als allgemeiner Grundsatz

In der neueren Judikatur finden sich auch Entscheidungen, in denen die Aufrechnung gegenseitiger Zahlungsansprüche zugelassen wird, wenn die sich verrechenbar gegenüberstehenden Forderungen aus einem dem CISG unterliegenden Vertragsverhältnis entstammen[205]. Weitere Voraussetzungen für die sich nach dem Übereinkommen beurteilende Aufrechnung konventionsinterner Ansprüche werden nicht verlangt[206].

Dagegen soll es für Forderungen, die nicht aus einem Vertragsverhältnis herrühren, das dem Kaufrechtsübereinkommen unterliegt, bei der Geltung des durch das IPR des Forums berufenen nationalen Rechts verbleiben. Bei Geltung des

---

202 OLG Koblenz 17.09.1993, RIW 1993, 934, 937; OLG Hamm 9.06.1995, RIW 1996, 689, 690; OLG Stuttgart 21.08.1995, IPRax 1996, 139, 139; OLG Hamm 05.11.1997, CISG online Nr. 381; LG Duisburg 17.04.1996, RIW 1996, 774, 776; LG München I 20.03.1995, IPRax 1996, 31, 33; Kantonsgericht Freiburg 23.01.1998, CLOUT Nr. 259.

203 OLG Hamm 9.06.1995, aaO.; OLG Stuttgart 21.08.1995, aaO.; OLG Hamm 05.11.1997, aaO.; LG München I 20.03.1995, aaO.

204 OLG Koblenz 17.09.1993, aaO; OLG Hamm 9.06.1995, aaO.; OLG Hamm 05.11.1997, aaO.

205 So ausdrücklich OLG München 09.07.1997, CISG online Nr. 282; Hanseatisches Oberlandesgericht 26.11.1999, CISG online Nr. 515; davon inzident ausgehend LG Trier 12.10.1995, NJW-RR 1996, 564, 565; Schiedsgericht der Handelskammer Hamburg 21.03.1996, NJW 1996, 3229, 3230; angedeutet von OLG Düsseldorf 10.02.1994, NJW-RR 1994, 506, 507 und von LG Frankfurt a.M. 13.07.1994, NJW-RR 1994, 1264, 1265.

206 LG Trier 12.10.1995, aaO.; Schiedsgericht der Handelskammer Hamburg 21.03.1996, aaO.

deutschen IPR sei dann wiederum das Statut der Hauptforderung, gegen die aufgerechnet wird, maßgebend[207].

3. Der Lex-fori-Ansatz des AG Frankfurt a.M.

Das Amtsgericht Frankfurt a.M. hat eine von der übrigen Rechtsprechung abweichende Auffassung vertreten[208]. Das Gericht hatte in einem Fall zu entscheiden, dem folgender Sachverhalt zu Grunde lag: Eine italienische Schuhverkäuferin verkaufte einer deutschen Einzelhändlerin eine größere Anzahl Schuhe für die Sommersaison. Zwischen den Vertragsparteien war vereinbart worden, dass der Spediteur die Schuhe nur Zug um Zug gegen Zahlung eines Teils des Kaufpreises herausgeben sollte. Der Restbetrag sollte dann kurze Zeit nach Warenübergabe bezahlt werden. Die Schuhe wurden aber erst Ende Juni ausgeliefert, nachdem die deutsche Käuferin zuvor den entsprechenden Teil des Kaufpreises bezahlt hatte. Die italienische Verkäuferin stützte ihr Anhalterecht dabei auf Art. 71 Abs. 2 CISG. Da der Restbetrag nicht vollständig bezahlt wurde, erhob sie Klage auf Zahlung des Restkaufpreises.

Das Amtsgericht wies die Klage ab. Es ließ die Aufrechnung gegen die Restkaufpreisforderung der Klägerin mit einem Schadensersatzanspruch der Beklagten gem. Art. 45 I lit. b CISG zu. Die den Schadensersatzanspruch begründende Vertragsverletzung der Klägerin sah das Gericht darin, dass diese ihrer Informationspflicht gem. Art. 71 Abs. 3 CISG nicht nachgekommen war. Zudem sei der Beklagten ein Schaden insofern entstanden, als sie die Schuhe wegen der verspäteten Lieferung nur im Sommerschlussverkauf zu entsprechend geringeren Preisen absetzen konnte.

Das Gericht stützte die Aufrechnung ohne kollisionsrechtliche Anknüpfung unmittelbar auf die §§ 387 ff. BGB[209]. Hält man die lex fori generell, d.h. ohne kollisionsrechtliche Anknüpfung, für maßgebend, so richtet sich die Aufrechnung stets nach dem Recht des Gerichtsstaates.

III. Diskussion

Gegen die auch nur teilweise Einbeziehung der Aufrechnung in den Regelungsbereich der Konvention wird eingewandt, dass es oft zweifelhaft sei, ob Rechtsinstitute des allgemeinen Schuldrechts derart eng mit den typischen Vertragspflichten von Kaufvertragsparteien in Zusammenhang stehen, dass sie einer

207 Vgl. zu den Voraussetzungen eingehend Schiedsgericht der Handelskammer Hamburg 21.03.1996, aaO.

208 AG Frankfurt a.M. 31.01.1991, IPRax 1991, 345, 345.

209 AG Frankfurt a.M. 31.01.1991, aaO.

Lückenfüllung nach Art. 7 Abs. 2 CISG zugänglich sind[210]. Darüber hinaus sollen alle Rechtsinstitute, die zum allgemeinen Vertragsrecht zählen, generell nicht typisch kaufrechtlicher Art sein[211].

Wenn die Aufrechnung mit der Begründung, dass es sich hierbei um ein Rechtsinstitut des allgemeinen Schuldrechts handelt, vom Regelungsbereich der Konvention ausgenommen wird, so vermag die gegebene Begründung im Hinblick auf den Gesichtspunkt der Regelungsteleologie des Kaufrechtsübereinkommens nicht zu überzeugen. Das CISG umfasst nach seiner Regelungsteleologie auch Bereiche, die im deutschen unvereinheitlichten Recht zum allgemeinen Teil des BGB oder zum allgemeinen Schuldrecht gefasst werden[212]. So widmen sich die Art. 14 bis 24 CISG dem Vertragsschluss, d.h. einer nach deutschem Rechtsverständnis ureigensten Materie des allgemeinen Teils des BGB, während z.B. die objektive anfängliche Unmöglichkeit eindeutig als Fall einer Leistungsstörung gesehen und bei den Gefahrtragungsregeln ausdrücklich berücksichtigt worden ist (vgl. Art. 68 CISG)[213]. Insoweit ist der Ansicht zuzustimmen, wonach das UN-Kaufrecht eine Kodifikation von beachtlicher teleologischer Grundsätzlichkeit sei, die ein induktiv wertendes Weiterdenken des Rechtsanwenders als durchaus realistisch erscheinen lässt[214]. Diesem Gesichtspunkt wird aber nur dann ausreichend Rechnung getragen, wenn für die Frage der Aufrechnung zunächst versucht wird, eine konventionsautonome Lösung anzustreben und erst in Ermangelung einer solchen auf das nach dem IPR des Forums verwiesene nationale Sachrecht zurückgegriffen wird.

Weiterhin wird eingewandt, dass das Übereinkommen nach seinem Art. 4 Satz 1 CISG ausschließlich den Abschluss des Kaufvertrages und die aus ihm erwachsenen Rechte und Pflichten des Käufers und des Verkäufers regelt und die Aufrechnung außerhalb des so begrenzten Regelungsbereichs des Übereinkommens steht[215].

Diesem Einwand ist zu entgegnen, dass der Wortlaut des Art. 4 Satz 1 CISG zu eng gefasst ist[216]. Der Regelungsbereich des Übereinkommens erfasst danach nicht nur den Abschluss des Kaufvertrages, sondern auch die Möglichkeit der Änderung oder Aufhebung eines bereits geschlossenen Kaufvertrages, wie sich aus Art. 29 CISG ergibt. Insofern konsequent werden von der h.M. diejenigen

---

210 *Kindler*, IPRax 1996, 16, 19.

211 *Piltz*, Internationales Kaufrecht, § 2, Rn. 145; ähnlich auch *Witz/Salger/Lorenz*, Art. 4 CISG, Rn. 29.

212 So auch *Schmid*, Lückenfüllung und Normenkonkurrenz, 71.

213 *Schlechtriem*, Internationales UN-Kaufrecht, Rn. 36.

214 *Kramer*, JBL. 1996, 137, 148.

215 *Kindler*, IPRax 1996, 16, 19.

216 So ausdrücklich *Schlechtriem*, Internationales UN-Kaufrecht, Rn. 41.

Rechtsinstitute, die sich als Vertragsänderung konstruieren lassen, über den Wortlaut des Art. 4 Satz 1 CISG hinaus dem Regelungsbereich der Kaufrechtskonvention zugewiesen[217]. So fallen nach überwiegender Ansicht beispielsweise der Erlaß[218], die Stundung[219] sowie der Vergleich[220] noch in den Regelungsbereich der Konvention[221].

Zudem vermag das im Schriftum vorgebrachte Wortlautargument auch deshalb nicht zu überzeugen, weil die Aufrechnung gerade im Zusammenhang mit einer der zentralen Pflichten des Kaufgeschäfts, nämlich der Zahlungspflicht, steht[222]. Die Frage, ob und ggf. in welchem Umfang das Übereinkommen die Aufrechnung regelt, bedarf daher einer eingehenden Untersuchung der einzelnen Konventionsvorschriften. Aus dem Gesagten folgt, dass der bloße Verweis auf den Wortlaut des Art. 4 Satz 1 CISG in diesem Zusammenhang zu kurz greift.

Schließlich wird gegen die Einbeziehung der Aufrechnung in den Regelungsbereich des Kaufrechtsübereinkommens angeführt, dass das Institut der Aufrechnung in zahlreichen Rechtsordnungen einen prozessualen Einschlag aufweist. Es sei aber nicht das Anliegen der Kaufrechtsvereinheitlichung, in irgendeiner Form auf das Prozessrecht oder auf prozessuale Konzepte der Vertragsstaaten einzuwirken[223].

Auch wenn das CISG in erster Linie einheitliches materielles Recht setzt, hat es doch vielfältige prozessuale Auswirkungen[224]. So beurteilt sich das Zustandekommen einer im Kaufvertrag enthaltenen Gerichtstands- oder Schiedsgerichtsabrede nach den Bestimmungen des Übereinkommens[225]. Des Weiteren sieht Art.

---

217 *Schlechtriem*, aaO.; so wohl auch Honsell/*Siehr*, Art. 4 CISG, Rn. 14; Schlechtriem/*Ferrari*, Art. 4 CISG, Rn. 45; Staudinger/*Magnus*, Art. 4 CISG, Rn. 55, 56, 62.

218 Honsell/*Siehr*, aaO.; Schlechtriem/*Ferrari*, aaO.; Staudinger/*Magnus*, Art. 4 CISG, Rn. 55.

219 LG Hamburg 26.09.1990, IPRax 1991, 400, 402; Honsell/*Siehr*, aaO.; Schlechtriem/*Ferrari*, aaO.; Staudinger/*Magnus*, Art. 4 CISG, Rn. 56.

220 Honsell/*Siehr*, aaO.; Schlechtriem/*Ferrari*, aaO.; Staudinger/*Magnus*, Art. 4 CISG, Rn. 62.

221 Bisweilen wird auch diskutiert, ob die Vertragsübernahme im Sinne einer Vertragsänderung konstruiert und somit dem Regelungsbereich der Konvention zugewiesen werden kann; dafür *Schmidt-Kessel*, RIW 1996, 60, 61 in Anlehnung an BGH 15.02.1995 NJW 1995, 2101 ff.; zweifelnd *Schlechtriem*, Internationales UN-Kaufrecht, Rn. 41.

222 So auch *Frigge*, Externe Lücken, 55.

223 *Kindler*, IPRax 1996, 16, 19.

224 So auch *Piltz*, Internationales Kaufrecht, § 2, Rn. 132.

225 *Piltz*, Internationales Kaufrecht, § 2, Rn. 119; aA.: *Schlechtriem*, Internationales UN-Kaufrecht, Rn. 58; dafür spricht zum einen Art. 19 Abs. 3 CISG, wonach Gerichtsstandsabsprachen für die Beurteilung des Vertragsschlusses bedeutsam sind, sowie zum anderen Art. 81 Abs. 1 CISG, wonach die Aufhebung des Vertrages nicht die Bestimmungen über die Beilegung von Streitigkeiten berührt.

11 Satz 2 CISG ausdrücklich vor, dass der Kaufvertrag auf jede Weise bewiesen werden kann und anders als in vielen unvereinheitlichten nationalen Rechten auch der Zeugenbeweis nicht verschlossen ist[226]. Darüber hinaus regelt das CISG auch Fragen der Beweislast[227]. So enthält z.B. Art. 79 Abs. 1 CISG eine Beweislastregel, wie sich bereits aus dem Wortlaut der Norm ergibt. In dem Umfang, in dem dem Übereinkommen durch Auslegung oder Lückenfüllung Beweislastregeln zu entnehmen sind[228], wirkt es auch auf das Prozessrecht der Vertragsstaaten ein. Etwas anderes kann aber nicht für die Aufrechnung gelten. Soweit die Aufrechnung noch im Kaufrechtsübereinkommen geregelt ist und sich durch Lückenfüllung ein entsprechender allgemeiner Grundsatz entnehmen lässt, beurteilen sich die Voraussetzungen und Folgen der Aufrechnung, insbesondere ihr Vollzug und ihre Wirkung, nur nach den Vorschriften des Übereinkommens und nicht nach nationalem unvereinheitlichtem Recht. Dass sich eine solche Lückenfüllung auch auf prozessuale Konzepte der Vertragsstaaten auswirkt, ist, wie auch bei anderen Fragen, als Reflex des Art. 7 Abs. 2 CISG hinzunehmen.

Gegen die im Schriftum vorgeschlagene Sonderanknüpfung der Restfragen sprechen zum einen die noch im Weiteren zu begründenden Einwände[229]. Zum anderen setzt sich die Anknüpfung der Aufrechnung an das Recht des Staates, in dem der Schuldner seine Niederlassung hat (Art. 28 Abs. 2 EGBGB i.V.m. Art. 28 Abs. 1 S. 2 EGBGB), über die in Art. 32 Abs. 1 Nr. 4 EGBGB getroffene gesetzliche Festlegung des Geltungsbereichs des Vertragsstatuts hinweg[230]. Denn zu den „verschiedenen Arten des Erlöschens der Verpflichtungen" zählt auch die Aufrechnung, da sie beide Forderungen zum Erlöschen bringt[231].

Im Schriftum wird weiterhin darauf hingewiesen, dass Bedenken allgemeiner Natur bei der Entwicklung ganzer Rechtsinstitute aus dem UN-Kaufrecht für die Frage der Aufrechnung deshalb bestehen, weil gerade die Frage der Aufrechnung in Art. 10 Abs. 1 lit. d EVÜ sowie in Art. 32 Abs. 1 Nr. 4 EGBGB ausdrücklich geregelt wurde. Bei der Lückenfüllung seien nicht nur das UN-Kaufrecht, sondern auch die daneben anwendbaren Kollisionsnormen zu berücksichtigen[232].

---

226 Vgl. dazu im Einzelnen *Piltz*, Internationales Kaufrecht, § 3, Rn. 116 ff.

227 *Herber/Czerwenka*, Art. 79 CISG, Rn. 26; Schlechtriem/*Stoll*, Art. 79 CISG, Rn. 50 f.; Staudinger/*Magnus*, Art. 79 CISG, Rn. 66.

228 Umfassend zum Thema der Beweislast im UN-Kaufrecht: *Antweiler*, Clemens, Beweislastverteilung im UN-Kaufrecht, Frankfurt a.M. 1995; *Henninger*, Michael, Die Frage der Beweislast im Rahmen des UN-Kaufrechts, München 1994; *Jung*, Reinhard, Die Beweislastverteilung im UN-Kaufrecht, Frankfurt a.M. 1996; *Reimers-Zocher*, Birgit, Beweislastfragen im Haager und Wiener Kaufrecht, Frankfurt a.M. 1995.

229 Vgl. zu den Einwänden gegen die Ansicht von *Stoll* im Einzelnen § 5 II 2.

230 So auch *Kindler*, IPRax 1996 , 16, 20.

231 BegrRegE, BT-Drucks. 10/504, 82.

232 *Frigge*, Externe Lücken, 78.

Wie bereits ausgeführt, bewegt sich der Rückgriff auf das vom Kollisionsrecht verwiesene nationale Recht zur autonomen Lückenfüllung nicht mehr in den Grenzen zulässiger Lückenfüllung[233]. Wenn aber das nationale Sachrecht zur autonomen Lückenfüllung nicht herangezogen werden darf, so kann es im Hinblick auf eine einheitsrechtliche Lösung erst recht nicht darauf ankommen, ob das vereinheitlichte oder unvereinheitlichte Kollisionsrecht in einem CISG-Vertragsstaat die Aufrechnung regelt oder nicht. Vielmehr handelt es sich hierbei ggf. um einen Konventionenkonflikt zwischen dem CISG einerseits und dem EVÜ oder dem EGBGB andererseits, soweit das UN-Kaufrecht die Aufrechnung regelt.

Ferner wird eingewandt, dass mit der auch nur teilweisen Einbeziehung der Aufrechnung in den Regelungsbereich der Konvention die Gefahr verbunden ist, dass der nationale Richter vorschnell sein eigenes Recht unter dem Vorwand des UN-Kaufrechts anwendet, wodurch die Rechtssicherheit gefährdet wird[234].

Dieser ernstzunehmenden Gefahr für das oberste Regelungsziel der Konvention, nämlich einheitliches Recht für den internationalen Warenkauf zu schaffen[235], kann nur dann wirksam begegnet werden, wenn eine für die internationale Rechtsanwendung gleichermaßen einsichtige und praktikable Lösung der Aufrechnungsfrage gefunden wird. Der Versuch einer konventionsautonome Lösung ist daher in der Pflicht, vor allem die Voraussetzungen und Wirkung der Aufrechnung im Einzelnen darzulegen und zu begründen.

Der vom AG Frankfurt a.M. eingeschlagene Weg der unmittelbaren Anwendung der Sachnormen der lex fori, nämlich der §§ 387 ff. BGB[236], ist zu Recht weitgehend auf Kritik[237] gestoßen. Denn selbst wenn die Aufrechnung als nicht im Übereinkommen geregelter Gegenstand betrachtet wird, so hätte das Gericht im vorliegenden Fall für die Frage der Aufrechnung das IPR des Forums befragen müssen, da aufgrund der in verschiedenen Staaten gelegenen Niederlassungen der Parteien (vgl. Art. 1 Abs. 1 CISG) ein Fall mit Auslandsberührung vorlag (vgl. Art. 3 Abs. 1 EGBGB). Die Aufrechnung untersteht aber gem. Art. 32 Abs. 1 Nr. 4 EGBGB dem Statut der Hauptforderung[238]. Da dies die Kaufpreisforderung war, hätte das Gericht richtigerweise italienisches Recht, d.h. die Art. 1241 ff. C.c., prüfen müssen[239].

---

233 Vgl. dazu im Einzelnen § 2 IV 2 b).

234 *Frigge*, Externe Lücken, 78.

235 *Diedrich*, RIW 1995, 353, 353 spricht in diesem Zusammenhang von einer grundlegenden ratio conventionis, die aus der Präambel des Wiener Kaufrechts folgt.

236 AG Frankfurt a.M. 31.01.1991, IPRax 1991, 345, 345.

237 Vgl. nur die Kritik bei *Jayme*, IPRax 1991, 345, 345; *Schlechtriem*, Internationales UN-Kaufrecht, Rn. 42; Staudinger/*Magnus*, Art. 4 CISG, Rn. 46.

238 Vgl. dazu zur Anknüpfung der Aufrechnung im deutschen IPR § 5 III.

239 *Jayme*, aaO.; *Schlechtriem*, aaO.

Schließlich wird noch zu Bedenken gegeben, dass sich dem UN-Kaufrecht im Wege der Lückenfüllung nicht die Voraussetzungen der Aufrechnung konventionsinterner Ansprüche im Einzelnen entnehmen lassen[240]. So ergebe sich aus dem Übereinkommen weder eine Antwort auf die Frage, ob zur Bewirkung der Aufrechnung rechtsgeschäftliche Erklärungen der Parteien erforderlich seien oder ob der Satz "ipso iure compensatur" gelte, noch eine Antwort auf die Frage, ob Aufrechnungsverbote nationalrechtlicher Natur zu berücksichtigen seien[241].

Dieser Einwand ist berechtigt. Eine einheitsrechtliche Lösung der Aufrechnungsfrage muss zu diesen Fragen eingehend Stellung beziehen. Sie ist also insbesondere in die Pflicht genommen, auf die Voraussetzungen und Wirkung einer noch in den Regelungsbereich des Übereinkommens fallenden Aufrechnung im Einzelnen einzugehen. Dies soll im Folgenden geschehen.

§ 4 Die Verrechnung konventionsinterner Ansprüche

I. Vom national geprägten Systembegriff zum einheitlichen Funktionsbegriff

1. Notwendigkeit eines einheitlichen Funktionsbegriffs

Der deutsche Rechtsanwender versteht unter der *Aufrechnung*[242] die durch Aufrechnungserklärung vollzogene wechselseitige Tilgung zweier sich aufrechenbar gegenüberstehenden Forderungen[243]. Demgegenüber wird der französische Rechtsanwender mit der *compensation légale* die durch ipso-iure-Vollzug (vgl. Art. 1290 C.c.) bewirkte Tilgung zweier Forderungen verbinden[244]. Der englische Rechtsanwender wiederum verbindet mit dem *set-off* einen prozessualen Rechtsbehelf, mit dem der Beklagte seine Gegenforderung im Prozess gegenüber der Klageforderung geltend machen kann, wobei die Saldierung erst im Urteil, d.h. durch richterlichen Gestaltungsakt erfolgt[245].

Die genannten Beispiele zeigen, dass mit der Verwendung eines nationalen Aufrechnungsbegriffs oft zugleich auch eine bestimmte juristische Konstruktion dieses Rechtsinstituts verbunden wird. Insoweit kann also von einem national geprägten Systembegriff gesprochen werden. Aus diesem Grund wird der deutsch-

---

240 *Schlechtriem*, aaO.
241 *Naumann*, Regelungsbereich des UN-Kaufrechts, 320 f.; *Schlechtriem*, aaO.
242 Vgl. zu den terminologischen Unsicherheiten des deutschen Aufrechnungsbegriffs selbst *Berger*, Aufrechnungsvertrag, 12 ff.
243 Vgl. zur Aufrechnung im deutschen Recht § 2 II des 2. Teils.
244 Vgl. zur Aufrechnung im französischen Recht § 4 IV des 2. Teils.
245 Vgl. zur Aufrechnung im englischen Recht § 4 III des 2. Teils.

sprachige Rechtsanwender - oft unbewußt - dem in der Rechtspraxis des UN-Kaufrechts zunehmend verwendeten Begriff der Aufrechnung konventionsinterner Ansprüche[246] das in den §§ 387 ff. BGB kodifizierte Aufrechnungskonzept zugrunde legen.

Eine derartige Implantierung einseitig nationaler Aufrechnungsvorstellungen in das CISG würde aber zur uneinheitlichen Anwendung des allgemeinen Grundsatzes der Aufrechnung konventionsinterner Ansprüche führen, je nachdem, von welchem nationalen Vorverständnis der Rechtsanwender ausgeht. Darüber hinaus stellt der Hinweis auf die Gefahr einer international divergierenden Anwendungspraxis einen berechtigten Einwand gegen den genannten Grundsatz selbst dar. Es ist daher erforderlich, einen von nationalen Rechtsverständnis losgelösten Aufrechnungsbegriff zu verwenden.

2. Der Begriff der Verrechnung

Dogmatische Grundlage für die Entwicklung eines derartigen einheitlichen Aufrechnungsbegriffs ist Art. 7 Abs. 1 CISG, dem das Gebot der autonomen Auslegung sowie Qualifikation zu entnehmen ist[247]. Art. 7 Abs. 1 CISG betrifft jedoch unmittelbar nur die Auslegung und Qualifikation von Begriffen und Lösungen im Kaufrechtsübereinkommen. Doch gelten die genannten Prinzipien, wie zuvor dargelegt, darüber hinaus auch im Rahmen der autonomen Lückenfüllung i.S.d. Art. 7 Abs. 2 CISG[248]. Aus diesem Grund muss ein allgemeiner Grundsatz so beschaffen sein, dass seine einheitliche Anwendung in den Vertragsstaaten gewährleistet ist[249]. Dieser Vorgabe wird entsprochen, wenn der Begriffsbildung die Funktion, die der Aufrechnung im CISG zukommt, zu Grunde gelegt wird. Es ist also ein Funktionsbegriff zu verwenden.

Nach dem vor allem im neueren Schriftum vertretenen allgemeinen Grundsatz sind Zahlungsansprüche, soweit sie aus einem dem CISG unterliegenden Vertragsverhältnis resultieren und sich im Gegenseitigkeitsverhältnis gegenüberstehen, wechselseitig zu verrechnen[250]. Die noch im CISG geregelte Aufrechnung bewirkt also die wechselseitige Tilgung der zu verrechnenden Forderungen, ohne

246 Wie in § 3 I 4, II 2 dargestellt, geht ein nicht unerheblicher Teil der Rechtsprechnung und Literatur von der Zulässigkeit der Aufrechnung konventionsinterner Ansprüche aus.

247 Vgl. dazu § 2 III 2 a).

248 Vgl. dazu § 2 IV 2.

249 Vgl. dazu § 2 IV 2 b).

250 Honsell/*Siehr*, Art. 4 CISG, Rn. 20 f.; *Magnus*, RabelsZ 59 (1995), 469, 485; *ders.*, ZEuP 1995, 202, 207 f.; *ders.*, ZEuP 1997, 823, 831 f.; Schlechtriem/*Leser/Hornung*, Art. 81 CISG, Rn. 16; *Weber*, in: Wiener Kaufrecht, 165, 186.

dass es dazu einer entsprechenden Gestaltungserklärung bedarf[251]. Ihre Funktion ist also vor allem in der wechselseitigen Verrechnung der sich gegenüberstehenden Forderungen zu erblicken. Dementsprechend sollte im deutschsprachigen Raum der Begriff der *Verrechnung* dem der *Aufrechnung* vorgezogen werden.

Vergleichbare funktionale Begriffsbildungen sind im Englischen sowie im Französischen möglich. In der Schweiz, wo der Verrechnungsbegriff gebräuchlich ist und Art. 124 OR den Vollzug der Verrechnung an eine entsprechende Erklärung des Verrechnenden knüpft, ist jedoch darauf zu achten, dass nicht das Verrechnungsmodell der Art. 120 ff. OR auf das CISG übertragen wird[252]. Im Folgenden wird daher von der *Verrechnung* gesprochen.

II. Der Allgemeine Grundsatz des Übereinkommens

Der allgemeine Grundsatz des Inhalts, dass gegenseitige Zahlungsansprüche aus einem dem CISG unterliegenden Vertragsverhältnis wechselseitig zu verrechnen sind, lässt sich erst dann bejahen, wenn diese Frage überhaupt noch vom Regelungsbereich des Kaufrechtsübereinkommens umfasst wird[253] und den Übereinkommensvorschriften ein entsprechender Grundsatz des Übereinkommens zu entnehmen ist[254]. Dabei ist im Rahmen der folgenden Ausführungen zwischen den Voraussetzungen dieses Grundsatzes einerseits sowie seiner Rechtswirkung auf die sich verrechenbar gegenüberstehenden Forderungen andererseits zu unterscheiden.

1. Die Verrechnung konventionsinterner Ansprüche als Regelungslücke

Das UN-Kaufrecht enthält ebensowenig wie sein Vorläufer, das Haager Einheitliche Kaufrecht, Vorschriften, die die Aufrechnung ausdrücklich regeln[255]. Andererseits schließt das CISG die Aufrechnung aber auch nicht ausdrücklich aus

---

251 Vgl dazu § 4 II 3.

252 Vgl. zur Aufrechnung im schweizerischen Recht § 4 I des 2. Teils.

253 Da der Regelungsbereich des Übereinkommens der autonomen Lückenfüllung, wie in § 2 IV 2 a) dargestellt, eine Schranke setzt, schließt eine einheitsrechtliche Lösung notwendig die Beschäftigung mit der Frage mit ein, ob und ggf. in welchem Umfang die Materie noch vom Regelungsbereich der Konvention umfasst ist. Es muss sich also um eine „geregelte Frage“ bzw. um eine „interne Lücke“ des Übereinkommens handeln.

254 Anhaltspunkte für die Annahme eines entsprechenden Grundsatzes ergeben sich aus den Art. 58, 81, 84, 85 und 86 CISG.

255 So auch *Frigge*, Externe Lücken, 69; *Naumann*, Regelungsbereich des UN-Kaufrechts, 299.

seinem Regelungsbereich aus. Vielmehr beschränkt es seinen Regelungsbereich in Art. 4 S. 1 CISG auf den Abschluss des Kaufvertrages sowie auf die Rechte und Pflichten der Parteien aus diesem Vertrag. Es kommt also zunächst darauf an, ob das Übereinkommen die Aufrechnung regelt, d.h. ob dieses Rechtsinstitut die Rechte und Pflichten der Parteien betrifft und es sich insoweit um eine stillschweigend mitgeregelte Frage handelt.

a) Konstruktiver Ansatz in Art. 84 CISG

Einen Anhaltspunkt für die zumindest teilweise Regelung der Aufrechnung im UN-Kaufrecht ergibt sich aus Art. 84 CISG[256]. Diese Vorschrift vervollständigt die Pflichten, die den Vertragsparteien aus dem Rückabwicklungsverhältnis erwachsen[257]. Über die Rückgabepflicht nach Art. 81 Abs. 2 CISG hinaus ordnet Art. 84 CISG deshalb an, dass auch die Vorteile, die der rückgabepflichtigen Partei aus der zurückzugewährenden Leistung erwachsen sind, zu vergüten sind (sog. Vorteilsausgleichung).

So hat der Verkäufer den Kaufpreis von dem Zeitpunkt an, in dem er ihn erhalten hat, zu verzinsen (Art. 84 Abs. 1 CISG)[258]. Der Käufer schuldet dagegen dem Verkäufer den Gegenwert aller Vorteile, die er aus der Ware gezogen hat, wenn er entweder die Ware infolge Vertragsaufhebung (nach Art. 81 CISG) oder im Gegenzug gegen eine Ersatzlieferung herausgeben muss (Art. 84 Abs. 2 lit. a CISG), oder wenn er die Ware aus einem dieser Gründe herausgeben müsste, dies jedoch unmöglich ist, ohne dass wegen Art. 82 Abs. 2 CISG die Aufhebung oder das Ersatzlieferungsbegehren ausgeschlossen ist (Art. 84 Abs. 2 lit. b CISG).

Zweifel bestehen, ob die Regelung der Verrechnung konstruktiv darin erblickt werden kann, dass nach h.M. bestimmte Aufwendungen des Käufers vom Vorteilsausgleichsanspruch des Verkäufers abzuziehen sind[259]. Gegen die Annahme

---

256 So schon *Magnus*, ZEuP 1995, 202, 208; *ders.*, RabelsZ 59 (1995), 469, 485; *ders.*, ZEuP 1997, 823, 832.

257 *Enderlein/Maskow/Strohbach*, Art. 84 CISG, Anm. 1; *Herber/Czerwenka*, Art. 84 CISG, Rn. 2; *Loewe*, Internationales Kaufrecht, Art. 84 CISG; Schlechtriem/*Leser/Hornung*, Art. 84 CISG, Rn. 7; Staudinger/*Magnus*, Art. 84 CISG, Rn. 1.

258 Da das UN-Kaufrecht im Unterschied zu den Art. 81, 83 EKG keinen Hinweis auf die Höhe der geschuldeten Zinsen gibt, bestimmt die h.M. den Zinssatz nach dem anwendbaren nationalen Recht; nach dem deutschen IPR ist dies das Recht des Vertragsstaates, welches für den Kaufvertrag gelten würde, wäre das CISG nicht anwendbar; *Herber/Czerwenka*, Art. 84 CISG, Rn. 3; *Reinhart*, Art. 84 CISG, Rn. 3; Staudinger/*Magnus*, Art. 84 CISG, Rn. 8; aA.: Schlechtriem/*Leser/Hornung*, Art. 84 CISG, Rn. 13; *Honnold*, Uniform Law, Anm. 421.

259 Einigkeit besteht im Schrifttum, dass nur die Nettovorteile der empfangenen Ware geschuldet werden; vgl. etwa *Herber/Czerwenka*, Art. 84 CISG, Rn. 5; *Karollus*,

einer Verrechnungsmöglichkeit spricht der Begriff des „Vorteils" i.S.d. Art. 84 Abs. 2 CISG. Von einem Vorteil im Sinne dieser Vorschrift kann nur dann gesprochen werden, wenn vom Wert der Nutzung zuvor die Aufwendungen des Käufers abgezogen wurden. Folglich kann in der Berücksichtigung der vom Käufer gemachten Aufwendungen beim Vorteilsausgleichsanspruch des Verkäufers keine - auch nur teilweise - geregelte Verrechnungsmöglichkeit erblickt werden.

Vielmehr ergibt sich wechselseitige Verrechnung gegenseitiger Geldansprüche aus der Gegenüberstellung der Vorteilsausgleichsansprüche in den beiden Absätzen des Art. 84 CISG. Dafür spricht, dass die Verrechnung von Geldforderungen aus dem CISG-Vertragsverhältnis in der Gegenüberstellung der Ausgleichsansprüche ihre direkte Fortsetzung findet[260]. In Art. 84 CISG ist m.a.W. eine derartige Verrechnung bereits konstruktiv angelegt.

Zudem ergeben sich aus der Vorschrift die Voraussetzungen der Verrechnung im Einzelnen, was gleichfalls für die zumindest teilweise Regelung der Aufrechnung im UN-Kaufrecht spricht[261]. So besteht im Schriftum weitgehend Einigkeit darüber, dass die Vorteilsausgleichung regelmäßig durch Geldzahlung zu erfolgen hat[262]. Daraus folgt, dass die sich nach den Vorschriften des Übereinkommens beurteilende Verrechnung nur dann in Betracht kommt, wenn es sich um Geldforderungen handelt. Aus der Gegenüberstellung der Vorteilsausgleichsansprüche in Art. 84 CISG ergibt sich weiterhin das Erfordernis der Gegenseitigkeit der aufzurechnenden Geldforderungen. Da es sich schließlich bei den Vorteilsausgleichsansprüchen um das Rückabwicklungsverhältnis ergänzende Ansprüche handelt[263] und das Rückabwicklungsverhältnis das ursprünglich auf Austausch der versprochenen Leistungen gerichtete CISG-Vertragsverhältnis darstellt, das

---

UN-Kaufrecht, 154; *Reinhart*, Art. 84 CISG, Rn. 7; *Schlechtriem*, Internationales UN-Kaufrecht, Rn. 333; Schlechtriem/*Leser/Hornung*, Art. 84 CISG, Rn. 20; Staudinger/*Magnus*, Art. 84 CISG, Rn. 17. Demgegenüber besteht Uneinigkeit darüber, ob auch Aufwendungen, wie beispielsweise der Erhaltungsaufwand, geltend gemacht werden können; dagegen: Schlechtriem/*Leser/Hornung*, aaO.; bejahend für die Erhaltungskosten: *Herber/Czerwenka*, Art. 84 CISG, Rn. 8.

260 Ähnlich auch *Magnus*, RabelsZ 59 (1995) 469, 485.

261 Vgl. zu den Voraussetzungen der noch vom UN-Kaufrecht umfassten Aufrechnung auch die Entscheidung des Schiedsgerichts der Handelskammer Hamburg 21.03.1996, NJW 1996, 3229, 3230 f.

262 *Enderlein/Maskow/Strohbach*, Art. 84 CISG, Anm. 4.2; *Karollus*, UN-Kaufrecht, 153 f.; *Loewe*, Internationales Kaufrecht, Art. 84 CISG; *Reinhart*, Art. 84 CISG, Rn. 5; Schlechtriem/*Leser/Hornung*, Art. 84 CISG, Rn. 16; Staudinger/*Magnus*, Art. 84 CISG, Rn. 7.

263 *Enderlein/Maskow/Strohbach*, Art. 84 CISG, Anm. 1; *Herber/Czerwenka*, Art. 84 CISG, Rn. 2; *Loewe*, Internationales Kaufrecht, Art. 84 CISG; Schlechtriem/*Leser/Hornung*, Art. 84 CISG, Rn. 6 f.; Staudinger/*Magnus*, Art. 84 CISG, Rn. 1.

nunmehr auf die Rückabwicklung gerichtet ist[264], lässt sich auch die letzte Verrechnungsvoraussetzung dem Art. 84 CISG entnehmen. Die sich allein nach dem UN-Kaufrecht beurteilende Verrechnung setzt voraus, dass die Forderungen aus einem dem CISG unterliegenden Vertragsverhältnis stammen.

Mithin ergibt sich aus Art. 84 CISG nicht die generelle Regelung des Rechtsinstituts der Aufrechnung. Doch kann in den beiden Absätzen der Vorschrift konstruktiv die Regelung der Verrechnung gegenseitiger Zahlungsansprüche aus dem CISG-Vertragsverhältnis erblickt werden. Wenn aber die in Art. 84 CISG angeordnete Vorteilsausgleichung systematisch noch dem Bereich der geregelten Rechte und Pflichten der Parteien (Art. 25 - 88 CISG) zuzurechnen ist, kann nichts anderes für die sich aus Art. 84 CISG ergebende Verrechnung gelten. Auch die in dieser Norm angelegte Verrechnung gegenseitiger Geldansprüche aus einem dem CISG zugrundeliegenden Vertragsverhältnis betrifft daher noch die im Übereinkommen geregelten Rechte und Pflichte der Vertragsparteien i.S.d. Art. 4 S. 1 CISG.

b) Vergleich mit Art. 25 Abs. 2 lit. a UN-Verjährungsübereinkommen

Wie bereits zuvor ausgeführt, kann zum Zweck der Auslegung des UN-Kaufrechts auch auf die Regelungen des UN-Übereinkommens über die Verjährung beim internationalen Warenkauf von 1974 Bezug genommen werden[265].

Das das CISG inhaltlich wie historisch ergänzende UN-Verjährungsübereinkommen spricht in Art. 25 Abs. 2 ausdrücklich von der Aufrechnung[266]. Nach Art. 25 Abs. 2 lit. a UN-Verjährungsübereinkommen kann sich eine Partei ungeachtet des Ablaufs der Verjährungsfrist „auf ihren Anspruch als Verteidigungsmittel oder zum Zwecke der Aufrechnung gegen einen von der anderen Partei geltend gemachten Anspruch berufen, in dem zuletzt genannten Fall jedoch nur, wenn die beiden Ansprüche sich auf demselben Vertrag oder auf mehrere im Rahmen desselben Geschäfts abgeschlossene Verträge beziehen".

Art. 25 Abs. 2 lit. a UN-Verjährungsübereinkommen verlangt für die Aufrechnung, dass die Forderungen aus demselben Vertrag oder zumindest aus mehreren im Rahmen desselben Geschäfts abgeschlossenen Verträge entstammen. Dieses Kriterium gleicht dem bereits aus Art. 84 CISG hervorgehenden Erfordernis für die sich allein nach dem UN-Kaufrecht beurteilende Verrechnung. In

---

264 *Herber/Czerwenka*, Art. 81 CISG, Rn. 7; *Piltz*, Internationales Kaufrecht, § 5, Rn. 285; *Reinhart*, Art. 81 CISG, Rn. 2; *Schlechtriem*, Internationales UN-Kaufrecht, Rn. 330; Schlechtriem/*Leser/Hornung*, Vor 81 CISG, Rn. 9; Staudinger/*Magnus*, Art. 81 CISG, Rn. 2.

265 Vgl. dazu § 2 III 2 b) bb).

266 So auch schon *Magnus*, ZEuP 1997, 823, 832.

beiden Fällen müssen die aufzurechnenden Geldforderungen aus demselben Vertragsverhältnis entstammen, wobei Art. 84 CISG zudem zu entnehmen ist, dass die Forderungen aus einem dem UN-Kaufrecht unterliegenden Vertragsverhältnis entstammen müssen.

Art. 25 Abs. 2 lit. a UN-Verjährungsübereinkommen stützt mithin die sich bereits aus Art. 84 CISG ergebende Unterscheidung im Hinblick auf dem Umfang der Regelung der Aufrechnungsfrage im UN-Kaufrecht. Das Einheitskaufrecht regelt nur die Verrechnung von CISG-internen, nicht aber auch die CISG-externer Ansprüche.

c) Fortsetzung des Zug-um-Zug-Prinzips sowie des Zurückbehaltungsrechts

Zuletzt kommen die in verschiedenen Vorschriften des Übereinkommens zum Ausdruck kommenden Prinzipien der Zug-um-Zug-Erfüllung sowie des Zurückbehaltungsrechts als Anhaltspunkte für eine teilweise Regelung der Aufrechnung im UN-Kaufrecht in Betracht.

Das Zug-um-Zug-Prinzip hat in verschiedenen Normen des Übereinkommens seinen Niederschlag gefunden[267]. So bestimmt Art. 58 Abs. 1 S. 1 CISG, dass der Käufer mangels anderer Vereinbarung den Kaufpreis erst zu zahlen hat, sobald ihm der Verkäufer entweder die Ware oder die Dokumente, die zur Verfügung darüber berechtigen, ausgehändigt hat. Ebenso kann der Verkäufer die Übergabe der Ware oder der Dokumente von der Zahlung des Kaufpreises abhängig machen (Art. 58 Abs. 1 S. 2 CISG). In Art. 58 Abs. 1 CISG kommt mithin die Zug-um-Zug-Verpflichtung der Leistungen der Kaufvertragsparteien zum Ausdruck, sofern die Parteien nicht die Vorleistungspflicht einer Partei vereinbart haben[268].

Das Kaufrechtsübereinkommen sieht die Zug-um-Zug-Verpflichtung der Leistungen nicht nur für die Lieferung der Ware, sondern auch ausdrücklich für die Rückabwicklung der beiderseits erbrachten Leistungen nach der Vertragsaufhebung vor. Nach der Vertragsaufhebung sind gem. Art. 81 Abs. 2 S. 2 CISG die beiderseitigen Rückgewährsansprüche Zug-um-Zug zu erfüllen[269]. Dass das UN-

---

267 *Magnus*, RabelsZ 59 (1995), 469, 485; Schlechtriem/*Leser/Hornung*, Art. 81 CISG, Rn. 16; *Weber*, in: Wiener Kaufrecht, 165, 186.

268 Bianca/Bonell/*Maskow*, Art. 58 CISG, Anm. 2.1; *Enderlein/Maskow/Strohbach*, Art. 58 CISG, Anm. 1.1; *Herber/Czerwenka*, Art. 58 CISG, Rn. 2; *Honnold*, Uniform Law, Rn. 335; *Karollus*, UN-Kaufrecht, 83; *Loewe*, Internationales Kaufrecht, Art. 58 CISG; *Reinhart*, Art. 58 CISG, Rn. 1; *Schlechtriem*, Internationales UN-Kaufrecht, Rn. 205; Schlechtriem/*Hager*, Art. 58 CISG, Rn. 1; Staudinger/*Magnus*, Art. 58 CISG, Rn. 3.

269 Bianca/Bonell/*Tallon*, Art. 81 CISG, Anm. 2.6; *Enderlein/Maskow/Strohbach*, Art. 81 CISG, Anm. 8; *Herber/Czerwenka*, Art. 81 CISG, Rn. 9; *Karollus*, UN-Kaufrecht, 86; *Loewe*, Internationales Kaufrecht, Art. 81 CISG; *Reinhart*, Art. 81 CISG,

Kaufrecht von der grundsätzlichen Zug-um-Zug-Erfüllung der Leistungspflichten ausgeht, ergibt sich darüber hinaus mittelbar auch aus Art. 85 S.1 2. Alt. CISG. So knüpft diese Norm das Entstehen der Erhaltungspflicht des Verkäufers u.a. daran an, dass der Käufer es versäumt hat, den Kaufpreis zu zahlen, wenn Zahlung des Kaufpreises und Lieferung der Ware Zug-um-Zug erfolgen sollten[270].

Die in den vorgenannten Konventionsvorschriften zum Ausdruck kommende Zug-um-Zug-Verpflichtung der Leistungen kann dabei als allgemeiner Grundsatz i.S.d. Art. 7 Abs. 2 CISG aufgefasst werden[271]. Dafür spricht, dass es sich hierbei um einen tragenden Leitgedanken der Konvention handelt, der in verschiedenen Vorschriften des Übereinkommens Ausdruck gefunden hat. Zudem regelt das Zug-um-Zug-Prinzip ausdrücklich die Modalitäten einerseits des Austauschs der geschuldeten Leistungen sowie andererseits der Rückabwicklung des aufgehobenen Vertrages. Es will also seiner ratio nach generell, d.h. für eine Vielzahl von Fällen Anwendung finden. Schließlich spricht auch die Formulierbarkeit als allgemeiner Rechtssatz dafür, dass das Zug-um-Zug-Prinzip generell für die Leistungsbeziehung der Parteien gilt. Damit ergibt sich auch für zusätzlich vereinbarte Leistungen, wie z.B. die Montage einer Anlage, die Regel, dass die Zahlung im Zweifel gegen die Erbringung der - vollständigen - Leistung geschuldet ist und die Zahlungsfälligkeit erst mit Abschluss der Leistung, d.h. mit dem Abschluss der Montage eintritt[272].

Aus dem Grundsatz der Zug-um-Zug-Erfüllung folgt aber die zumindest teilweise Regelung der Aufrechnung im UN-Kaufrecht. So findet die Verrechnung konventionsinterner Ansprüche im Zug-um-Zug-Prinzip ihre direkte Fortsetzung, was wiederum für die teilweise Regelung der Aufrechnung im UN-Kaufrecht spricht[273].

Für diese Sicht kann auch das gleichfalls in verschiedenen Normen des CISG zum Ausdruck kommende Zurückbehaltungsrecht herangezogen werden. Das UN-Kaufrecht sieht sowohl in Art. 85 S. 2 CISG als auch in Art. 86 Abs. 1 S. 2 CISG ausdrücklich ein Zurückbehaltungsrecht für eigene Aufwendungen des Verkäufers bzw. des Käufers vor[274]. Darüber hinaus gewährt Art. 71 CISG bei berechtigten Erfüllungszweifeln das Recht, die eigene Erfüllung auszusetzen (Abs. 1) oder - nur für den Verkäufer - Ware auf dem Transport zum Käufer an-

---

Rn. 5; Schlechtriem/*Leser/Hornung*, Art. 81 CISG, Rn. 16; Staudinger/*Magnus*, Art. 81 CISG, Rn. 14; *Weber*, in: Wiener Kaufrecht, 165, 186.

270 So auch *Schlechtriem*, Internationales UN-Kaufrecht, Rn. 206.

271 *Magnus*, RabelsZ 59 (1995), 469, 485.

272 *Magnus*, aaO.

273 So auch *Magnus*, RabelsZ 59 (1995), 469, 485 f.; Schlechtriem/*Leser/Hornung*, Art. 81 CISG, Rn. 16; *Weber*, in: Wiener Kaufrecht, 165, 186.

274 *Herber/Czerwenka*, Art. 85 CISG, Rn. 6 sowie Art. 86 CISG, Rn. 8; *Karollus*, UN-Kaufrecht, 90; *Reinhart*, Art. 85 CISG, Rn. 1 sowie Art. 86 CISG, Rn. 3.

zuhalten (Abs. 2). Schließlich folgt das Zurückbehaltungsrecht noch aus dem Grundsatz der Zug-um-Zug-Erfüllung, der, wie zuvor ausgeführt, vor allem in den Art. 58 Abs. 1, 81 Abs. 1 S. 2 CISG seinen Ausdruck gefunden hat[275].

Aus den genannten Vorschriften des Übereinkommens folgt, dass es sich bei dem Zurückbehaltungsrecht um einen tragenden Leitgedanken der Konvention handelt, der seiner ratio nach wiederum generell Anwendung finden will und der sich als allgemeiner Rechtssatz folgenden Inhalts formulieren lässt: Eine Vertragspartei kann ihre Leistung nach Maßgabe der ihr endgültig zustehenden Rechtsbehelfe so lange zurückbehalten, bis die andere ihre ordnungsgemäße Leistung anbietet, sofern es sich hierbei um konventionsinterne Ansprüche handelt[276]. Für die Anerkennung des Zurückbehaltungsrechts als allgemeiner Grundsatz i.S.d. Art. 7 Abs. 2 CISG spricht zudem, dass sich aus den Übereinkommensvorschriften ein speziell dem Rechtsbehelfssytem des CISG angepasstes Zurückbehaltungsrecht entwickeln lässt. Der Käufer kann den gesamten Kaufpreis nur im Fall einer wesentlichen Vertragsverletzung zurückbehalten, während sonst die Zurückhaltung des Kaufpreises nur in der Höhe möglich ist, in der dem Käufer wegen der Pflichtverletzung des Verkäufers ein Schadensersatzanspruch oder ein Minderungsrecht zusteht[277].

Wenn dem Käufer danach das Recht zusteht, eine noch nicht erbrachte Zahlung in dem Umfang zurückzubehalten, in dem er Schadensersatz aufgrund von Mängeln verlangen kann und die Voraussetzungen dieses Zurückbehaltungsrechts allein dem CISG zu entnehmen sind, kann im Hinblick auf die Voraussetzungen der Verrechnung von Geldforderungen aus dem CISG-Vertragsverhältnis nichts anderes gelten. Denn da die Verrechnung an sich nur die Fortsetzung dieses Rechtsinstituts nach der Zahlung darstellt, wäre es widersprüchlich, wollte man von diesem Zeitpunkt an das vom IPR berufene Landesrecht anwenden[278]. Vielmehr beurteilt sich die Verrechnung von Geldforderungen aus dem CISG-Vertragsverhältnis allein nach den Vorschriften des Übereinkommens.

Die Verrechnung konventionsinterner Ansprüche findet mithin zum einen im allgemeinen Grundsatz, wonach die nach dem CISG geschuldeten Leistungen Zug-um-Zug zu erfüllen sind, und zum anderen im zuvor genannten Zurückbehaltungsrecht ihre direkte Fortsetzung. Wenn sich aber sowohl das Zug-um-Zug-Prinzip als auch das Zurückbehaltungsrecht allein nach den Vorschriften des Übereinkommens bestimmen, kann für die Verrechnung nichts anderes gelten. Eine andere Beurteilung wäre widersprüchlich.

---

275 *Magnus*, RabelsZ 59 (1995), 469, 486.

276 Vgl. zum Zurückbehaltungsrecht als allgemeiner Grundsatz auch *Karollus*, UN-Kaufrecht, 84; *Schlechtriem*, Internationales UN-Kaufrecht, Rn. 206; Staudinger/*Magnus*, Art. 4 CISG, Rn. 47 a.

277 *Karollus*, aaO.; *Schlechtriem*, aaO.

278 So zu Recht *Magnus*, ZEuP 1997, 823, 832.

Die Verrechnung konventionsexterner Ansprüchen lässt sich dagegen aus den genannten Prinzipen nicht herleiten. Sie ist daher im Übereinkommen nicht geregelt.

d) Berücksichtigung des ausländischen Schriftums

Wie bereits oben ausgeführt, kommt regelmäßig nur ein Rechtsvergleich mit der zum auszulegenden Übereinkommen ergangenen Rechtsprechung und Literatur in den Vertragsstaaten in Betracht, da nur in diesem Fall der Bezugspunkt, nämlich das UN-Kaufrecht, identisch ist[279]. Es bleibt daher noch zu untersuchen, ob die vor allem durch die teleologische Auslegung gewonnene Sicht ihre Bestätigung im ausländischen Schriftum findet.

Nach Ansicht von *Karollus* erfasst der Regelungsbereich des Wiener Kaufrechts nicht die Fälle der Umänderung von Verbindlichkeiten[280]. Während er aber die Zession und Schuldübernahme ohne weiteres dem vom Kaufrechtsübereinkommen nicht geregelten Bereich zuweist, soll dies für die Aufrechnung „wohl auch" gelten[281]. Während *Karollus* insoweit noch unsicher ist, führt *Tallon* aus, dass „the parties' actions are governed by the applicable law"[282]. Die in Hinsicht auf die hier zu erörternde Frage nicht eindeutige Formulierung lässt wohl darauf schließen, dass sich die Verrechnung gegenseitiger Geldforderungen aus dem CISG-Vertragsverhältnis nach Ansicht von *Tallon* nicht nach den Regeln des Übereinkommens, sondern nach denen des nationalen Rechts beurteilen soll.

Honnold geht auf die Frage der Aufrechnung nicht ausdrücklich ein. Er betont aber in Anlehnung an den Normtext des Art. 4 S. 1 CISG, dass das Übereinkommen lediglich die Rechte und Pflichten des Käufers und des Verkäufers aus dem CISG-Vertragsverhältnis regelt[283].

Auch *Tuggey*[284] und *Shadeen*[285] setzen sich mit der Frage, ob und ggf. in welchem Umfang das Übereinkommen die Aufrechnung regelt, nicht auseinander, sondern beschränken sich wie schon *Honnold* darauf festzustellen, dass „the CISG governed only the formation of contracts and the rights and obligations of the seller and buyer 'arising from' that contract"[286]. Auch bei *Longobardi*[287] fin-

279 Vgl. dazu § 2 III 2 b) ee).
280 *Karollus*, UN-Kaufrecht, 45.
281 *Karollus*, aaO.
282 Bianca/Bonell/*Tallon*, Art. 81 CISG, Anm. 2.6.
283 *Honnold*, Uniform Law, Rn. 62, 444.
284 *Tuggey*, 21 Tex. Int. 'l LJ. (1986), 540, 543.
285 *Shadeen*, 25 Indian J. Int 'l L (1985), 26, 41.
286 *Tuggey*, aaO.
287 *Longobardi*, 53 Fordham L. Rev. (1985), 863 ff.

det sich kein Hinweis auf die Frage der Aufrechnung. Soweit ersichtlich, geht die Mehrheit des ausländischen Schriftums auf die Frage der Aufrechnung entweder gar nicht oder nur in sehr beschränkten Umfang ein, so dass sich nur wenig Rückschlüsse für die hier zu erörternde Frage folgern lassen.

Für die zumindest teilweise Einbeziehung der Aufrechnung in den Regelungsbereich der Konvention spricht aber die praktische Wichtigkeit dieser Frage für das gesamte Kaufgeschäft[288].

Zudem trägt die hier vertretene Sicht dem Bedürfnis des internationalen Warenhandels nach maximaler Rechtssicherheit zwecks Kalkulierung des vertraglichen Risikos insofern ausreichend Rechnung, als im Anwendungsbereich der Verrechnung konventionsinterner Ansprüche die sonst vorzunehmende kollisionsrechtliche Anknüpfung der Aufrechnungsfrage zurückgedrängt wird und sich die Aufrechnung insoweit nach klaren, praktikablen Bedingungen des Einheitsrechts beurteilt[289].

Es verbleibt daher bei der zuvor gewonnenen Sicht, wonach die Aufrechnung grundsätzlich außerhalb des Regelungsbereichs der Konvention steht.

Die Verrechnung von Geldforderungen aus dem CISG-Vertragsverhältnis ist aber zum einen in Art. 84 CISG konstruktiv angelegt und findet zum anderen in den Prinzipien der Zug-um-Zug-Erfüllung und des Zurückbehaltungsrechts ihre direkte Fortsetzung. Art. 25 Abs. 2 lit. a UN-Verjährungsübereinkommen stützt diese Sicht. Da eine derartige Verrechnung zudem noch auf engste mit einer der zentralen Pflichten des Kaufgeschäfts, nämlich der Zahlungspflicht, im Zusammenhang steht, kann die Verrechnung von gegenseitigen Geldforderungen aus einem dem CISG unterliegenden Vertragsverhältnis als noch vom Regelungsbereich der Konvention umfasst angesehen werden.

2. Der Grundsatz der Verrechnung konventionsinterner Ansprüche

Da die in den Art. 58 Abs. 1, 81 Abs. 2 S. 2, 84, 85 S. 2, 86 Abs. 1 S. 2 CISG Niederschlag gefundene Verrechnung im Kaufrechtsübereinkommen nicht ausdrücklich geregelt wurde, liegt insoweit eine Regelungslücke vor. Diese lässt sich allerdings durch die unterhalb der Schwelle der allgemeinen Grundsätze des Übereinkommens stehenden Methoden der Lückenfüllung, wie z.B. durch das argumentum a maiore ad minus, das argumentum e contrario oder durch die teleo-

288 So auch Staudinger/*Magnus*, Art. 4 CISG, Rn. 47.

289 Auch *Schmid*, Lückenfüllung und Normenkonkurrenz, 69 hält es für „prinzipiell nicht ausgeschlossen, Institute wie Vertragsstrafe, Abtretung oder Aufrechnung durch allgemeine Grundsätze zu regeln".

logische Reduktion und Extension, nicht schließen[290]. Daher kommen nur die allgemeinen Grundsätze des Übereinkommens zur autonomen Lückenfüllung in Betracht.

a) Autonome Lückenfüllung

Von einem allgemeinen Grundsatz i.S.d. Art. 7 Abs. 2 CISG kann nur dann gesprochen werden, wenn es sich hierbei um einen tragenden Leitgedanken der Konvention handelt, der nach seiner ratio generell, d.h. in einer Vielzahl von Fällen Anwendung finden will, und der sich als allgemeiner Rechtssatz formulieren lässt[291].

Die Frage der Verrechnung konventionsinterner Ansprüche ist zum einen in Art. 84 CISG konstruktiv angelegt[292] und stellt sich zum anderen als direkte Fortsetzung des Zug-um-Zug-Prinzips und des Zurückbehaltungsrechts dar[293]. Es handelt sich also um einen Rechtsgedanken, der mehrere Vorschriften des Übereinkommens durchzieht.

Ferner will dieser Rechtsgedanke auch generell zur Anwendung gelangen. Dafür spricht, dass die dem Prinzip der Verrechnung gegenseitiger Geldansprüche zugrundeliegenden Prinzipien der Zug-um-Zug-Erfüllung und des Zurückbehaltungsrechts ihrerseits in einer Vielzahl von Fällen Anwendung finden.

Schließlich lässt sich das Prinzip der Verrechnung konventionsinterner Ansprüche auch als allgemeiner Rechtssatz formulieren, was wiederum für die Anerkennung als allgemeiner Grundsatz des Übereinkommens spricht. Danach unterliegen Geldansprüche, die im Gegenseitigkeitsverhältnis zueinander stehen und aus einem dem CISG unterliegenden Vertragsverhältnis entstammen, der wechselseitigen Tilgung, ohne dass es einer diesbezüglichen Erklärung des Käufers oder des Verkäufers bedarf[294].

Die Frage der Verrechnung konventionsinterner Ansprüche genügt mithin den Kriterien, die für die Anerkennung als allgemeiner Grundsatz des Übereinkommens maßgeblich sind.

---

290 So im Ergebnis auch *Magnus*, RabelsZ 59 (1995), 469, 486; Schlechtriem/*Leser/Hornung*, Art. 81 CISG, Rn. 16; *Weber*, in: Wiener Kaufrecht, 165, 186.

291 Vgl. dazu § 2 IV 1 b).

292 Vgl. dazu § 4 II 1 a).

293 Vgl. dazu § 4 II 1 c).

294 So auch *Magnus*, ZEuP 1997, 823, 832.

b) Grenzen der Lückenfüllung

Es bleibt aber noch zu prüfen, ob sich die vorgenommene Lückenfüllung noch in den für sie geltenden Grenzen hält. Das ist der Fall, wenn der Regelungsbereich des Übereinkommens als Grenze autonomer Lückenfüllung gewahrt, der allgemeine Grundsatz nicht durch Beiziehung externer Grundsätze ermittelt sowie das in Art. 7 Abs. 1 CISG angesiedelte Gebot der einheitlichen Anwendung des Übereinkommens bei der Lückenfüllung beachtet worden ist[295].

Während die Frage der Verrechnung konventionsinterner Ansprüche noch in den Regelungsbereich des Übereinkommens fällt und sich der Inhalt des entsprechenden allgemeinen Grundsatzes allein nach den Vorschriften des CISG bestimmt, könnte das Gebot der einheitlichen Anwendung des Übereinkommens der autonomen Lückenfüllung entgegenstehen[296].

Die Frage der Verrechnung konventionsinterner Ansprüche wird nämlich nicht durchgängig als Konventionsmaterie angesehen, weshalb eine – wenn auch nur vorübergehende - divergierende Anwendungspraxis in den Vertragsstaaten möglich ist[297]. Doch ist die vielfach verlangte Fortbildung des Einheitsrechts nur dann möglich, wenn die Rechtsprechung oder Literatur in einem Vertragsstaat den ersten Schritt in Richtung einer Weiterentwicklung des CISG unternehmen[298]. Nach diesem Gesichtspunkt steht das Gebot der einheitlichen Anwendung der Konvention der vorgenommenen Lückenfüllung nicht grundsätzlich entgegen. Dies gilt um so mehr, als der genannte Grundsatz Aussicht auf Verbreitung in den Vertragsstaaten hat.

Mithin ist dem UN-Kaufrecht der allgemeine Grundsatz der Verrechnung konventionsinterner Ansprüche zu entnehmen[299]. Im Folgenden sind noch die Voraussetzungen, der Vollzug sowie die Wirkung der Verrechnung im Einzelnen darzustellen.

3. Voraussetzungen, Vollzug und Wirkung der Verrechnung

Die sich nach den Vorschriften des Übereinkommens beurteilende Verrechnung setzt voraus, dass die Forderungen aus einem dem CISG unterliegenden Ver-

---

295 Vgl. dazu § 2 IV 2.

296 So macht auch *Schmid*, Lückenfüllung und Normenkonkurrenz, 69 die Regelung der Aufrechnung im CISG davon abhängig, dass ein solches Vorgehen in den Vertragsstaaten Chancen auf Akzeptanz hat.

297 Vgl. dazu § 3.

298 *Schmid*, Lückenfüllung und Normenkonkurrenz, 71.

299 So auch *Magnus*, RabelsZ 59 (1995), 469, 486; Schlechtriem/*Leser/Hornung*, Art. 81 CISG, Rn. 16; *Weber*, in: Wiener Kaufrecht, 165, 186.

tragsverhältnis entstammen, es sich bei ihnen um Geldforderungen handelt und sie im Gegenseitigkeitsverhältnis zueinander stehen[300].

Sofern diese Voraussetzungen vorliegen, tritt die wechselseitige Tilgung im Zeitpunkt der Entstehung der zu verrechnenden Geldforderungen ohne weiteres, d.h. ohne eine dahingehende Erklärung des Käufers oder des Verkäufers, ein. Dabei tilgen sich Forderungen ungleicher Höhe bis zum Betrag der niedrigeren[301].

a) Forderungen aus einem dem CISG unterliegenden Vertragsverhältnis

Die sich allein nach den Vorschriften des Übereinkommens beurteilende Verrechnung setzt zunächst voraus, dass die zu tilgenden Forderungen aus einem dem CISG unterliegenden Vertragsverhältnis entstammen[302].

Aus diesem Grund sind alle Geldansprüche verrechnungsfähig, die sich entweder aus den Vorschriften des Übereinkommens ergeben[303] oder die von den Parteien wirksam vereinbart worden sind (Art. 11, 14 ff. CISG)[304]. Als Beispiele für Ansprüche, die ohne weiteres verrechnet werden können, sind nur der Kaufpreisanspruch (Art. 30 CISG), Schadensersatz- und Zinsansprüche (Art. 45 Abs. 1 lit. b, 61 Abs. 1 lit. b, 74 CISG), Ansprüche aus der Vorteilsausgleichung (Art. 84 Abs. 1 und 2 CISG) sowie Ansprüche aus Aufwendungsersatz und Selbsthilfeverkauf (Art. 85 S. 2, 86 Abs. 1 S. 1, 88 Abs. 3 CISG) genannt.

Dabei stellt das Erfordernis, dass die zu verrechnenden Forderungen aus einem dem Übereinkommen unterliegenden Vertragsverhältnis entstammen müssen, das wichigste Abgrenzungskriterium zwischen der noch vom UN-Kaufrecht geregelten und der nicht mehr erfassten, sich nach nationalem Recht beurteilenden Aufrechnung dar. Nur die Verrechnung von sog. konventionsinternen Ansprüchen bestimmt sich nach den einheitsrechtlichen Vorschriften des Übereinkommens, während sich die Aufrechnung konventionsexterner Ansprüchen nach dem vom IPR des Forums verwiesenen unvereinheitlichten nationalen Recht beurteilt[305].

---

300 So auch *Magnus*, ZEuP 1997, 823, 832.

301 Vgl. dazu auch *Magnus*, aaO.

302 So auch Honsell/*Siehr*, Art. 4 CISG, Rn. 20; *Magnus*, ZEuP 1997, 823, 832. Schlechtriem/*Leser/Hornung*, Art. 81 CISG, Rn. 16;

303 So z.B. Ansprüche auf Schadensersatz (Art. 45 Abs. 1 lit. b, 61 Abs. 1 lit. b CISG) sowie auf Zinsen (Art. 74 CISG).

304 So z.B. Ansprüche aus Vertragsstrafe oder aus Schadenspauschalen, soweit sie als Nebenbestimmung eines Kaufvertrages vereinbart worden sind.

305 So auch *Magnus*, ZEuP 1997, 823, 831 f.

Die Beschränkung der im Übereinkommen geregelten Verrechnung auf konventionsinterne Ansprüche ergibt sich zum einen aus Art. 84 Abs. 1 und Abs. 2 CISG sowie zum anderen aus den Prinzipien der Zug-um-Zug-Erfüllung sowie des Zurückbehaltungsrechts. So folgt insbesondere aus der Gegenüberstellung der Vorteilsausgleichsansprüche in den beiden Absätzen des Art. 84 CISG, dass sich die Verrechnung als direkte Fortsetzung dieser Gegenüberstellung nur auf Ansprüche aus dem Übereinkommen erstreckt[306].

Zwar verlangen z.B. das schweizerische, österreichische, französische, englische und deutsche Aufrechnungsrecht nicht die Konnexität der Forderungen, d.h. den Ursprung der Forderungen aus demselben Rechtsverhältnis[307]. Doch da das CISG insoweit ein Sonderrecht für den internationalen Kauf und für die damit zusammenhängenden Fragen darstellt, ist zu erwarten, dass die Beschränkung der im UN-Kaufrecht geregelten Verrechnung auf CISG-interne Geldschulden in den Vertragsstaaten auf Akzeptanz stoßen wird.

b) Geldforderungen

Die im Übereinkommen geregelte Verrechnung kommt weiterhin nur dann in Betracht, wenn es sich bei den Forderungen um Geldforderungen handelt[308]. Verrechenbar sind daher nur Geldschulden des Käufers und des Verkäufers aus dem CISG-Vertragsverhältnis. Aus diesem Grund scheidet die Verrechnung aus, wenn sich eine Geldforderung und eine auf Sachleistung gerichtete Forderung oder zwei auf Sachleistungen gerichtete Forderungen gegenüberstehen.

Die Beschränkung der Verrechnung ausschließlich auf Geldforderungen ergibt sich wiederum aus Art. 84 CISG. Da die Vorteilsausgleichung regelmäßig nur in Geld erfolgen kann, folgt für die Verrechnung als direkte Fortsetzung der Gegenüberstellung der Ausgleichsansprüche, dass im UN-Kaufrecht nur Geldforderungen verrechnet werden können[309].

Auch im Hinblick auf diese Verrechnungsvoraussetzung besteht nicht die Gefahr der uneinheitlichen Anwendung in den Vertragsstaaten. Viele Rechtsordnungen machen die Zulässigkeit der Aufrechnung von der Gleichartigkeit der Forderungen abhängig. So beschränkt z.B. das schweizerische Recht in Art. 120 Abs. 1 OR die Verrechnung ausdrücklich auf „Geldsummen und andere Leistungen, die ihrem Gegenstande nach gleichartig sind“, mit der Folge, dass praktisch

306 Vgl. dazu § 4 II 1 a).

307 Vgl. zu den genannten nationalen Aufrechnungsrechten § 2 III sowie § 4 des 2. Teils.

308 *Magnus*, ZEuP 1997, 823, 832; Schlechtriem/*Leser/Hornung*, Art. 81 CISG, Rn. 16; *Weber*, in: Wiener Kaufrecht, 165, 186.

309 Vgl. dazu § 4 II 1 a).

nur Geldforderungen verrechenbar sind[310]. In Österreich, Frankreich und Deutschland ergibt sich die faktische Beschränkung der Aufrechnung auf Geldforderungen daraus, dass an die Gleichartigkeit der Leistungsgegenstände recht hohe Anforderungen gestellt werden[311]. Im englischen Recht folgt die Begrenzung des set-offs auf Geldforderungen bereits aus dem Wortlaut des ord. 18, r. 17 R.S.C. („to a sum of money")[312]. Da die genannten Rechte die Aufrechnung im Ergebnis selbst auf Geldforderungen beschränken, ist auch im Hinblick auf die Voraussetzung, dass unter der Geltung des UN-Kaufrechts nur Geldforderungen verrechnet werden können, eine einheitliche Anwendung in den Vertragsstaaten zu erwarten.

c) Gegenseitigkeit der Forderungen

Schließlich setzt die sich allein nach den Vorschriften der Konvention beurteilende Verrechnung noch die Gegenseitigkeit der aufzurechnenden Forderungen voraus[313]. Die Forderungen stehen im Gegenseitigkeitsverhältnis, wenn sowohl der Käufer als auch der Verkäufer zugleich Gläubiger und Schuldner des jeweils anderen ist.

Das Erfordernis der Gegenseitigkeit der Forderungen folgt wiederum zum einen aus der Gegenüberstellung der Vorteilsausgleichsansprüche in Art. 84 Abs. 1 und Abs. 2 CISG[314] sowie zum anderen aus den bereits zuvor genannten Prinzipien der Zug-um-Zug-Erfüllung und des Zurückbehaltungsrechts[315].

Zudem bestehen auch im Hinblick auf die einheitliche Anwendung des Übereinkommens insoweit keine Bedenken, da das Gegenseitigkeitserfordernis in den meisten nationalen Aufrechnungsrechten im Grundsatz anerkannt ist. So setzt das schweizerische Recht in Art. 120 Abs. 1 OR, das österreichische in den §§ 1438, 1441 S. 1 ABGB, das französische in Art. 1289 C.c. und das deutsche Recht in § 387 BGB die Gegenseitigkeit der aufzurechnenden Forderungen voraus[316]. Auch das englische Recht verlangt die Gegenseitigkeit („mutuality") als Voraussetzung des set-offs[317].

---

310 Vgl. dazu § 4 I 2 a) des 2. Teils.

311 Vgl. dazu § 4 II 2 b) (Österreich), § 4 IV 3 b) (Frankreich) sowie § 2 III 2 b) (Deutschland) des 2. Teils.

312 Vgl. dazu § 4 III 3 b) des 2. Teils.

313 So auch ausdrücklich *Magnus*, ZEuP 1997, 823, 832; angedeutet von *Weber*, in: Wiener Kaufrecht, 165, 186.

314 Vgl. dazu § 4 II 1 a).

315 Vgl. dazu § 4 II 1 c).

316 Vgl. dazu § 4 I 2 a) (Schweiz), § 4 II 2 a) (Österreich), § 4 IV 3 a) (Frankreich) sowie § 2 III 2 a) (Deutschland) des 2. Teils.

317 Vgl. dazu § 4 III 3 a) des 2. Teils.

d) Ausschluss der Verrechnung

Anders als in vielen nationalen Rechten sind im Rahmen der sich allein nach den Vorschriften des Übereinkommens beurteilenden Verrechnung grundsätzlich keine Verrechnungsverbote zu berücksichtigen[318].

Denn wenn man dem Kaufrechtsübereinkommen die Voraussetzungen der Verrechnung konventionsinterner Ansprüche im Einzelnen entnimmt, wäre es ungereimt, wollte man für die Frage der Aufrechnungsverbote auf das nationale Recht zurückgreifen[319].

Darüber hinaus würde sich ein Rückgriff auf Aufrechnungsverbote nationalrechtlicher Natur auch nicht mehr in den Grenzen autonomer Lückenfüllung bewegen, da sonst externe Grundsätze des Landesrechts zur Lückenfüllung beigezogen sowie das Gebot der einheitlichen Anwendung des Übereinkommens nicht beachtet würde[320].

Etwas anderes muss aber dann gelten, wenn die Kaufvertragsparteien vereinbart haben, dass gegenseitige Forderungen aus dem CISG-Vertragsverhältnis nicht der Verrechnung unterliegen oder wenn sich eine entsprechende Übung zwischen den Vertragsparteien herausgebildet hat.

Während sich die Frage, ob eine derartige Übung zwischen Käufer und Verkäufer anzuerkennen ist, nach Art. 9 Abs. 1 CISG beurteilt, folgt die Berücksichtigung eines zwischen den Parteien entweder ausdrücklich oder konkludent vereinbarten Verrechnungsverbots aus der besonderen Stellung der Privatautonomie im UN-Kaufrecht[321].

Im Fall eines Konflikts zwischen dem Prinzip der Privatautonomie und irgendeinem anderen allgemeinen Prinzip hat danach das erstere Vorrang[322]. Dieser Vorrang gilt aber auch gegenüber dem allgemeinen Grundsatz der Verrechnung konventionsinterner Ansprüche mit der Folge, dass ein zwischen den Parteien wirksam vereinbartes Verrechnungsverbot gleichfalls Vorrang vor der Verrechnung genießt.

Zudem wird durch die Berücksichtigung des Parteiwillens ein Anreiz für die im internationalen Warenhandel tätigen Rechtsanwender dahingehend geschaffen, dass das UN-Kaufrecht seltener zugunsten nationaler Rechte abbedungen wird. Auch wenn die Verrechnung im beiderseitigem Interesse des Käufers sowie

---

318 So wohl auch *Magnus*, ZEuP1997, 823, 832.

319 *Magnus*, aaO.

320 Vgl. zu den Grenzen autonomen Lückenfüllung § 2 IV 2.

321 Die besondere Stellung der Parteiautonomie im UN-Kaufrecht ergibt sich bereits daraus, dass sie nicht nur in Art. 6 CISG eine eigenständige Regelung gefunden hat, sondern auch in anderen Bestimmungen des Übereinkommens, wie etwa in den Art. 30, 35 Abs. 1, 53 CISG zum Audruck kommt.

322 *Ferrari*, JZ 1998, 9, 12.

des Verkäufers liegt, muss im Einzelfall ein entgegenstehender Wille Berücksichtigung finden, da die Parteien ansonsten nationales Recht als Grundlage für die Vertragsabwicklung wählen. Insofern entspricht die Berücksichtigung eines vertraglichen Verrechnungsverbots auch dem in der Präambel des Übereinkommens zum Ausdruck kommenden Ziel, den internationalen Warenhandel zusehends unter den einheitsrechtlichen Bestimmungen des CISG abzuwickeln, um auf diese Weise „die rechtlichen Hindernisse im internationalen Handel zu beseitigen und seine Entwicklung zu fördern".

Schließlich findet die Beachtlichkeit eines vertraglichen Verrechnungsverbots auch in vielen nationalen Rechten ihre Entsprechung. So können die Aufrechnungsparteien z.B. in der Schweiz, in Österreich, England, Frankreich sowie in Deutschland die Aufrechnung – allerdings in unterschiedlichem Umfang – ausschließen oder einschränken[323]. Die genannten Rechte tragen wie auch das UN-Kaufrecht in Art. 6 CISG dem Grundsatz der Privatautonomie Rechnung. Es ist deshalb nicht zu befürchten, dass sich insoweit eine uneinheitliche Anwendung des Übereinkommens herausbildet.

e) Vollzug und Wirkung der Verrechnung

Anders als z.B. das schweizerische und deutsche Recht setzt die im UN-Kaufrecht geregelte Verrechnung keine Gestaltungserklärung des Verrechnenden bzw. Aufrechnenden voraus. Art. 124 OR sowie § 388 S. 1 BGB finden im Übereinkommen keine Entsprechung[324].

Dafür spricht zunächst, dass im Kaufrechtsübereinkommen kein allgemeiner Grundsatz des Inhalts anzuerkennen ist, dass die im Übereinkommen vorgesehenen Rechtsbehelfe stets einer rechtsgeschäftlichen Erklärung einer Vertragspartei bedürfen[325]. Für einen allgemeinen Erklärungsgrundsatz im Übereinkommen kann auch nicht der Rechtsgedanke des Art. 26 CISG nutzbar gemacht werden. Dagegen spricht zum einen der abschließende Charakter der Vorschrift[326] sowie zum anderen die Konzeption des Rechtsbehelfssystems des UN-Kaufrechts[327].

---

323 Vgl. dazu § 4 I 2 e) (Schweiz), § 4 II 2 e) (Österreich), § 4 III 3 e) (England), § 4 IV 3 e) (Frankreich) sowie § 2 III 2 e) (Deutschland) des 2. Teils.

324 So auch *Magnus*, ZEuP 1997, 823, 833.

325 Eine übersichtliche Darstellung der allgemeinen Grundätze im CISG gibt *Magnus*, RabelsZ 59 (1995), 469, 478 - 490; ein allgemeiner Erklärungsgrundsatz wird auch in dieser Darstellung nicht angeführt.

326 Art. 26 CISG beschränkt das Erklärungserfordernis ausdrücklich auf die „Erklärung, dass der Vertrag aufgehoben wird".

327 Grundsätzlich sind Rechtsbehelfe gegen die vertragsbrüchige Partei, wie etwa ein Schadensersatzanspruch wegen Vertragsverletzung (Art. 45 Abs. 1 lit. b, 61 Abs. 1 lit. b CISG), unabhängig von einer entsprechenden Erklärung der vertragstreuen

Auch aus Art. 84 CISG sowie aus den Prinzipien der Zug-um-Zug-Erfüllung und des Zurückbehaltungsrechts ergibt sich nicht, dass zum Vollzug der im UN-Kaufrecht geregelten Verrechnung eine rechtsgeschäftliche Erklärung des Käufers oder des Verkäufers erforderlich ist. Vielmehr legt Art. 84 CISG den Schluss nahe, dass der Satz „ipso iure compensatur" bereits in der Gegenüberstellung der gegenseitigen Ansprüche des Käufers und des Verkäufers konstruktiv angelegt ist.

Würde man stattdessen für die im Übereinkommen geregelte Verrechnung z.B. in Anlehnung an das schweizerische oder deutsche Recht eine rechtsgeschäftliche Gestaltungserklärung verlangen, so würde sich diese Lückenfüllung nicht mehr in den Grenzen autonomer Lückenfüllung bewegen. Denn eine solche Vorgehensweise wäre mit dem Gebot der einheitlichen Anwendung des Übereinkommens unvereinbar, das eine Grenze autonomer Lückenfüllung markiert[328]. Auch könnte ein solches Vorgehen kaum auf Gefolgschaft z.B. in Frankreich oder England rechnen. Diese Rechte knüpfen den Vollzug der Aufrechnung nicht an eine entsprechende Erklärung des Aufrechnenden[329].

Aus diesen Gründen erlöschen die sich verrechenbar gegenüberstehenden Ansprüche ipso iure, d.h. ohne eine einseitige Gestaltungserklärung des Käufers und des Verkäufers. Insoweit gleicht der Vollzug der Verrechnung konventionsinterner Ansprüche im Grundsatz dem der compensation légale nach französischen unvereinheitlichten Recht (vgl. Art. 1290 C.c.)[330].

Die Wirkung der Verrechnung besteht in der wechselseitigen Tilgung der sich verrechenbar gegenüberstehenden Geldforderungen. Dabei tilgen sich Forderungen ungleicher Höhe bis zum Betrag der niedrigeren. Trotz der wechselseitiger Tilgung der Forderungen bleiben sonstige Nebenfolgen, wie etwa Verzugsfolgen, bestehen.

4. Die Verrechnung währungsverschiedener Forderungen

Wenn die zuvor genannten Voraussetzungen vorliegen, sind Geldforderungen, die auf die gleiche Währung lauten, ohne weiteres wechselseitig zu verrechnen. Dabei tilgen sich die zu verrechnenden Forderungen bis zum Betrag der niedrigeren[331].

Partei. Eine Ausnahme hiervon bildet die Aufhebung des Vertrages, die eine Aufhebungserklärung voraussetzt (Art. 26 CISG).

328 Vgl. dazu § 2 IV 2 c).

329 Vgl. dazu § 4 III 3 f) (England) sowie § 4 IV 3 f) (Frankreich).

330 Vgl. dazu § 4 IV 3 f).

331 Vgl. dazu § 4 II 2 e).

Gerade unter Geltung des UN-Kaufrechts kommt es aber recht oft vor, dass sich Forderungen in unterschiedlichen Währungen wechselseitig gegenüberstehen[332]. So bringt es schon der Regelungsgegenstand des Wiener Kaufrechts, nämlich die Regelung des grenzüberschreitenden Warenkaufs (vgl. Art. 1 CISG), mit sich, dass beispielsweise einem auf englischem Pfund lautenden Restkaufpreisanspruch einem in US-Dollar bestehenden Schadensersatzanspruch gegenüberstehen kann. In einem derartigen Fall stellt sich immer dann, wenn die Voraussetzungen der wechselseitigen Verrechnung im Übrigen vorliegen, die Frage, ob die Forderungen trotz Währungsverschiedenheit zu verrechnen sind oder eine Verrechnung ausscheidet.

Für den Fall, dass eine solche Verrechnungsmöglichkeit bejaht wird, bleibt dann noch festzustellen, wie sich die Verrechnung im Einzelnen vollzieht. Weiterhin ist dann noch darauf einzugehen, zu welchem Zeitpunkt die Währungsumrechnung vorzunehmen und zu welchem Kurs die beteiligten Währungen umzurechnen sind. Wenn dagegen die Verrechnung währungsverschiedener Forderungen nicht zugelassen wird, dann hat das nach dem Vertragsstatut berufene nationale Recht über die Zulässigkeit und Wirkung der Aufrechnung währungsverschiedener Forderungen zu entscheiden.

Es ist also zu untersuchen, ob und inwieweit dem CISG zu dieser Frage eine Antwort entnehmen lässt. Angesichts des immer weiter zunehmenden Warenaustauschs unter dem Dach des UN-Kaufrechts sowie der kontinuierlich wachsenden Zahl der Vertragsstaaten handelt es sich hierbei nicht nur um ein theoretisches, sondern auch um ein praktisch wichtiges Problem. Dies soll folgender Beispielsfall verdeutlichen.

a) Beispielsfall: Die defekte Industrieanlage

Ein amerikanischer Maschinenfabrikant verkauft im Jahr 1998 eine Industrieanlage an einen deutschen Schraubenhersteller. Der Kaufpreis der Anlage beträgt 600.000,-- US-Dollar. In den Vertragsverhandlungen ist von deutscher Seite darauf hingewiesen worden, dass ein Ausfall der Anlage einen erheblichen Produktionsrückgang nach sich ziehen würde. Dennoch verzichten die Parteien darauf, festzulegen, in welcher Währung etwaiger Schadensersatz geschuldet wird.

Nach Inbetriebnahme der Anlage stellt sich heraus, dass diese verschiedene technische Mängel aufweist, die eine Verformung der herzustellenden Schrauben verursachen. Bis zur Behebung der Mängel fällt, wie erwartet, die Produktion weitgehend aus, was zu nicht unerheblichen Umsatzeinbußen führt.

---

332 So auch *Frigge*, Externe Lücken, 102.

Da der deutsche Vertragspartner den Kaufpreis nicht bezahlt, mahnt der amerikanische Hersteller in einem Schreiben die Zahlung des Kaufpreises an. Diesem Verlangen hält der deutsche Käufer einen Schadensersatzanspruch wegen des Produktionsausfalls entgegen.

aa) Die Währung des Kaufpreisanspruchs

Der vom amerikanischen Hersteller gem. Art. 53 CISG geltend gemachte Kaufpreisanspruch besteht in US-Dollar, da die Parteien vereinbart haben, dass Kaufpreiswährung US-Dollar sein soll.

Auch wenn das UN-Kaufrecht keine Vorschriften darüber enthält, mit welchen Zahlungsmitteln der Kaufpreis zu leisten ist, so besteht doch Einigkeit, dass sich die Kaufpreiswährung aus ausdrücklicher oder zumindest konkludenter Parteivereinbarung (Art. 6 CISG) sowie aus zwischen den Parteien geltenden Gebräuchen und Gepflogenheiten (Art. 9 CISG) ergeben kann[333].

Schwierigkeiten bereitet dagegen der Fall, dass die Parteien z.B. versehentlich bloß eine Ziffer ohne Währungsangabe als Kaufpreis vereinbaren[334]. Teilweise wird dann angenommen, dass mangels Bestimmtheit des Angebotes ein Vertrag gar nicht zustande komme[335]. Nach anderer Ansicht scheitert die Annahme eines Vertragsschlusses nicht an der mangelnden Bestimmtheit des Kaufpreises, weil sich dem Übereinkommen der allgemeine Grundsatz entnehmen lässt, dass im Zweifel die Währung am Sitz des Verkäufers maßgeblich sei[336]. Andere wiederum sprechen sich für die Maßgeblichkeit derjenigen Währung aus, die sich nach dem vom IPR des Forums verwiesene nationale Recht bestimmt[337].

---

333 Bianca/Bonell/*Maskow*, Art. 54 CISG, Anm. 3.1; *Enderlein/Maskow/Strohbach*, Art. 55 CISG, Anm. 1.2; Honsell/*Schnyder/Straub*, Art. 54 CISG, Rn. 23; *Karollus*, UN-Kaufrecht, 167; *Magnus*, RabelsZ 53 (1989), 116, 127 f.; *Reithmann/Martiny*, Internationales Vertragsrecht, Rn. 656; *Schlechtriem*, Internationales UN-Kaufrecht, Rn. 211; Schlechtriem/*Hager*, Art. 54 CISG, Rn. 9; Staudinger/*Magnus*, Art. 53 CISG, Rn. 20.

334 Im Geschäftsverkehr kommt es allerdings nur selten vor, dass sich weder aus vertraglicher Abrede noch aus einer entsprechender Übung der Parteien eine Währungsbestimmung ergibt; üblicherweise wird der Kaufpreis mit einer Währungsbezeichnung im Kaufvertrag angegeben.

335 Honsell/*Schnyder/Straub*, Art. 14 CISG, Rn. 38; Schlechtriem/*Schlechtriem*, Art. 14 CISG, Rn. 3.

336 *Frigge*, Externe Lücken, 102; *Karollus*, UN-Kaufrecht, 167; *Magnus*, RabelsZ 53 (1989), 116, 130; *Reithmann/Martiny*, Internationales Vertragsrecht, Rn. 656; Staudinger/*Magnus*, Art. 53 CISG, Rn. 20.

337 Bianca/Bonell/*Maskow*, Art. 54 CISG, Anm. 3.1; *Herber/Czerwenka*, Art. 53 CISG, Rn. 5; Honsell/*Schnyder/Straub*, Art. 54 CISG, Rn. 26; *Neumayer/Ming*, Art. 54 CISG, Anm. 4; *Schlechtriem*, Internationales UN-Kaufrecht, Rn. 211; Schlechtriem/*Hager*, Art. 54 CISG, Rn. 9.

Gegen die Ausklammerung dieser Währungsfrage aus dem Regelungsbereich des Kaufrechtsübereinkommens mit der Folge, dass dann das nach dem IPR berufene unvereinheitlichte nationale Recht über die Kaufpreiswährung zu entscheiden hat, spricht nicht nur die Wichtigkeit dieser Frage für das gesamte Kaufgeschäft, sondern auch, dass insoweit ein Bedürfnis nach einer einheitlichen Regelung besteht[338].

Die Angabe eines Kaufpreises im Vertrag ist auch dann, wenn die Währungsangabe als maßgebliche Bezugsgröße für den Kaufpreis fehlt, hinreichend bestimmt i.S.d. Art. 14 CISG. Denn die Kaufpreiswährung ist bestimmbar[339]. Das UN-Kaufrecht räumt dem Sitz des Verkäufers im Hinblick auf die Kaufpreisverpflichtung eine gewisse Vorrangstellung ein, wie sich bereits anhand der Vorschrift über den Zahlungsort (Art. 57 Abs. 1 a) CISG) erkennen lässt[340]. Im Zweifel ist also die Währung am Sitz des Verkäufers maßgeblich.

bb) Die Währung des Schadensersatzanspruchs

Im Beispielsfall hält der deutsche Käufer dem Kaufpreisverlangen einen Schadensersatzanspruch wegen des Produktionsausfalls entgegen. Dabei ergibt sich weder aus dem Vertrag noch aus einer entsprechenden Übung zwischen den Parteien die für den Ersatzanspruch maßgebliche Währung. Fraglich ist deshalb, in welcher Währung Schadensersatz gem. Art. 74 CISG geschuldet wird.

Im Schriftum besteht keine Einigkeit darüber, in welcher Währung Schadensersatz nach dem Übereinkommen geschuldet wird, sofern sich die maßgebliche Währung weder aus Vereinbarung noch aus die Parteien bindenden Handelsbräuchen und Gepflogenheiten ergibt[341]. Hierzu werden im Wesentlichen zwei verschiedene Lösungsansätze vertreten.

Teilweise wird in der Literatur vorgeschlagen, dass die Kaufpreiswährung zugleich als Vertragswährung anzusehen ist, in der sämtliche nach dem Vertrag zu erbringende Zahlungen (einschließlich Schadensersatz, Vertragsstrafe, Erstattung von Aufwendungen) zu leisten sind[342]. Im Beispielsfall wäre danach Schadensersatz in US-Dollar zu leisten.

---

338 *Magnus*, RabelsZ 53 (1989), 116, 126 f.; Schlechtriem/*Hager*, Art. 54 CISG, Rn. 8.

339 Ausreichend i.S.d. Art. 14 Abs. 1 S. 1 CISG ist die Bestimmbarkeit der Leistung; vgl. dazu im Einzelnen *Schlechtriem*, Internationales UN-Kaufrecht, Rn. 74 ff.

340 *Magnus*, RabelsZ 53 (1989), 116, 129; *ders.*, RabelsZ 59 (1995), 469, 488.

341 Im Schriftum besteht Einigkeit, dass sich die Währung des Schadensersatzanspruchs aus Parteivereinbarung oder aus zwischen den Parteien geltenden Gebräuchen und Gepflogenheiten ergeben kann; vgl. nur Bianca/Bonell/*Maskow*, Art. 54 CISG, Anm. 3.1; *Enderlein/Maskow/Strohbach*, Art. 55 CISG, Anm. 1.2.

342 Bianca/Bonell/*Maskow*, aaO.; *Enderlein/Maskow/Strohbach*, aaO.

Nach anderer Ansicht bestimmt sich die Währung der Schadensersatzverpflichtung regelmäßig nach derjenigen Währung, die am Sitz des Gläubigers gilt[343]. Wenn aber im Einzelfall der Schaden in einem anderen Währungsbereich eingetreten ist, so soll diese Währung für den Schadensersatzanspruch maßgeblich sein[344]. Im Beispielsfall würde die Schadensersatzpflicht des amerikanischen Herstellers danach in DM bestehen.

Zwar wird im Kaufrechtsübereinkommen die Frage, mit welchen Zahlungsmitteln Schadensersatz zu leisten ist, nicht explizit normiert. Doch schließen insbesondere die Vorschriften, die den Parteien das Recht einräumen, Schadensersatz zu verlangen (Art. 45 Abs. 1 b), 61 Abs. 1 b) CISG), sowie die Normen, die die Schadensberechnung selbst betreffen (Art. 74 - 77 CISG), diese Frage auch nicht aus dem Regelungsbereich des UN-Kaufrechts aus[345].

Für die Einbeziehung in den Regelungsbereich des Kaufrechtsübereinkommens spricht, dass die Frage, in welcher Währung Schadensersatz geschuldet wird, für die Bestimmung des präzisen Inhalts eine der zentralen Rechte der Parteien, nämlich das Recht, Schadenersatz verlangen zu können (Art. 45 Abs. 1 b), 61 Abs.1 b) CISG), von erheblicher Bedeutung ist. Der Rückgriff auf das anwendbare nationale Recht in dieser Frage würde dazu führen, dass die erstrebte Rechtsvereinheitlichung in einem zentralen Bereich, der die Rechte und Pflichten der Parteien i.S.d. Art. 4 S. 1 CISG betrifft, auf der Strecke bliebe[346].

Gegen die Einbeziehung von Währungsfragen in den Regelungsbereich sprechen allerdings die Beratungen auf der Wiener Vertragsrechtskonferenz von 1980[347]. So wurde während der Beratungen darauf hingewiesen, dass die Regelung von Währungsfragen zu komplex seien und eigener Rechtsvereinheitlichung durch den Europarat unterlägen[348].

---

343 *Magnus*, RabelsZ 53 (1989), 116, 135; *Reithmann/Martiny*, Internationales Vertragsrecht, Rn. 656; ähnlich auch *Frigge*, Externe Lücken, 102 sowie *Piltz*, Internationales Kaufrecht, § 5, Rn. 467.

344 *Magnus*, aaO.; *Reithmann/Martiny*, aaO.

345 So auch Staudinger/*Magnus*, Art. 74 CISG, Rn. 56.

346 Schadensersatzansprüche spielen im UN-Kaufrecht eine größere Rolle als z.B. im deutschen autonomen Recht. Denn im CISG löst jede Vertragsverletzung zumindest einen Anspruch auf Ersatz des entstandenen Schadens gem. Art. 74 CISG aus, es sei denn, der vertragsbrüchige Teil kann sich ausnahmsweise entlasten (Art. 79, 80 CISG).

347 So *Herber/Czerwenka*, Art. 53 CISG, Rn. 5 zur Frage, ob das CISG die Währung der Kaufpreisverpflichtung regelt.

348 So ausdrücklich der Vertreter der schwedischen Delegation zur Ablehnung des gemeinsamen Antrags Argentiniens, Portugals und Spaniens, dem Verkäufer bei Unmöglichkeit der Zahlung in der Vertragswährung das Recht einzuräumen, Zahlung in der am Sitz des Käufers geltenden Währung zu verlangen, O.R., 362.

Doch da eine einheitsrechtliche Lösung in der Frage, in welcher Währung Schadensersatz geschuldet wird, möglich ist, erscheint es sachlich geboten, diese Frage als noch vom Regelungsbereich des Übereinkommens umfasst anzusehen. Dies gilt um so mehr, als insoweit ein Bedürfnis für eine einheitliche Regelung der Währungsfrage besteht.

Für die grundsätzliche Maßgeblichkeit der am Sitz des Gläubigers geltenden Währung spricht zunächst die Regelungsteleologie des Art. 74 S. 1 CISG. Diese Vorschrift bezweckt den Ausgleich der bei dem Gläubiger eingetretenen Nachteile. Dann muss aber auch die am Gläubigersitz geltende Währung als Wertmesser dieses Schadens herangezogen werden[349].

Dass Schadensersatz ausnahmsweise in derjenigen Währung zu zahlen ist, in welcher die Partei den Schaden erlitten hat, ergibt sich gleichfalls aus Art. 74 S. 1 CISG[350]. Nach dieser Vorschrift ist der gesamte Verlust der geschädigten Partei, einschließlich des entgangenen Gewinns, zu ersetzen (sog. Grundsatz der Totalreparation). Welcher Verlust das im Einzelnen ist, bemisst sich nach den Umständen, in denen der Geschädigte sich befindet. Zu diesen Umständen gehört auch der Währungsbereich, in dem für den Geschädigten der Schaden eingetreten ist[351].

Darüber hinaus kann sich dieser Grundsatz auch auf Art. 77 CISG stützen. Die geschädigte Partei hat danach alle den Umständen nach angemessenen Maßnahmen zur Verringerung des Schadens zu treffen (sog. Schadensminderungspflicht). Der Ersatzberechtigte hat dabei die schadensmindernden Maßnahmen im Regelfall an dem Ort vorzunehmen, wo er den Schaden erlitten hat. Dies wird regelmäßig der Währungsbereich sein, in dem der Geschädigte seinen Sitz hat. Ausnahmsweise kann dies aber auch der Währungsbereich sein, in dem er den Schaden erlitten hat.

Im obigen Beispielsfall lautet danach der vom deutschen Käufer geltend gemachte Schadensersatzanspruch auf DM. Diesem Schadensersatzanspruch steht ein Kaufpreisanspruch in US-Dollar gegenüber.

Der Beispielsfall macht deutlich, dass bei der Abwicklung eines dem UN-Kaufrecht unterstehenden Vertragsverhältnisses durchaus oft Forderungen in unterschiedlichen Währungen entstehen können, die sich verrechenbar gegenüber stehen. Entscheidend ist daher, ob die Währungsverschiedenheit der Forderungen ihrer wechselseitigen Tilgung nach den Grundsatz der Verrechnung konventi-

---

349 *Magnus*, RabelsZ 53 (1989), 116, 135; *Piltz*, Internationales Kaufrecht, § 5, Rn. 467; ähnlich auch *Frigge*, Externe Lücken, 102.

350 *Magnus*, aaO. führt als Beispiel Inkassokosten in anderer Währung an. Hat danach der Ersatzberechtigte Inkassokosten in anderer Währung aufgewendet, so soll der Schaden in dieser Währung zu bemessen sein.

351 *Magnus*, aaO.; *Reithmann/Martiny*, Internationales Vertragsrecht, Rn. 656.

onsinterner Ansprüche entgegensteht oder nicht. Nur im letzteren Fall kommt es dann noch darauf an, wie sich die Verrechnung im Einzelnen vollzieht und zu welchem Zeitpunkt die Währungsumrechnung vorzunehmen ist.

b) Freie Verrechenbarkeit währungsverschiedener Forderungen

So verschieden die jeweiligen nationalen Kodifikationen des Aufrechnungsrechts sind, so verschieden sind auch die anzutreffenden Lösungen zur Frage der Aufrechenbarkeit währungsverschiedener Forderungen. Sie reichen von der fast uneingeschränkten Verrechenbarkeit, wie sie der h.M. in der Schweiz entspricht[352], bis hin zu restriktiv gehaltenen Aufrechenbarkeit währungsverschiedener Forderungen, wie sie der h.M. in Deutschland entspricht[353].

Anders als z.B. in den genannten Rechten weist das UN-Kaufrecht keine in sich geschlossene, ausdrückliche Normierung des Aufrechnungsrechts auf. Folge ist, dass sich die Frage nicht anhand einzelner Tatbestandsmerkmale, wie beispielsweise die „Gleichartigkeit" i.S.d. § 387 BGB, sondern nur anhand einer Gesamtschau der CISG-Regelungen beantworten lässt.

Für die uneingeschränkte Verrechenbarkeit spricht vor allem ein Umkehrschluss aus Art. 84 CISG. Wie bereits zuvor ausgeführt, ist die Verrechnung teilweise in der Gegenüberstellung der Vorteilsausgleichsansprüche in den beiden Absätzen des Art. 84 CISG angelegt[354]. Da die Vorteilsausgleichung regelmäßig nur in Geld erfolgen kann, können im Rahmen des CISG auch nur Geldforderungen verrechnet werden[355]. Darüber hinaus lässt sich dem in Art. 84 CISG angelegten Verrechnungskonzept keine Beschränkung dergestalt entnehmen, dass nur Geldforderungen, die auf die gleiche Währung lauten, der wechselseitigen Tilgung unterliegen. Auch aus den Art. 58 Abs. 1, 81 Abs. 2 S. 1, 85 S. 1, 86 Abs. 1 S. 2 CISG ergibt sich keine derartige Einschränkung. Daraus folgt aber, dass währungsverschiedene Forderungen uneingeschränkt der im UN-Kaufrecht geregelten Verrechnung unterliegen[356].

Für die Annahme der freien Verrechenbarkeit währungsverschiedener Forderungen spricht weiter auch die Präambel des Kaufrechtsübereinkommens. Danach soll das Übereinkommen „... dazu beitragen (würde), die rechtlichen Hindernisse

---

352 Vgl. dazu § 4 I 3 des 2. Teils.
353 Vgl. dazu § 3 I 1 a), 2 a) des 2. Teils.
354 Vgl. dazu § 4 II 1 a).
355 Vgl. dazu § 4 II 1 a).
356 So im Ergebnis auch *Magnus*, RabelsZ 59 (1995), 469, 486, während Honsell/*Siehr*, Art. 4 CISG, Rn. 20, Schlechtriem/*Leser/Hornung*, Art. 81 CISG, Rn. 16 sowie *Weber*, in: Wiener Kaufrecht, 165, 186 auf die Frage der Verrechenbarkeit währungsverschiedener Forderungen nicht eingehen.

im internationalen Handel zu beseitigen und seine Entwicklung zu fördern ...“[357]. Unter dem Dach des CISG werden sich aber regelmäßig währungsverschiedene Forderungen des Käufers und des Verkäufers gegenüber stehen. Das Erfordernis, dass nur währungsgleiche Forderungen unter den Voraussetzungen des CISG verrechnet werden können, würde in vielen Fällen die Verrechnung ausschließen und so ein zusätzliches Hemmnis für den internationalen Handel darstellen. Die Annahme der freien Verrechenbarkeit hingegen ermöglicht für die Vertragsparteien eine ökonomisch sinnvolle Verrechnung auch von Forderungen, die auf verschiedenen Währungen lauten.

Ferner fügt sich die Annahme der freien Verrechenbarkeit währungsverschiedener Forderungen auch nahtlos in die international zu beobachtende Tendenz zur Liberalisierung der nationalen Devisenvorschriften sowie dem ständig zunehmenden Austausch in der Weltwirtschaft ein[358]. In der Europäischen Union ist mit der Wirtschafts- und Währungsunion am 1.1.1999 der weitestgehende Schritt, nämlich die Schaffung einer einheitlichen europäischen Währung, gemacht worden. Innerhalb dieses Währungsbereichs kommt es nach Ablauf der dreijährigen Übergangsfrist am 31.12.2001 auf die Frage der Verrechenbarkeit nicht mehr an, da dann die europäische Gemeinschaftswährung, der Euro, die nationalen Währungen vollständig ersetzt haben wird[359]. Aber auch im außereuropäischen Bereich lässt sich eine Tendenz hin zur Liberalisierung nationaler Devisenvorschriften feststellen.

Schließlich findet die Annahme freier Verrechenbarkeit von Forderungen, die in unterschiedlichen Währungen ausgedrückt sind, auch in vielen nationalen Rechten ihre Entsprechung. Nach den h.M. in der Schweiz, in Österreich, in England und wohl auch in Frankreich steht die Währungsverschiedenheit der Aufrechnung nicht entgegen[360]. Zwar wird in Deutschland von der h.M. die Aufrechenbarkeit währungsverschiedener Forderungen nur unter engen Voraussetzungen zugelassen[361], doch steht dieser Meinung eine immer mehr an Boden gewinnende Ansicht gegenüber, die die Aufrechnung zumindest dann zulässt, wenn die beteiligten Währungen frei konvertibel sind[362]. Mithin besteht insoweit

---

357 *Diedrich*, RIW 1995, 353, 353 spricht im Hinblick auf die Präambel sogar von einer grundlegenden ratio conventionis und obersten Regelungsziel, zwischen den Vertragsstaaten ein einheitliches Recht für den internationalen Warenkauf zu schaffen.

358 Vgl. in diesem Zusammenhang auch *Vorpeil*, RIW 1993, 529, 532 ff.

359 Vgl. zur zeitlichen Entwicklung der Europäischen Wirtschafts- und Währungsunion umfassend *Sandrock*, Beilage 1 zu Heft 8 der RIW 1997, 2 ff.

360 Vgl. dazu § 4 I 3 (Schweiz), § 4 II 3 (Österreich), § 4 III 4 (England) sowie § 4 IV 4 (Frankreich) des 2. Teils.

361 Vgl. dazu § 3 I 1 a), 2 a) des 2. Teils.

362 Vgl. dazu § 3 I 1 c), d), 2 b) des 2. Teils; vgl. dazu auch den eigenen Lösungsansatz in § 5 des 2. Teils.

nicht die Gefahr der uneinheitlichen Anwendung des Verrechnungsgrundsatzes in den Vertragsstaaten.

Aus diesen Gründen sind Forderungen in unterschiedlichen Währungen ohne weiteres zu verrechnen, wenn die Voraussetzungen der konventionsinternen Verrechnung im Übrigen gegeben sind. Dabei sollte zum Zweck der Verrechnung die niedrigere Forderung in die Währung der höheren Forderung zum maßgeblichen Umrechnungszeitpunkt umgerechnet werden. Auf den dann maßgeblichen Umrechnungszeitpunkt wird sogleich noch einzugehen sein.

Dass im Einzelfall nur Forderungen, die auf die gleiche Währung lauten, der wechselseitigen Tilgung unterliegen, kann sich aber aus der allgemeinen Vertragsfreiheit (Art. 6 CISG) sowie aus einer die Parteien bindenden Übung (Art. 9 CISG) ergeben. So können die Parteien beispielsweise im Kaufvertrag vereinbaren, dass der im UN-Kaufrecht geregelten Verrechnung konventionsinterner Ansprüche nur währungsgleiche Forderungen unterliegen sollen.

Im obigen Beispielsfall scheidet also eine Verrechnung des auf DM lautenden Schadensersatzanspruchs mit dem in US-Dollar bestehenden Kaufpreisanspruch nicht wegen der Währungsverschiedenheit der beteiligten Forderungen aus.

c) Umrechnung der Währungen

Das dem Art. 84 Abs. 1 und 2 CISG zugrunde liegende Verrechnungskonzept gibt nicht nur zur Frage der Verrechenbarkeit, sondern auch zur Umrechnung der Währungen Auskunft.

Die im UN-Kaufrecht geregelte Verrechnung findet ihre normative Fundierung in der Gegenüberstellung der Vorteilsausgleichsansprüche in den beiden Absätzen der vorgenannten Vorschrift[363]. Davon ausgehend kann die Tilgungswirkung logisch frühestens zu dem Zeitpunkt eintreten, an dem sich die Forderungen überhaupt im Gegenseitigkeitsverhältnis gegenübertreten. Daraus folgt aber, dass erst dann, wenn beide Forderungen zur Entstehung gelangt sind, diese der wechselseitigen Verrechnung nach den zuvor genannten Grundsätzen unterliegen. Wann eine Forderung zur Entstehung gelangt, beurteilt sich nach der jeweiligen Rechtsnatur der Forderung.

Maßgeblich für die Umrechnung der Währungen ist folglich der Zeitpunkt der Entstehung der letzten Forderung. Für die Umrechnung ist der zu diesem Zeitpunkt geltende amtliche Devisenkurs maßgeblich[364].

---

363 Vgl. § 4 II 1 a).

364 Ähnlich auch *Magnus*, RabelsZ 59 (1995), 469, 486, der auf das Wirksamwerden der Aufrechnung abstellt. Dagegen gehen Honsell/*Siehr*, Art. 4 CISG, Rn. 20; Schlechtriem/*Leser/Hornung*, Art. 81 CISG, Rn. 16, sowie *Weber*, in: Wiener Kaufrecht, 165, 186 auf diese Frage ebensowenig ein wie auf die Frage der Verrechenbarkeit währungsverschiedener Forderungen selbst.

Für diesen Zeitpunkt spricht auch, dass damit eine genaue Bestimmung des Umrechnungszeitpunkts der Währungen möglich ist. Wann beispielsweise ein Kaufpreisanspruch oder ein Schadensersatzanspruch entstanden ist, lässt sich ggf. ohne große Schwierigkeiten beweisen. Insoweit genügt dieser Umrechnungszeitpunkt auch dem sich aus der Präambel ergebenen Gebot, die rechtlichen Hindernisse im internationalen Handel zu beseitigen und seine Entwicklung zu fördern.

Anders als z.B. im schweizerischen, österreichischen oder deutschen Recht kann für die Bestimmung des Umrechnungszeitpunkts dagegen nicht eine entsprechende Gestaltungserklärung des Verrechnenden bzw. des Aufrechnenden zur Hilfe genommen werden. Denn das UN-Kaufrecht folgt nicht dem Modell des Vollzuges der Aufrechnung durch Erklärung des Verrechnenden bzw. Aufrechnenden[365].

Maßgeblich für die Umrechnung des auf US-Dollar lautenden Kaufpreisanspruchs und des auf DM lautenden Schadensersatzanspruchs im obigen Beispielsfall ist daher der Zeitpunkt der Entstehung des Schadensersatzanspruchs. Für die Umrechnung der beteiligten Währungen gilt, dass die niedrigere Forderung in die Währung der höheren Forderung zu dem an diesem Tag geltenden amtlichen Devisenkurs umzurechnen ist. Anschließend greift dann die wechselseitige Tilgung der Forderungen Platz. Dabei tilgen sich die Forderungen bis zum Betrag der niedrigeren.

III. Verhältnis zu anderen Regelungen

Nach der hier vertretenen Ansicht ist in den Art. 58 Abs. 1, 81 Abs. 2 S. 2, 84, 85 S. 2, 86 Abs. 1 S. 2 CISG nur die Verrechnung konventionsinterner, nicht aber auch die konventionsexterner Ansprüche geregelt[366].

Für die Frage eines möglichen Konflikts mit anderen internationalen Abkommen, die die Aufrechnung gleichfalls regeln, ist entsprechend zu unterscheiden[367]. Ein Konflikt des CISG mit anderen Übereinkommen scheidet für den

---

365 Vgl. dazu § 4 II 3 e).

366 So auch Honsell/*Siehr*, Art. 4 CISG, Rn. 20 f.; Schlechtriem/*Leser/Hornung*, Art. 81 CISG, Rn. 16; Staudinger/*Magnus*, Art. 4 CISG, Rn. 46 f.; *Weber*, in: Wiener Kaufrecht, 165, 186; ähnlich Schlechtriem/*Bacher*, Art. 78 CISG, Rn. 19, wonach die Zinspflicht unabhängig von der Frage der Aufrechnungsbefugnis schon dann wegfallen soll, wenn (und soweit) sich zwei fällige Zahlungsansprüche gegenüberstehen und es sich um Ansprüche aus demselben Vertrag handelt.

367 Für das Verhältnis CISG/EVÜ ergibt sich die Notwendigkeit der Differenzierung bereits aus Art. 90 CISG. Nach dieser Kompatibilitätsklausel tritt das Übereinkommen gegenüber völkerrechtlichen Übereinkünften, „die Bestimmungen über in diesen Übereinkommen geregelte Gegenstände enthalten", zurück.

Regelfall, nämlich für die Aufrechnung von Zahlungsansprüchen, die nicht dem CISG unterliegen, schon von vornherein aus, da das UN-Kaufrecht für diesen Fall keinen Regelungsanspruch erhebt. Demgegenüber erhebt das Wiener Kaufrechtsübereinkommen den Anspruch, die Aufrechnung abschließend zu regeln, wenn sich zwei gegenseitige Zahlungsansprüche aus einem dem CISG unterliegenden Vertragsverhältnis gegenüberstehen. In diesem Fall kann es also zu Konventionenkonflikten kommen.

Die Frage, ob und ggf. in welchem Umfang das Haager Kaufrecht als Vorläufer des Wiener Kaufrechts die Aufrechnung regelt, kann hier offengelassen werden, da das Verhältnis der beiden Kaufrechtsübereinkommen zueinander im CISG besonders geregelt wurde. Nach Art. 99 Abs. 3 - 6 CISG muss ein Staat, der dem UN-Kaufrecht beitritt, das Haager Einheitliche Kaufrecht verlassen[368]. Kollisionen beider Übereinkommen werden dadurch schon von vornherein ausgeschlossen[369].

Die Aufrechnung ist kollisionsrechtlich dagegen in Art. 10 Abs. 1 lit. d EVÜ bzw. Art. 32 Abs. 1 Nr. 4 EGBGB ausdrücklich geregelt[370], da zu den „verschiedenen Arten des Erlöschens der Verpflichtungen“ auch die Aufrechnung zählt, da sie beide Forderungen zum Erlöschen bringt[371]. Der zumindest teilweisen Regelung der Verrechnung im UN-Kaufrecht steht also eine kollisionsrechtliche Regelung der Aufrechnung im EVÜ bzw. EGBGB gegenüber. Es stellt sich daher die Frage, in welchem Verhältnis das CISG einerseits zum autonomen deutschen Verweisungsrecht und andererseits zum vereinheitlichten Kollisionsrecht steht.

1. Verhältnis zu Art. 32 Abs. 1 Nr. 4 EGBGB

Die Frage, ob den einheitsrechtlichen Vorschriften des CISG, die die Verrechnung konventionsinterner Ansprüche betreffen, gegenüber Art. 32 Abs. 1 Nr. 4 EGBGB Vorrang einzuräumen ist, stellt sich immer dann, wenn ein deutsches Gericht über gegenseitige Zahlungsansprüche aus einem dem CISG unterliegenden Vertragsverhältnis zu befinden hat. Nur in diesem Fall kommt es darauf an,

---

368 Bianca/Bonell/*Evans*, Art. 99 CISG, Anm. 2.1; *Enderlein/Maskow/Strohbach*, Art. 99 CISG, Anm. 7; *Herber/Czerwenka*, Art. 99 CISG, Rn. 2; Honsell/*Siehr*, Art. 99 CISG; *Reinhart*, Art. 99 CISG, Rn. 4; Staudinger/*Magnus*, Art. 99 CISG, Rn. 3.

369 Staudinger/*Magnus*, Art. 90 CISG, Rn. 8.

370 *v.Bar*, Internationales Privatrecht, Bd. 2, Rn. 547; *v.Hoffmann*, Internationales Privatrecht, § 10, Rn. 87; *Frigge*, Externe Lücken, 78; *Kindler*, IPRax 1996, 16, 20; *Kropholler*, Internationales Privatrecht, § 52 VII 5; *Reithmann/Martiny*, Internationales Vertragsrecht, Rn. 283.

371 BegrRegE zu Art. 32 EGBGB, BT-Drucks. 10/504, 82

ob das Gericht auf den allgemeinen Grundsatz der Verrechnung konventionsinterner Ansprüche selbst zugreifen kann oder ob es das nach Art. 32 Abs. 1 Nr. 4 EGBGB berufene Vertragsstatut für die Frage der Aufrechnung konsultieren muss.

Eine Lösung für den genannten Anwendungskonflikts ergibt sich unmittelbar aus den Regelungen des deutschen Verweisungsrechts. Art. 32 Abs. 1 Nr. 4 EGBGB geht wie auch die übrigen Vorschriften des Schuldvertragsrechts darauf zurück, dass anlässlich der IPR-Reform des Jahrs 1986 das EG-Schuldvertragsübereinkommen (EVÜ)[372] in das autonome deutsche Kollisionsrecht inkorporiert wurde[373]. Das EVÜ gilt also in der Bundesrepublik Deutschland nicht unmittelbar, sondern nur mittelbar in der in das EGBGB inkorporierten Form[374]. Aus diesem Grund handelt sich bei Art. 32 Abs. 1 Nr. 4 EGBGB um autonomes deutsches Recht.

Ob diese Vorschrift gegenüber den einheitsrechtlichen Normen des CISG Anwendungsvorrang genießt oder aber hinter diesen zurücktritt, beurteilt sich demzufolge nach Art. 3 Abs. 2 S. 1 EGBGB[375]. Nach dieser Rangkollisionsnorm gehen unmittelbar geltende Staatsverträge den Bestimmungen des EGBGB vor. Da es sich bei dem Kaufrechtsübereinkommen um einen derartigen Staatsvertrag handelt[376], gehen die Normen, in denen der allgemeine Grundsatz der Verrechnung konventionsinterner Ansprüche fundiert ist, dem von Art. 32 Abs. 1 Nr. 4 EGBGB berufenen Vertragsstatut vor. Auf die Kompatibilitätsklausel in Art. 90 CISG kommt es nicht an[377].

Wenn ein deutsches Gericht also über Zahlungsansprüche der Parteien aus einem dem CISG unterliegenden Vertragsverhältnis zu entscheiden hat, ist nicht das anwendbare nationale Recht zu konsultieren, sondern ist vielmehr auf die Art. 58 Abs. 1, 81 Abs. 2 S. 2, 84, 85 S. 2, 86 Abs. 1 S. 2 CISG selbst zurückgreifen.

---

372 BGBl. 1986 II 809.

373 *v.Hoffmann*, Internationales Privatrecht, § 10, Rn. 22; *Kropholler*, Internationales Privatrecht, § 52 I; Palandt/*Heldrich*, Vorbem. zu Art. 27 EGBGB, Rn. 1; *Reithmann/Martiny*, Internationales Vertragsrecht, Rn. 3.

374 Aufgrund des deutschen Vorbehaltes in Art. 1 Abs. 2 des Zustimmungsgesetzes zum EVÜ ist das Übereinkommen nicht unmittelbar anwendbar, obwohl es seit dem 1.4.1991 völkerrechtlich in Kraft ist.

375 Für einen Vorrang des CISG gegenüber dem EGBGB auch *v.Bar*, Internationales Privatrecht, Bd. 2, Rn. 405; Staudinger/*Magnus*, Art. 90 CISG, Rn. 17.

376 *v.Bar*, aaO.; Staudinger/*Magnus*, aaO.

377 *v.Bar*, aaO.

2. Verhältnis zu Art. 10 Abs. 1 lit. d EVÜ

Demgegenüber stellt sich in Staaten, die sowohl das Wiener Kaufrechtsübereinkommen als auch das EVÜ übernommen haben, ohne das letztere Abkommen in ihr autonomes Kollisionsrecht inkorporiert zu haben, die Frage nach dem Verhältnis der CISG-Vorschriften, die die Verrechnung konventionsinterner Ansprüche betreffen, zu Art. 10 Abs. 1 lit. d EVÜ.

Wie auch im Verhältnis des CISG zum deutschen EGBGB stellt sich die Frage, ob ein Gericht eines solchen Staates auf den allgemeinen Grundsatz der Verrechnung konventionsinterner Ansprüche selbst zurückgreifen kann oder ob es das nach Art. 10 Abs. 1 lit. d EVÜ berufene Vertragsstatut für die Frage der Aufrechnung anzuwenden hat. Doch im Unterschied zum Verhältnis des CISG zum deutschen Verweisungsrecht, ist es schwieriger zu entscheiden, ob der Vorrang der materiellrechtlichen Normen des Einheitskaufrechts auch gegenüber Art. 10 Abs. 1 lit. d EVÜ gilt.

Das Verhältnis des UN-Kaufrechts zu kollisionsrechtlichen Staatsverträgen wird im Schriftum zum einen im Zusammenhang mit dem Haager Übereinkommen betreffend das auf internationale Kaufverträge anzuwendende Recht vom 15.6.1955[378] sowie zum anderen im Zusammenhang mit dem EVÜ diskutiert[379]. Während sich aber die Diskussion über den Anwendungsvorrang des CISG gegenüber dem Haager IPR-Abkommen von 1955 vor allem auf die Frage konzentriert, ob dieses Übereinkommen als „völkerrechtliche Übereinkunft" i.S.d. Art. 90 CISG einzuordnen ist und deshalb dem CISG vorgeht[380], stellt sich im Verhältnis des CISG zum EVÜ darüber hinaus noch die Frage, ob und ggf. inwieweit die mit Art. 90 CISG vergleichbare Kompatibilitätsklausel des Art. 21 EVÜ[381] zur Lösung des Anwendungskonflikts zu berücksichtigen ist[382].

---

378 Die Bundesrepublik Deutschland hat das Haager IPR-Abkommen von 1955 bisher nicht ratifiziert. Es ist aber für Belgien, Dänemark, Finnland, Frankreich, Italien, Niger, Norwegen, Schweden sowie für die Schweiz in Kraft. Das neuere Haager IPR-Abkommen von 1986 ist dagegen (noch) nirgends in Kraft.

379 Vgl. zum Verhältnis CISG/Haager IPR-Übereinkommen von 1955 nur *Bonell*, Jb.it.R. 3 (1990), 117 ff.; *Honnold*, Uniform Law, Rn. 464 ff.; *Kindler*, RIW 1988, 776, 780; *Vékás*, IPRax 1987, 342, 343 sowie zum Verhältnis CISG/EVÜ nur *Frigge*, Externe Lücken, 47 ff.; *Jayme/Kohler*, IPRax 1989, 327, 344 f. Dagegen ist das Verhältnis des CISG zum neuem Haager IPR-Abkommen von 1986 nicht Gegenstand einer eingehenden wissenschaftlichen Diskussion. Dies liegt zum einen daran, dass das Nachfolgeabkommen bisher noch nirgends in Kraft ist. Zum anderen lässt das Haager IPR-Abkommen von 1986 nach seinem Art. 23 das UN-Kaufrecht unberührt.

380 So etwa *Bonell*, aaO.; *Kindler*, aaO.

381 Art. 21 EVÜ lautet: „Dieses Übereinkommen berührt nicht die Anwendung internationaler Übereinkommen, denen ein Vertragsstaat angehört oder angehören will."

a) Restriktive Auslegung des Art. 90 CISG

Im Schriftum wird überwiegend eine eher restriktive Auslegung des Art. 90 CISG befürwortet. Mit den „völkerrechtlichen Übereinkünften" i.S.d. der genannten Vorschrift sollen nur materiellrechtliche, nicht aber auch kollisionsrechtliche Übereinkommen gemeint sein[383]. Dem CISG sei daher ein Anwendungsvorrang sowohl gegenüber dem Haager IPR-Abkommen von 1955 als auch gegenüber dem EVÜ einzuräumen[384].

Folgt man dieser Auffassung, so würde das CISG als materielles Kaufrechtsübereinkommen dem EVÜ als Kollisionsrechtsabkommen stets vorgehen. Auf die Vorschrift des Art. 21 EVÜ käme es deshalb nicht an[385]. Das EVÜ würde also nur dann Anwendung finden, wenn eine Rechtsmaterie nicht mehr vom Regelungsbereich des UN-Kaufrechts umfasst wird oder dieses selbst die Vorschaltung der internationalprivatrechtlichen Regeln anordnet (Art. 1 Abs. 1 lit. b CISG)[386].

b) Extensive Auslegung des Art. 90 CISG

Teilweise wird im Schriftum die Vorschrift des Art. 90 CISG auch extensiv ausgelegt. Der Begriff der „völkerrechtlichen Übereinkünfte" soll danach nicht nur sachrechtliche, sondern auch kollisionsrechtliche Staatsverträge erfassen[387]. Aus diesem Grund sei von einem Anwendungsvorrang kollisionsrechtlicher Übereinkommen gegenüber dem Einheitskaufrecht auszugehen, wenn beide Parteien in verschiedenen Vertragsstaaten der kollisionsrechtlichen Abkommen ihre Niederlassung haben. Kollisionsrechtliche Staatsverträge, wie beispielsweise das

382 So etwa *Herber/Czerwenka*, Art. 90 CISG, Rn. 3; Staudinger/*Magnus*, Art. 90 CISG, Rn. 17.

383 *v.Bar*, Internationales Privatrecht, Bd. 2, Rn. 405; *Bonell*, Jb.it.R. 3 (1990), 117, 117; *Frigge*, Externe Lücken, 48; *Honnold*, Uniform Law, Rn. 464.3; Honsell/*Siehr*, Art. 90 CISG, Rn. 6; *Jayme/Kohler*, IPRax 1989, 337, 345; *Kindler*, RIW 1988, 776, 780; Schlechtriem/*Ferrari*, Art. 90 CISG, Rn. 4.

384 Für das Verhältnis CISG/Haager IPR-Abkommen: *Bonell*, aaO.; *Honnold*, aaO.; Honsell/*Siehr*, Art. 90 CISG, Rn. 5. Für das Verhältnis CISG/EVÜ: *v.Bar*, aaO.; *Frigge*, aaO.; Honsell/*Siehr*, Art. 90 CISG, Rn. 6; *Jayme/Kohler*, aaO.; Schlechtriem/*Ferrari*, aaO.

385 Davon gehen inzident aus *Frigge*, aaO.; Honsell/*Siehr*, aaO.; Schlechtriem/*Ferrari*, aaO.

386 Honsell/*Siehr*, aaO.

387 *Czerwenka*, Rechtsanwendungsprobleme, 163; *Enderlein/Maskow/Strohbach*, Art. 90 CISG, Anm. 4; *Herber/Czerwenka*, Art. 90 CISG, Rn. 3; wohl auch Staudinger/*Magnus*, Art. 90 CISG, Rn. 5.

Haager IPR-Abkommen von 1955 sowie das EVÜ, seien also stets dem CISG vorzuschalten[388].

Das EVÜ weise aber eine dem Art. 90 CISG vergleichbare Kompatibilitätsklausel in Art. 21 EVÜ auf. Da das EVÜ nach dieser Vorschrift gleichfalls nicht die Anwendung anderer internationaler Abkommen berühre, sei dieser negative Anwendungskonflikt zugunsten des UN-Kaufrechts als des spezielleren Abkommens zu lösen[389].

c) Sachliche Überlegenheit des materiellen Einheitsrechts

Darüber hinaus wird vor allem im älteren Schrifttum die Ansicht vertreten, dass materielles Einheitsrecht jedem einheitlichen oder unvereinheitlichten Kollisionsrecht sachlich überlegen ist[390]. Da vereinheitlichte Sachnormen im internationalen Rechtsverkehr dazu beitragen würden, einen kollisionsrechtlichen Umweg zu vermeiden und bei unvereinheitlichen Kollisionsnormen die nationalen Verschiedenheiten des IPR zu überwinden, sei von einem grundsätzlichen Anwendungsvorrang des materiellen Einheitsrechts auszugehen[391]. Eine vereinheitlichte Sachnorm verdränge im Rahmen ihres örtlichen und sachlichen Anwendungsbereichs jede konkurrierende Kollisionsnorm, sei diese einheitlich oder nicht einheitlich[392].

Folgt man dieser Schriftumsansicht, so käme es für die Frage des Verhältnisses des CISG zum EVÜ weder auf Art. 90 CISG noch auf Art. 21 EVÜ an. Vielmehr gingen die einheitsrechtlichen Vorschriften des CISG, die die Verrechnung konventionsinterner Ansprüche betreffen, schon wegen ihrer sachlichen Überlegenheit dem Art. 10 Abs. 1 lit. d EVÜ vor.

d) Diskussion

Das UN-Kaufrecht geht nach seinem Art. 90 CISG bereits geschlossenen oder erst in Zukunft zu schließenden völkerrechtlichen Übereinkünften, welche Bestimmungen über die in diesem Übereinkommen geregelten Gegenstände enthalten, nicht vor, sofern die Parteien ihre Niederlassung in Vertragsstaaten einer

---

388 *Czerwenka*, aaO.; *Herber/Czerwenka*, aaO.

389 *Herber/Czerwenka*, aaO.; so ausdrücklich Staudinger/*Magnus*, Art. 90 CISG, Rn. 17.

390 *Majoros*, RabelsZ 46 (1982), 84, 92 f.; *Zweigert/Drobnig*, RabelsZ 29 (1965), 146, 148.

391 *Zweigert/Drobnig*, aaO.

392 *Majoros*, RabelsZ 46 (1982), 84, 93; *Zweigert/Drobnig*, RabelsZ 29 (1965), 146 150.

solchen Übereinkunft haben. Wenn das CISG aber bestimmt, dass es früheren oder späteren Abkommen zum gleichen Gegenstand nicht berührt, dann bedeutet das, dass diese dem CISG vorgehen[393].

Ein Vorrang des EVÜ ergebe sich daher direkt aus Art. 90 CISG, wenn es sich bei diesem kollisionsrechtlichen Abkommen um eine „völkerrechtliche Übereinkunft" i.S.d. Einheitskaufrechts handeln würde[394]. Ein Rückgriff auf Art. 21 EVÜ wäre dann nicht notwendig. Der Begriff der völkerrechtlichen Übereinkunft („international agreement") ist also dahingehend auszulegen, ob dieser nur sachrechtliche oder auch kollisionsrechtliche Übereinkommen erfasst[395].

Zum Kanon einer konventionskonformen Auslegungsmethode gehört, wie bereits zuvor dargestellt, die grammatikalische, systematische, historische und teleologische Interpretation. Weiterhin gehören hierzu die unechte Rechtsvergleichung sowie die echte Rechtsvergleichung in Fällen, in denen nachweisbar nationale Begriffe oder Lösungen bei der Redaktion einzelner Normen des Übereinkommens Pate gestanden haben[396].

Die grammatikalische Auslegung nur des Begriffs der völkerrechtlichen Übereinkünfte führt hier nicht weiter. Denn wenn das Kaufrechtsübereinkommen von völkerrechtlichen Übereinkünften spricht, so ergibt sich daraus keine etwaige Beschränkung auf materiellrechtliche Abkommen. Vielmehr können unter diesem Begriff mühelos auch kollisionsrechtliche Übereinkommen gefasst werden.

Art. 90 CISG spricht aber weiterhin davon, dass die dem CISG vorgehenden Übereinkünfte Bestimmungen enthalten müssen, die im UN-Kaufrecht „geregelte Gegenstände" („matters governed by this Convention") betreffen. Was das CISG aber regelt, umschreibt es in seinem Art. 4 S. 1 CISG. Nach dieser Vorschrift umfasst der Regelungsbereich des Übereinkommens den Abschluss des Kaufvertrages sowie die aus ihm erwachsenen Rechte und Pflichten der Vertragsparteien. Auch wenn das CISG einzelne kollisionsrechtliche Fragen regelt, so beschränkt es seinen Regelungsbereich doch im Kern auf materiellrechtliche Fragen des internationalen Warenkaufs[397]. Ein kollisionsrechtlicher Staatsvertrag, wie z.B. das EVÜ, kann aus diesem Grund aber keine im Kaufrechtsübereinkommen „gere-

---

393 Bianca/Bonell/*Evans*, Art. 90 CISG, Anm. 2.1; *Enderlein/Maskow/Strohbach*, Art. 90 CISG, Anm. 1; *Herber/Czerwenka*, Art. 90 CISG, Rn. 2; *Reinhart*, Art. 90 CISG, Rn. 1; Schlechtriem/*Ferrari*, Art. 90 CISG, Rn. 2; Staudinger/*Magnus*, Art. 90 CISG, Rn. 1.

394 So audrücklich *Frigge*, Externe Lücken, 47 f.

395 So auch *Bonell*, Jb.it.R. 3 (1990), 117, 117; *Frigge*, aaO.; wohl auch *Jayme*, IPRax 1989, 332, 333, Fn. 8.

396 Vgl. dazu § 2 III 2 b).

397 Staudinger/*Magnus*, Art. 4 CISG, Rn. 15.

gelte Gegenstände" i.S.d. Art. 90 CISG betreffen[398]. Vielmehr ergibt sich schon aus dem Wortlaut der einheitsrechtlichen Norm eine Beschränkung auf materiellrechtliche Abkommen.

Für diese Sicht sprechen weiterhin die Regelungen über die Anwendung des Kaufrechtsübereinkommens. Das CISG kommt nach Art. 1 Abs. 1 lit. a CISG ohne Vorschaltung der Regeln des IPR dann zur Anwendung, wenn die Parteien ihre Niederlassung in Vertragsstaaten des Übereinkommens haben. Wenn das CISG als materiellrechtliches Übereinkommen den Anspruch erhebt, auf internationale Warenkaufverträge unter bestimmten Voraussetzungen auch direkt Anwendung zu finden, kann das Kaufrechtsübereinkommen aber nicht so verstanden werden, dass es gleichzeitig auch den Vorrang anderer kollisionsrechtlicher Abkommen auf demselben Rechtsgebiet anerkennt[399]. Vielmehr beschränkt das CISG die Vorschaltung von kollisionsrechtlichen Übereinkommen gem. Art. 1 Abs. 1 lit. b CISG auf Fälle, in denen das CISG nicht schon aufgrund seiner autonomen Anwendungsvoraussetzungen gilt[400]. Aus den genannten Regelungen über die Anwendung des UN-Kaufrechts folgt somit auch, dass Art. 90 CISG nur materiellrechtlichen, nicht aber auch kollisionsrechtlichen Staatsverträgen Anwendungsvorrang einräumt[401].

Für die Beschränkung auf materiellrechtliche Konventionen spricht auch die Entstehungsgeschichte der Vorschrift. Art. 90 CISG wurde auf der Wiener Vertragskonferenz von 1980 ohne eine eingehende Diskussion verabschiedet[402]. Vorbild war Art. 37 UN-Verjährungskonvention[403]. Die Kommentierung im Sekretariatskommentar zu Art. 37 UN-Verjährungskonvention ging davon aus, dass unter die genannte Vorrangklausel nur solche Übereinkommen gefasst werden sollten, die vereinheitlichte Sachnormen enthalten[404]. Der vom UN-Generalsekretariat vorbereitete Entwurf wurde auf der Wiener Konferenz nur einmal geändert. Auf Antrag der UdSSR wurde die Formulierung „over conventions"

---

398 *Honnold*, Uniform Law, Rn. 464.3 weist im Zusammenhang mit dem Haager IPR-Abkommen von 1955 zutreffend darauf hin, dass das IPR-Abkommen keine Bestimmungen „on inspection, notification and related rules of the law of sales" enthält; ähnlich auch Schlechtriem/*Ferrari*, Art. 90 CISG, Rn. 4.

399 *Bonell*, Jb.it.R. 3 (1990), 117, 118; *Frigge*, Externe Lücken, 48; *Jayme/Kohler*, IPRax 1989, 337, 345.

400 *Jayme/Kohler*, aaO.

401 *Bonell*, aaO.; *Frigge*, aaO.; *Jayme/Kohler*, aaO.

402 Vgl. O.R., 142.

403 Bianca/Bonell/*Evans*, Art. 90 CISG, Anm. 1.1; *Bonell*, aaO.; *Frigge*, aaO.; *Herber/Czerwenka*, Art. 90 CISG, Rn. 1; Schlechtriem/*Ferrari*, Art. 90 CISG, Rn. 1; Staudinger/*Magnus*, Art. 90 CISG, Rn. 1.

404 Vgl. Sekretariatskommentar zu Art. 37 UN-Verjährungskonvention (1979), Yearbook UNCITRAL, 145, 171.

durch „over any international agreement“ ersetzt[405]. Dadurch sollte sichergestellt werden, dass die Regelungen betreffend bestimmte Warenkategorien oder die Allgemeinen Bedingungen für Warenlieferungen zwischen den RGW-Mitgliedsstaaten, nicht vom CISG verdrängt würden[406]. Sowohl die fehlende Diskussion zu Art. 90 CISG auf der Wiener Konferenz als auch der Umstand, dass diese Norm an Art. 37 UN-Verjährungskonvention angelehnt war, die ihrerseits nur materiellrechtliche Abkommen erfassen sollte, legt den Schluss nahe, dass die Delegierten auf der Wiener Konferenz Art. 90 CISG eher im restriktiven Sinne verstanden haben[407].

Nach der Präambel des CISG soll die Rechtsvereinheitlichung des internationalen Warenkaufs dazu beitragen, die rechtlichen Hindernisse im internationalen Handel zu beseitigen und seine Entwicklung zu fördern. Diesem obersten Regelungsziel der Kaufrechtskonvention, nämlich ein einheitliches Sachrecht für internationale Warenkaufverträge in den Vertragsstaaten zu verwirklichen[408], würde aber nicht entsprochen, wenn dem CISG stets kollisionsrechtliche Übereinkommen vorzuschalten wären. Vielmehr verlangt die Berücksichtigung der Präambel ein anderes Verständnis des Art. 90 CISG. Das CISG als materielles Rechtsvereinheitlichungsübereinkommen räumt nur anderen materiellrechtlichen Rechtsvereinheitlichungsabkommen auf dem Gebiet des internationalen Warenkaufs Vorrang ein, wenn beide Parteien ihre Niederlassung in einem Vertragsstaat eines solchen Abkommens haben[409].

Auch neuere Rechtsvereinheitlichungsabkommen regeln wie auch das UN-Kaufrechtsübereinkommen ihr Verhältnis zu anderen materiellrechtlichen Abkommen. So weisen z.B. das Genfer Übereinkommen über die Stellvertretung im internationalen Kaufrecht in Art. 23 sowie das Unidroit-Übereinkommen von Ottawa zum internationalen Factoring in Art. 15 CISG eine dem Art. 90 CISG entsprechende Kompatibilitätsklausel auf.

Nach der hier vertretenen Ansicht bedarf es also für die Beantwortung der Frage, ob das CISG dem EVÜ vorgeht oder nicht, weder eines Rückgriffs auf Art. 21 EVÜ noch eines weiteren Rückgriffs auf den allgemeinen Grundsatz „lex specialis derogat legi generali“, da sich bereits dem CISG selbst eine Lösung für den genannten Anwendungskonflikt entnehmen lässt. Das CISG geht als materielles Kaufrecht dem EVÜ als Kollisionsrechtsabkommen vor. Für die Anwen-

---

405 O.R., 142.

406 *Reinhart*, Art. 90 CISG, Rn. 2; Staudinger/*Magnus*, Art. 90 CISG, Rn. 2.

407 So im Ergebnis auch *Bonell*, aaO. sowie *Frigge*, aaO.

408 *Diedrich*, RIW 1995, 353, 353 spricht in diesem Zusammenhang sogar von einer grundlegenden „ratio conventionis“.

409 So im Ergebnis auch *Kindler*, RIW 1988, 776, 780; Schlechtriem/*Ferrari*, Art. 90 CISG, Rn. 4.

dung des EVÜ bleibt daher nur dann Raum, wenn entweder eine Rechtsmaterie nicht mehr vom Regelungsbereich des UN-Kaufrechts umfasst wird oder das CISG selbst die Vorschaltung der internationalprivatrechtlichen Regeln anordnet (Art. 1 Abs. 1 lit. b CISG)[410].

Für die Frage des Verhältnisses zwischen den einheitsrechtlichen Vorschriften des UN-Kaufrechts, die die Verrechnung konventionsinterner Ansprüche betreffen, und Art. 10 Abs. 1 lit. d EVÜ ergibt sich somit ein Vorrang der Normen des Einheitskaufrechts. Wenn also ein Gericht in einem Staat, der sowohl das CISG als auch das EVÜ übernommen hat, ohne das letztere Abkommen in sein nationales Kollisionsrecht inkorporiert zu haben, über die Zahlungsansprüche der Parteien aus einem dem CISG unterliegenden Vertragsverhältnis zu entscheiden hat, ist auf die Art. 58 Abs. 1, 81 Abs. 2 S. 2, 84, 85 S. 2, 86 Abs. 1 S. 2 CISG selbst zurückzugreifen. Eines Rückgriffs auf das nach Art. 10 Abs. 1 lit. d EVÜ berufenen nationalen Rechts bedarf es dann nicht.

§ 5 Die Aufrechnung konventionsexterner Ansprüche

I. Die Aufrechnung als nicht im Übereinkommen geregelte Frage

Wie zuvor dargestellt, umfasst der Regelungsbereich des UN-Kaufrechts die Verrechnung konventionsinterner Ansprüche[411]. Den Art. 58 Abs. 1, 81 Abs. 2 S. 2, 84, 85 S. 2, 86 Abs. 1 S. 2 CISG lässt sich zudem der allgemeine Grundsatz des Übereinkommens entnehmen, dass gegenseitige Zahlungsansprüche aus einem dem CISG unterliegenden Vertragsverhältnis wechselseitig zu verrechnen sind[412].

Abgesehen von diesem Fall fällt die Aufrechnung nicht in den Regelungsbereich des Kaufrechtsübereinkommens[413]. Dies folgt bereits daraus, dass sich die in verschiedenen Konventionsvorschriften zum Ausdruck kommenden Grundsätze der Zug-um-Zug-Erfüllung sowie des Zurückbehaltungsrechts, deren direkte Fortsetzung die Verrechnung konventionsinterner Ansprüche bildet, selbst nur auf konventionsinterne Forderungen beschränken[414]. Auch dem Art. 84 CISG

410 Honsell/*Siehr*, Art. 90 CISG, Rn. 6.
411 Vgl. § 4 II 1.
412 Vgl. § 4 II 2.
413 So auch diejenigen, die die Aufrechnung konventionsinterner Ansprüche als vom Übereinkommen geregelte Frage auffassen; vgl. nur *Achilles*, UN-Kaufrecht, Art. 4 CISG, Rn. 10; *Burkart*, Interpretatives Zusammenwirken von CISG und UNIDROIT-Principles, 199; Honsell/*Siehr*, Art. 4 CISG, Rn. 21; Staudinger/*Magnus*, Art. 4 CISG, Rn. 47; *ders.*, ZEuP 1997, 823, 831.
414 Vgl. § 4 II 1 c).

lässt sich nicht entnehmen, dass es sich beim Rechtsinstitut der Aufrechnung generell um Kaufrechtsmaterie handelt[415].

Dass es sich bei der Aufrechnung grundsätzlich um eine nicht geregelte Frage bzw. um eine externe Lücke des Übereinkommens handelt, entspricht der vorherrschenden Meinung in Rechtsprechung[416] und Literatur[417]. Sie wird auch im ausländischen Schriftum überwiegend vertreten[418]. Es bleibt daher noch zu klären, welches Recht für die grundsätzlich außerhalb des Kaufrechtsübereinkommens stehende Aufrechnung maßgeblich ist.

II. Maßgeblichkeit des allgemeinen Vertragsstatuts

1. Entsprechende Anwendung des Art. 7 Abs. 2 CISG

Anders als für Regelungslücken, für die sich keine entsprechenden allgemeinen Grundsätze auffinden lassen, findet sich für Rechtsfragen, die von vornherein außerhalb des Regelungsbereichs des Kaufrechtsübereinkommens stehen, keine dem Art. 7 Abs. 2 CISG vergleichbare Regelung[419]. Während Art. 7 Abs. 2 CISG für die nicht autonom zu schließenden Regelungslücken auf das nach dem IPR des Forums anwendbare nationale Recht verweist, scheidet eine direkte Anwendung der genannten Vorschrift auf nicht geregelte Fragen aus. Grund dafür ist, dass Art. 7 Abs. 2 CISG sowohl die autonome als auch die internationalprivatrechtliche Lückenfüllung nur für Rechtsfragen vorsieht, die noch innerhalb des Regelungsbereichs des UN-Kaufrechts liegen[420]. Für die grundsätzlich außerhalb des Regelungsbereichs liegende Frage der Aufrechnung kommt daher allenfalls eine entsprechende Anwendung des Art. 7 Abs. 2 CISG mit der Folge in Betracht, dass dann das nach dem IPR des Forums verwiesene nationale Recht anzuwenden ist.

Für eine entsprechende Anwendung der Lückenfüllungsvorschrift spricht zunächst, dass das CISG keinen Hinweis darauf enthält, wie im Bereich der nicht geregelten Fragen von der Maßgeblichkeit des IPR für internationale Sachverhalte abzuweichen wäre[421].

---

415 Vgl. § 4 II 1 a).

416 Vgl. nur OLG Hamm 9.06.1995, RIW 1996, 689, 690; OLG Stuttgart 21.08.1995, IPRax 1996, 139, 139; LG Duisburg 17.04.1996, RIW 1994, 774, 776.

417 Vgl. nur *Enderlein/Maskow/Strohbach*, Art. 88 CISG, Anm. 9; *Kindler*, IPRax 1996, 16, 19; *Piltz*, Internationales Kaufrecht, § 2, Rn. 148; *Reithmann/Martiny*, Internationales Vertragsrecht, Rn. 655.

418 Vgl. nur Bianca/Bonell/*Tallon*, Art. 81 CISG, Anm. 2.6; *Karollus*, UN-Kaufrecht, 45.

419 So auch *Schmid*, Lückenfüllung und Normenkonkurrenz, 72.

420 Vgl. zur autonomen Lückenfüllung § 2 IV 2.

421 So auch *Schmid*, Lückenfüllung und Normenkonkurrenz, 73.

Weiterhin spricht dafür auch die Regelung des Art. 7 Abs. 2 CISG selbst. Wenn nach dieser Norm bereits eine Regelungslücke mangels eines entsprechenden allgemeinen Grundsatzes nach dem vom IPR berufenen nationalen Recht zu schließen ist, muss dies erst recht (a maiore ad minus) für eine von vornherein aus dem Regelungsbereich des Übereinkommens herausfallende Frage gelten[422].

Zuletzt spricht für die Maßgeblichkeit des vom IPR des Forums verwiesenen nationalen Recht auch die Regelung des Art. 90 CISG. Sofern eine Rechtsmaterie keinen Niederschlag im Kaufrechtsübereinkommen gefunden hat, verlangt diese Vorschrift nach der hier vertretenen Ansicht keinen Anwendungsvorrang des CISG gegenüber dem vereinheitlichten und unvereinheitlichten IPR eines Vertragsstaates[423]. Wenn das CISG für eine Frage keinen Regelungsanspruch erhebt, verbleibt Raum für das durch das IPR des Forums berufene nationale Recht.

Mithin findet Art. 7 Abs. 2 CISG auf nicht im Übereinkommen geregelte Fragen bzw. auf externe Lücken des Kaufrechtsübereinkommens entsprechende Anwendung[424]. Für die grundsätzlich außerhalb des Regelungsbereichs der Konvention stehende Aufrechnung ist daher das vom IPR des Forums verwiesene nationale Sachrecht maßgeblich.

2. Gesonderte Anknüpfung der Aufrechnung als Restfrage ?

Auch wenn damit feststeht, dass das auf nicht geregelte Fragen, wie etwa der Aufrechnung, anwendbare nationale Recht stets nach den Kollisionsnormen der lex fori zu bestimmen ist, folgt daraus noch nicht, wie diese Bestimmung im Einzelnen vorzunehmen ist[425]. Denkbar ist nämlich, das durch die Kollisionsnormen des Forums berufene Vertragsstatut ausnahmslos anzuwenden oder abweichend davon, für einzelne Rechtsfragen eigene kollisionsrechtliche Zuweisungen an das Landesrecht vorzunehmen.

Während die überwiegende Meinung die Maßgeblichkeit des Vertragsstatuts für nicht im Übereinkommen geregelte Fragen sowie für Regelungslücken, die sich nicht autonom schließen lassen, bejaht[426], wird im Schriftum vereinzelt auch der zuletzt genannte Weg eingeschlagen[427].

---

422 So auch *Schmid*, aaO.

423 Vgl. dazu § 4 III 2 a).

424 So im Ergebnis auch *Schmid*, aaO.

425 *Stoll*, FS Ferid, 495, 495.

426 Bianca/Bonell/*Bonell*, Art. 7 CISG, Anm. 2.3.1 sowie 2.3.3.2; *Herber/Czerwenka*, Art. 7 CISG, Rn. 15; Honsell/*Melis*, Art. 7 CISG, Rn. 14; *Karollus*, UN-Kaufrecht, 17 f.; *Kindler*, IPRax 1996, 16, 19 f.; *Kramer*, JBL. 1996, 137, 149 f.; *Piltz*, Internationales Kaufrecht, § 2, Rn. 130; *Reinhart*, Art. 7 CISG, Rn. 9; Schlechtriem/*Ferrari*, Art. 7 CISG, Rn. 41, 43; *Schütz*, UN-Kaufrecht und Culpa in contrahendo, 188 f.; Staudinger/*Magnus*, Art. 7 CISG, Rn. 58.

427 *Stoll*, FS Ferid, 495 ff. sowie *ders.*, IPRax 1993, 75 ff.

a) Maßgeblichkeit des allgemeinen Vertragsstatuts

Nach der h.M. ist das allgemeine Vertragsstatut, das nach den vereinheitlichten oder unvereinheitlichten Kollisionsnormen des jeweiligen Gerichtsstaates ermittelt wird, sowohl für die nicht im Übereinkommen geregelte Fragen als auch für die Regelungslücken, für die sich keine entsprechenden allgemeinen Grundsätze des Übereinkommens auffinden lassen, maßgeblich[428]. Soweit deutsche Gerichte zu entscheiden haben, bestimme sich das Vertragsstatut nach den Art. 27 ff. EGBGB. Für die Aufrechnung gelte Art. 32 Abs. 1 Nr. 4 EGBGB[429].

Begründet wird diese Ansicht zumeist nicht. Es ließe sich aber argumentieren, dass auch im Hinblick auf die Ergänzung des Einheitsrechts die rechtliche Einheit des Schuldvertrages gewahrt und eine die Sinnzusammenhänge zertrennende *dépeçage* vermieden werden müsse.

b) Differenzierung zwischen Rand- und Restfragen

Im Schriftum wird dagegen auch zwischen Randfragen einerseits und Restfragen andererseits differenziert. Dabei werden unter Randfragen alle Rechtsfragen verstanden, auf die das Einheitliche Kaufrecht keine Antwort gibt und die keine grundsätzlichen Wertungen berühren, und zwar unabhängig davon, ob diese Fragen noch in den Regelungsbereich des Übereinkommens fallen oder diesen Bereich bereits überschreiten[430]. Daher können Randfragen sowohl aus dem Bereich der Regelungslücken als auch aus dem Bereich der nicht geregelten Fragen stammen, sofern sie bloß die Rechtstechnik betreffen[431]. Als Beispiele für Randfragen werden Fragen der Frist- und Schadensberechnung genannt[432]. Die Randfragen seien einheitlich den Sachnormen der lex fori zu unterstellen[433].

---

428 Honsell/*Melis*, Art. 7 CISG, Rn. 14; *Kindler*, IPRax 1996, 16, 19 f.; Schlechtriem/*Ferrari*, Art. 7 CISG, Rn. 41, 43; Staudinger/*Magnus*, Art. 7 CISG, Rn. 58.

429 So ausdrücklich *Kindler*, aaO.

430 Nach Ansicht von *Stoll*, FS Ferid, 495, 498 f. ist für die Beurteilung einer Randfrage allein das Kriterium der geringen Wertungsrelevanz entscheidend; dadurch soll der Richter „der Notwendigkeit enthoben (werden), nach der genauen Grenze zwischen Lücken innerhalb des Regelungsbereichs des Einheitlichen Kaufrechts und den Rest-Fragen zu suchen, die diesen Bereich bereits überschreiten" (498). Zudem macht es nach Meinung von *Stoll* „keinen vernünftigen Sinn, sich wegen einer solchen Frage den Kopf zu zerbrechen, ob sie noch in den Regelungsbereich des Einheitlichen Kaufrechts fällt oder als Rest-Frage kollisionsrechtlich angeknüpft und dann nach dem subsidiären Vertragsstatut beantwortet werden muss" (499).

431 *Stoll*, FS Ferid, 495, 498 f.

432 *Stoll*, aaO.

433 *Stoll*, FS Ferid, 495, 498.

Die Anwendung der lex fori auf noch in den Regelungsbereich der Konvention fallenden Randfragen wird mit der Vermutung begründet, dass die Lösung der lex fori den allgemeinen Grundsätzen des Einheitlichen Kaufrechts entspreche[434]. Dagegen folge die lex-fori-Anwendung auf Randfragen, die diesen Bereich bereits überschreiten, aus der prozessualen Rechtsanwendungsregel, wonach der Richter der Lösung von Randfragen von geringer Wertungsrelevanz im Zweifel sein eigenes nationales Recht zu Grunde legen dürfe[435].

Von den Randfragen werden Restfragen unterschieden. Von einer Restfrage wird gesprochen, wenn sich dem Einheitlichen Kaufrecht keine Antwort auf eine Frage, die nach rechtsvergleichender Erfahrung grundsätzliche Wertungen berührt, entnehmen lässt, und zwar wiederum unabhängig davon, ob sie noch in den Regelungsbereich des Übereinkommens fällt oder nicht[436]. Die Restfragen werden dem Recht des Staates, in dem der Schuldner seine Niederlassung hat, unterstellt[437].

Die Sonderanknüpfung der Restfragen folge aus der zwingend vorgegebenen Aufspaltung des Vertragsstatuts in Einheitsrecht und nationales Recht (splitting, dépeçage)[438]. Denn der Hauptteil aller kaufvertraglichen Fragen sei bereits durch die vorrangigen einheitsrechtlichen Abgrenzungsnormen (Art. 1 EKG bzw. Art. 1 CISG i.V.m. Art. 3 Abs. 2 EGBGB) ausschließlich dem internationalen Sonderstatut des Einheitlichen Kaufrechts unterstellt[439]. Da somit eine einheitliche Schwerpunktbestimmung ausscheide, sei Art. 28 Abs. 1 S. 2 EGBGB, wonach auf einen abtrennbaren Teil des Vertrages auch das Recht eines anderen Staates angewandt werden kann, Ausgangspunkt der objektiven Anknüpfung[440]. Soweit eine Restfrage das Vertragsverhältnis als solches berühre, wie beispielsweise Fragen der Vertragsgültigkeit, verbleibe es bei der Anwendung des nationalen Rechts, das ohne die Statutenspaltung auf den gesamten Vertrag anwendbar wäre (Art. 28 Abs. 1 S. 1 EGBGB)[441]. Soweit sie aber im Wesentlichen nur ein bestimmtes, dem Kaufvertrag entspringendes Einzelschuldverhältnis betreffe, wie z.B. die Aufrechnung, sei das Recht des Staates anzuwenden, in dem der Schuld-

---

434 *Stoll*, aaO.
435 *Stoll*, aaO.
436 Nach Ansicht von *Stoll*, FS Ferid, 495, 497 liegen die Restfragen „außerhalb des vom Einheitlichen Kaufrecht selbst bestimmten Regelungsbereichs". Doch können sich Restfragen auch innerhalb des Regelungsbereichs der Konvention ergeben, wie *Stoll*, IPRax 1993, 75 f. anhand der Verjährung, die er als „interne Lücke im Einheitlichen Kaufrecht" qualifiziert, zeigt.
437 *Stoll*, FS Ferid, 495, 504; *ders.*, IPRax 1993, 75, 78.
438 *Stoll*, FS Ferid, 495, 502 f.
439 *Stoll*, FS Ferid, 495, 502.
440 *Stoll*, FS Ferid, 495, 503.
441 *Stoll*, FS Ferid, 495, 503 f.

ner seine Niederlassung habe (Art. 28 Abs. 1 S. 2 i.V.m. Art. 28 Abs. 2 EGBGB)[442].

Darüber hinaus wird die Sonderanknüpfung der Restfragen, die noch vom Regelungsbereich des Einheitlichen Kaufrechts umfasst werden, am Beispiel der Verjährung im Einheitlichen Kaufrecht begründet[443]. Auch wenn die Frage der Verjährung dem Regelungsbereich des Übereinkommens zugerechnet werden müsse, sei eine Lösung allein durch die Vorschriften des Einheitlichen Kaufrechts nicht möglich. Gleichwohl könne aus den allgemeinen Grundsätzen des Übereinkommens ergänzende einheitliche Kollisionsnormen abgeleitet werden. So biete sich die Übernahme der für das Einheitliche Kaufrecht charakteristischen „contemplation-rule“[444] an. In kollisionsrechtlicher Hinsicht bedeute dieser Grundgedanke, dass dasjenige nationale Recht anzuwenden sei, mit dem der Schuldner bei Vertragsschluss am ehesten gerechnet hat und rechnen musste. Dies sei aber das am Niederlassungsort des Schuldners geltende Recht, da der Schuldner auf die subsidiäre Geltung dieses Rechts im Zweifel vertraue[445].

c) Kritik

Die Anwendung der Sachnormen der lex fori auf Randfragen, die in den Regelungsbereich des Übereinkommens fallen, wird mit der Vermutung begründet, dass die Lösung der lex fori den allgemeinen Grundsätzen des Einheitlichen Kaufrechts entspricht[446]. Die Vermutung, dass sich eine aus dem CISG gewonnene Lösung stets mit dem aus dem jeweiligen unvereinheitlichen Sachrecht gefundenen Ergebnis deckt, ist bereits angesichts der sich doch inhaltlich erheblich unterscheidenden nationalen Rechten ein wenig zu pauschal[447].

Für außerhalb des Regelungsbereichs des Kaufrechtsübereinkommens liegende Randfragen wird die lex-fori-Anwendung dagegen mit der prozessualen Rechtsanwendungsregel begründet, dass der Richter der Lösung von Randfragen von geringer Wertungsrelevanz im Zweifel sein eigenes Sachrecht zugrunde legen dürfe[448]. Dadurch solle der Richter von der Notwendigkeit enthoben werden,

---

442 *Stoll*, FS Ferid, 495, 504.

443 *Stoll*, IPRax 1993, 75, 78 f.

444 Nach der „contemplation-rule“ ist die Ersatzpflicht der vertragsbrüchigen Partei regelmäßig auf den Schaden begrenzt, den sie bei Vertragsschluss als mögliche Folge der Vertragsverletzung hätte voraussehen müssen; vgl. Art. 82, 86 EKG und Art. 74 S. 2 CISG.

445 *Stoll*, IPRax 1993, 75, 78.

446 *Stoll*, FS Ferid, 495, 498.

447 So auch *Diedrich*, RIW 1995, 353, 358.

448 *Stoll*, FS Ferid, 495, 498.

im Einzelnen zu entscheiden, ob eine Rechtsfrage noch in den Regelungsbereich des Übereinkommens falle oder diesen Bereich bereits überschreite[449]. Damit ist aber die Gefahr verbunden, dass der Wunsch nach Vereinfachung dazu verleiten kann, viele Fragen zu Randfragen abzuwerten und sie der lex fori zu unterstellen. Diese Tendenz des Heimwärtsstrebens der Gerichte würde noch dadurch verstärkt, dass eine klare und international einheitliche Abgrenzung der Randfragen kaum erreichbar sein dürfte[450].

Zudem ist zweifelhaft, ob sich der Grundsatz, wonach Randfragen den Sachnormen der lex fori zu unterstellen seien, aus dem CISG oder aus den Kollisionsrechten der Vertragsstaaten herleiten lässt. Den nationalen Kollisionsrechten lässt sich keine solche einheitliche lex-fori-Verweisung entnehmen. Auch wenn das UN-Kaufrecht teilweise kollisionsrechtliche Fragen regelt, ergibt sich aus diesem kein derartiger allgemeiner Grundsatz des Übereinkommens[451]. Dafür spricht zunächst, dass Art. 7 Abs. 2 CISG zwingend die Entscheidung verlangt, ob es sich bei der betreffenden Rechtsfrage noch um einen vom Regelungsbereich des Übereinkommens umfassten Gegenstand handelt oder nicht[452]. Weiterhin würde sich ein derartiger Grundsatz für Randfragen, die in den Regelungsbereich des Übereinkommens fallen, über den Wortlaut des Art. 7 Abs. 2 CISG, der auf den IPR-Weg verweist, hinwegsetzen[453]. Schließlich könnte sich ein solcher Grundsatz für außerhalb des Regelungsbereichs des Kaufrechtsübereinkommens liegende Randfragen nicht auf das CISG selbst stützen, da das Übereinkommen im außerkaufrechtlichen Bereich weder eine entsprechende materiellrechtliche noch kollisionsrechtliche Regelungskompetenz besitzt[454].

Bedenken gegen die Sonderanknüpfung der Restfragen ergeben sich daraus, dass nicht alle Kollisionsrechte der CISG-Vertragsstaaten eine dem Art. 28 Abs. 1 S. 2 EGBGB vergleichbare Vorschrift aufweisen. Viele nationale Rechte sehen nämlich stattdessen nur ein einheitliches Vertragsstatut ohne Ausnahmebestimmung vor[455]. Der im Schrifttum gemachte Vorschlag, in einem solchen Fall das

449 *Stoll*, aaO.

450 So auch *Diedrich*, RIW 1995, 353, 358; Schlechtriem/*Ferrari*, Art. 7 CISG, Rn. 57, Fn. 235 mit Verweis auf die Vorauflage; Staudinger/*Magnus*, Art. 7 CISG, Rn. 59.

451 So unterwirft zwar Art. 28 CISG die Anwendung des Erfüllungsanspruchs einem lex-fori-Vorbehalt, um auf den Ausnahmecharakter der specific performance im Common-law-Rechtskreis Rücksicht zu nehmen. Doch verweist Art. 7 Abs. 2 CISG für Regelungslücken, für die sich keine Lösung aus den allgemeinen Grundsätzen des Übereinkommens finden lässt, auf den IPR-Weg.

452 Vgl. dazu § 2 IV 1 b).

453 Staudinger/*Magnus*, Art. 7 CISG, Rn. 59.

454 *Schmid*, Lückenfüllung und Normenkonkurrenz, 80.

455 Da die Art. 27 ff. EGBGB auf eine Umsetzung des EG-Übereinkommens von 19.6.1980 über das auf vertragliche Schuldverhältnisse anwendbare Recht zurück-

nationale Recht dahingehend restriktiv auszulegen, dass inhaltlich mit Art. 28 Abs. 1 S. 2 EGBGB vergleichbare Ergebnisse gewonnen werden können[456], kann zu sehr verschiedenen Anknüpfungen der Restfragen in den Vertragsstaaten führen. Internationaler Entscheidungseinklang lässt sich auch auf diesem Weg nicht erreichen.

Selbst bei Annahme eines dem Art. 28 Abs. 1 S. 2 EGBGB vergleichbaren Ausgangspunktes in allen CISG-Vertragsstaaten erscheint es aber zweifelhaft, ob die Restfragen international einheitlich qualifiziert würden. Dagegen spricht, dass die Schriftumsansicht, die sich für eine Differenzierung zwischen Rand- und Restfragen ausspricht, selbst die Qualifikation der Restfragen nur nach der lex fori, d.h. nach deutschem Recht vornimmt[457]. Zudem handelt es sich bei dem Begriff der Restfrage ebensowenig wie bei dem der Randfrage um einen originären Begriff des Einheitlichen Kaufrechts, so dass eine klare und einheitliche Abgrenzung des Begriffs auch hier kaum erreichbar sein dürfte[458].

Die Sonderanknüpfung der Restfragen kann sich auch nicht auf die Entstehungsgeschichte des Art. 7 Abs. 2 CISG stützen[459]. Bei den Beratungen über das UN-Kaufrecht auf der Wiener Abschlusskonferenz 1980 sahen es die Staatenvertreter als unrealistisch an, nach den Muster des Art. 17 EKG eine Lückenfüllung nur durch die der Konvention zugrundeliegenden allgemeinen Grundsätze unter Ausschluss des unvereinheitlichten IPR zuzulassen[460]. Darüber hinaus waren sich die Staatenvertreter auch dahingehend einig, dass für die Lückenfüllung gesetzestechnisch unbedingt ein separater Absatz eingefügt werden sollte[461]. Keine Einigkeit bestand dagegen in der grundlegenden Frage, ob zur Lückenfüllung auf das nationale Recht des Verkäufers (lex venditor)[462] oder auf das vom Kollisionsrecht des Forums berufene nationale Recht zurückzugreifen sei[463] oder

gehen, enthalten aber die Kollisionsrechte der EVÜ-Vertragsstaaten eine dem Art. 28 Abs. 1 S. 2 EGBGB entsprechende Vorschrift.

456 *Schmid*, Lückenfüllung und Normenkonkurrenz, 76.

457 Vgl. *Stoll*, FS Ferid, 495, 497 ff.; wie hier auch *Diedrich*, RIW 1995, 353, 358.

458 Das Begriffspaar der Rand- und Restfragen wurde bei den Verhandlungen über das UN-Kaufrecht auf der Wiener Konferenz von den Delegierten nicht verwendet, vgl. O.R., 254 - 259; zudem findet das Begriffspaar keine Stütze im Übereinkommenstext.

459 So aber *Stoll*, IPRax 1993, 75, 77, der zu dem Ergebnis gelangt, dass die Verhandlungen auf der Wiener Konferenz zumindest zeigen, dass eine starre Anknüpfung der Restfragen dem Geist der Kaufrechtskonvention widersprechen würde.

460 Vgl. dazu exemplarisch die Ausführungen des bulgarischen Vertreters, O.R., 255, Nr. 8 sowie die des tschechoslowakischen Vertreters, O.R., 255, Nr. 12.

461 Vgl. dazu wiederum exemplarisch die Ausführungen des bulgarischen Vertreters, O.R., 255, Nr. 7 sowie die des tschecholowakischen Vertreters, O.R., 255, Nr. 11.

462 Vorschlag Bulgariens, O.R., 255, Nr. 9.

463 Vorschlag der Tschechoslowakei, O.R., 255, Nr. 11.

ob Lücken vorrangig autonom und erst in Ermangelung einer autonomen Lückenfüllung durch Berücksichtigung des nationalen Rechts beider Vertragsparteien zu schließen seien[464]. Nachdem keiner dieser Vorschläge bei den Delegierten Zustimmung fand, formulierte die Delegation der DDR aus den Vorschlägen Italiens und der Tschechoslowakei einen Kompromissvorschlag, der die autonome Lückenfüllung mit dem subsidiären Rückgriff auf die kollisionsrechtlichen Regeln der lex fori zur Bestimmung des zur Lückenfüllung anwendbaren Sachrechts kombinierte[465], und der eine knappe Mehrheit fand. Aus den trauvaux préparatoires ergibt sich mithin, dass Vorschläge, Restfragen gesondert anzuknüpfen, auf der Wiener Kaufrechtskonferenz nicht mehrheitsfähig waren. Vielmehr spricht die Entstehungsgeschichte des Art. 7 Abs. 2 CISG für die von der h.M. vertretenen Ansicht, wonach das durch das IPR des Forums berufene Vertragsstatut für alle Regelungslücken des Übereinkommens maßgebend sein soll.

Zuletzt bestehen Bedenken, ob die Entwicklung von das UN-Kaufrecht ergänzenden Kollisionsregeln überhaupt auf Akzeptanz in den Vertragsstaaten stoßen würde. Zweifel daran ergeben sich zum einen daraus, dass sich die Rechtsfortbildung durch autonome Lückenfüllung bisher auf den materiellrechtlichen Bereich beschränkte und die Entwicklung spezifischer, das Einheitskaufrecht ergänzender Kollisionsnormen in den Regelungsbereich kollisionsrechtlicher Staatsverträge vordringen würde. Zum anderen wären Widersprüche unvermeidbar, wenn bestimmte Rechtsfragen, wie beispielsweise Verjährung, Abtretung oder Schuldübernahme, zwar im kaufrechtlichen Bereich einheitlich, in anderen Sachzusammenhängen aber anders angeknüpft würden[466].

Der Vorschlag, aus dem Übereinkommen selbst einheitliche Kollisionsnormen für das UN-Kaufrecht zu entwickeln[467], zeigt das begrüßenswerte Anliegen, das Verhältnis zwischen Einheitskaufrecht und den im Übrigen anwendbaren nationalen Rechtsordnungen zu harmonisieren. Da sowohl gegenüber der Anwendung der Sachnormen der lex fori auf Randfragen als auch gegenüber der Sonderanknüpfung der Restfragen an das Verkäuferrecht Bedenken bestehen, kann diesem Anliegen aber vielmehr durch eine volle Ausschöpfung des Potentials der allgemeinen Grundsätze des Übereinkommens Rechnung getragen werden[468].

Für nicht im Übereinkommen geregelte Fragen sowie für Regelungslücken, für die sich keine entsprechenden allgemeinen Grundsätze des Übereinkommens auffinden lassen, ist mithin stets das allgemeine Vertragsstatut maßgeblich. So-

---

464 Vorschlag Italiens, O.R., 255 f., Nr. 16, 17.
465 Vorschlag der DDR, O.R., 256, Nr. 26.
466 Staudinger/*Magnus*, Art. 7 CISG, Rn. 60.
467 *Stoll*, IPRax 1993, 75, 78 f.
468 So auch Staudinger/*Magnus*, Art. 7 CISG, Rn. 61.

weit ein deutsches Gericht zu entscheiden hat, kommen die Art. 28 ff. EGBGB zur Anwendung. Für die Aufrechnung gilt Art. 32 Abs. 1 Nr. 4 EGBGB[469].

III. Die Anknüpfung der Aufrechnung im deutschen IPR

Bis vor Inkrafttreten des EGBGB im Jahr 1986 wurde die Anknüpfung der Aufrechnung auf die in Rechtsprechung und Literatur entwickelten Grundsätze gestützt[470], die nunmehr auch unter Geltung des neuen EGBGB weiterhin vertreten werden[471]. Das EGBGB bestimmt in seinem Art. 32 Abs. 1 Nr. 4, dass das nach den Art. 28 ff. EGBGB ermittelte Vertragsstatut auch für die verschiedenen Arten des Erlöschens der Verpflichtungen gilt. Da die Aufrechnung das Erlöschen zweier Forderungen, nämlich der Forderung, mit der aufgerechnet wird, sowie der Forderung, gegen die aufgerechnet wird, bewirkt[472], fällt die Aufrechnung unter Art. 32 Abs. 1 Nr. 4 EGBGB[473].

Auch wenn sich diese Arbeit nicht als weiterer Beitrag zur Aufrechnung im IPR versteht, ist eine kurze Darstellung der mit diesem Thema einhergehenden wesentlichen Streitpunkten aus zwei Gründen angezeigt. Zum einen handelt es

---

469 Vgl dazu § 5 III.

470 Vor Inkrafttreten des EGBGB wurde in Deutschland überwiegend das Recht der Hauptforderung für maßgeblich gehalten, gleichviel ob die Haupt- und Gegenforderung demselben oder verschiedenen Statuten unterlagen; vgl. zum alten Recht nur BGH 22.11.1962, BGHZ 38, 254, 256 im Anschluss an das Urteil des Schweizerischen Bundesgerichts 26.06.1951, BGE 77 II, 189, 190; OLG Hamm 18.10.1982, NJW 1983, 523, 524; *Gäbel*, Neuere Probleme zur Aufrechnung im internationalen Privatrecht, 32 f.

471 Auch unter Geltung des neuen IPR wird in Deutschland ganz überwiegend an das Statut der Hauptforderung angeknüpft; vgl. nur BGH 25.11.1993, NJW 1994, 1413, 1416; OLG Düsseldorf 10.02.1994, RIW 1995, 53, 55; OLG Hamm 9.06.1995, IPRax 1996, 269, 270; OLG Stuttgart 21.08.1995, IPRax 1996, 139, 139 (H.K.); Erman/*Hohloch*, Art. 32 EGBGB, Rn. 13; *Kegel*, Internationales Privatrecht, § 18 V; *Kropholler*, Internationales Privatrecht, § 52 VII 5; MünchKomm/*Spellenberg*, Art. 32 EGBGB, Rn. 50; Palandt/*Heldrich*, Art. 32 EGBGB, Rn. 6; *Reithmann/Martiny*, Internationales Privatrecht, Rn. 283 f.; Staudinger/*Magnus*, Art. 32 EGBGB, Rn. 61.

472 *Kegel*, aaO.; *Kindler*, IPRax 1996, 16, 20; *Kropholler*, aaO.; MünchKomm/*Spellenberg*, aaO.; *Reithmann/Martiny*, Internationales Privatrecht, Rn. 283.

473 LG München I 20.03.1995, IPRax 1996, 31, 33; *v.Bar*, Internationales Privatrecht, Bd. 2, Rn. 547; Erman/*Hohloch*, Art. 32 EGBGB, Rn. 13; *Kegel*, aaO.; *Kindler*, aaO.; *Kropholler*, aaO.; MünchKomm/*Spellenberg*, aaO.; Palandt/*Heldrich*, aaO.; *Reithmann/Martiny*, aaO.; im Einzelnen besteht aber hinsichtlich des Regelungsumfangs des Art. 32 Abs. 1 Nr. 4 EGBGB keine Einigkeit, vgl. dazu Staudinger/*Magnus*, Art 32 EGBGB, Rn. 62 m.w.N.

sich gerade bei der Frage, wie die Aufrechnung im deutschen IPR anzuknüpfen ist, wenn Haupt- und Gegenforderung unterschiedlichen Schuldstatuten unterliegen, um eine der am eingehendsten diskutierten Fragen der Aufrechnung im internationalen Privatrecht[474]. Zum anderen ist die Darstellung der wesentlichen Hauptansätze mit einer sich daran anschließenden kurzen Würdigung dieser Ansichten auch zum besseren Verständnis der Aufrechnung im internationalen Verkehr hilfreich[475]. Im Rahmen der folgenden Ausführungen ist dabei zu unterscheiden, ob die aufzurechnenden Forderungen dem gleichen oder verschiedenen Schuldstatuten unterliegen[476].

1. Gleiches Schuldstatut

Nach Art. 32 Abs. 1 Nr. 4 EGBGB ist das nach den Art. 28 ff. EGBGB ermittelte Vertragsstatut für die „verschiedenen Arten des Erlöschens der Verpflichtungen" maßgebend. Wenn für Haupt- und Gegenforderung das gleiche Schuldstatut gilt, so folgt dessen Anwendbarkeit auf die Aufrechnung unmittelbar aus Art. 32 Abs. 1 Nr. 4 EGBGB, denn zu den „verschiedenen Arten des Erlöschens der Verpflichtungen" gehört auch die Aufrechnung[477]. Dies entsprach schon vor dem Inkrafttreten des EVÜ der ganz überwiegenden Ansicht[478].

2. Verschiedene Schuldstatute

Demgegenüber ergibt sich aus Art. 32 Abs. 1 Nr. 4 EGBGB nicht ausdrücklich das Aufrechnungsstatut, wenn Haupt- und Gegenforderung unterschiedlichen

---

474 *Frigge*, Externe Lücken, 97; *Gäbel*, Neuere Probleme zur Aufrechnung im internationalen Privatrecht, 29.

475 Mit der Aufrechnung im IPR befassen sich umfassend *Ahlt*, Michael, Die Aufrechnung im internationalen Privatrecht, Regensburg 1977; *Eujen*, Heiko, Die Aufrechnung im internationalen Verkehr zwischen Deutschland, Frankreich und England, Frankfurt a.M. 1975; *Gäbel*, Johannes K., Neuere Probleme zur Aufrechnung im internationalen Privatrecht, München 1983; *Wolf*, Martin, Die Aufrechnung im internationalen Privatrecht, Dortmund 1989; *Wild*, Peter E., Die Verrechnung im internationalem Privatrecht - unter besonderer Berücksichtigung der schweizerischen und US-amerikanischen Rechtsordnung, St. Gallen 1992.

476 So auch *Kegel*, Internationales Privatrecht, § 18 V; MünchKomm/*Spellenberg*, Art. 32 EGBGB, Rn. 50; *Reithmann/Martiny*, Internationales Vertragsrecht, Rn. 283 f.

477 OLG Düsseldorf 10.02.1994, RIW 1995, 53, 55; *Berger*, Aufrechnungsvertrag, 448, Fn. 8; Erman/*Hohloch*, Art. 32 EGBGB, Rn. 13; *Kegel*, aaO.; *Kropholler*, Internationales Privatrecht, § 52 VII 5; MünchKomm/*Spellenberg*, aaO.; *Reithmann/Martiny*, Internationales Vertragsrecht, Rn. 283; a.A.: *Eujen*, Aufrechnung im internationalen Verkehr, 130 f.; Palandt/*Heldrich*, Art. 32 EGBGB, Rn. 6.

478 Vgl. die Nachweise bei MünchKomm/*Spellenberg*, Art. 32 EGBGB, Rn. 50.

Schuldstatuten unterliegen[479]. Aus diesem Grund handelt es sich bei dieser Frage auch noch nach Inkrafttreten des EVÜ um eine der am eingehendsten diskutierten Fragen der Aufrechnung im IPR. Im Folgenden sind zunächst die wesentlichen Hauptansätze kurz darzustellen und daran anschließend kritisch zu beleuchten.

a) Divergierende Ansichten zum Aufrechnungsstatut

aa) Das Statut der Hauptforderung

Auch unter Geltung des Art. 32 Abs. 1 Nr. 4 EGBGB soll für die Aufrechnung das Recht der Hauptforderung gelten, wenn Haupt- und Gegenforderung unterschiedlichen Schuldstatuten unterliegen[480]. Dieses Statut soll über die Voraussetzungen, den Vollzug sowie die Wirkung der Aufrechnung entscheiden[481].

Das Statut der Gegenforderung sei hingegen bedeutsam für die Frage, ob die Gegenforderung besteht, ob sie die von dem Statut der Hauptforderung als Aufrechnungsstatut geforderten Eigenschaften, wie beispielsweise Fälligkeit besitzt, und ob der Inhaber über sie verfügen kann. Bei der Maßgeblichkeit des Statuts der Hauptforderung verbleibe es auch dann, wenn dieses Recht, wie beispielsweise das englische, die Aufrechnung prozessrechtlich einordnet und die lex fori für anwendbar erklärt[482].

Diese Anknüpfung beruht vor allem auf der Differenzierung zwischen aktiver Gegenforderung und passiver Hauptforderung im System des Erklärungsvollzugs der Aufrechnung sowie der damit einhergehenden Interessenbewertung zugunsten des schutzwürdigeren Inhabers der Hauptforderung[483].

Die Anknüpfung an das Statut der Hauptforderung wird in Deutschland sowohl in der Rechtsprechung[484] als auch in der Literatur[485] überwiegend vertreten.

479 *Frigge*, Externe Lücken, 97; *Kegel*, aaO.; *Martiny*, ZEuP 1997, 107, 120.

480 *v.Bar*, Internationales Privatrecht, Bd. 2, Rn. 547; Erman/*Hohloch*, Art. 32 EGBGB, Rn. 13; *Kropholler*, Internationales Privatrecht, § 52 VII 5; MünchKomm/*Spellenberg*, Art. 32 EGBGB, Rn. 50; Palandt/*Heldrich*, Art. 32 EGBGB, Rn. 6; Staudinger/*Magnus*, Art. 32 EGBGB, Rn. 61 f.

481 OLG Koblenz 17.09.1993, RIW 1993, 934, 937; OLG Hamm 9.06.1995, IPRax 1996, 269, 270; *v.Bar*, aaO.; Erman/*Hohloch*, aaO.; MünchKomm/*Spellenberg*, aaO.; Palandt/*Heldrich*, aaO.; Staudinger/*Magnus*, aaO.

482 MünchKomm/*Spellenberg*, Art. 32 EGBGB, Rn. 51; Erman/*Hohloch*, aaO.; *Kropholler*, aaO.; Staudinger/*Magnus*, Art. 32 EGBGB, Rn. 65.

483 Vgl. zum Schutzwürdigkeitsgesichtspunkt nur *Kropholler*, aaO.; MünchKomm/*Spellenberg*, aaO.

484 BGH 22.11.1962, BGHZ 38, 254, 256 im Anschluss an das Urteil des Schweizerischen Bundesgerichts 26.06.1951, BGE 77 II, 189 ff.; BGH 25.11.1993, NJW 1994, 1413, 1416; OLG Düsseldorf 10.02.1994, RIW 1995, 53, 55; OLG Hamm 9.06.1995, aaO.

Sie hat im schweizerischen IPR-Gesetz von 1989 eine ausdrückliche Kodifizierung erfahren. Art. 148 Abs. 2 IPRG stellt auf das Recht der Forderung ab, „... deren Tilgung mit der Verrechnung bezweckt ist", d.h. das Recht der Hauptforderung[486]. Die Maßgeblichkeit des Statuts der Hauptforderung entsprach auch schon vor der IPR-Reform der vorherrschenden Meinung in der Schweiz[487]. Auch in Österreich wird ganz überwiegend das Statut der Hauptforderung für maßgeblich gehalten[488].

bb) Die Kumulationstheorie

Demgegenüber muss die Aufrechnung nach der Kumulationstheorie nach den Statuten beider Forderungen zulässig sein[489]. Diese Anknüpfung findet ihre Grundlage vor allem in der ipso-iure eintretenden Aufrechnungswirkung der compensation légale[490]. Da bei der Abwägung nach Schutzwürdigkeitsaspekten keiner Partei ein Übergewicht zukommt, werden die aufzurechnenden Forderungen auch bei der kollisionsrechtlichen Interessenbewertung als gleichwertig betrachtet[491].

Die Kumulationstheorie wird in Frankreich für die Anknüpfung der compensation légale überwiegend vertreten[492]. Sie wurde für das deutsche Recht auch von der älteren deutschen Rechtsprechung vertreten[493]. Der Bericht zum EVÜ-Entwurf von 1972 folgte ihr ebenfalls[494].

---

485 *v.Bar*, Internationales Privatrecht, Bd. 2, Rn. 547; Erman/*Hohloch*, Art. 32 EGBGB, Rn. 13; *Frigge*, Externe Lücken, 108; *Gäbel*, Neuere Probleme zur Aufrechnung im internationalen Privatrecht, 35; *Kegel*, Internationales Privatrecht, § 18 V; *Kropholler*, Internationales Privatrecht, § 52 VII 5; MünchKomm/*Spellenberg*, Art. 32 EGBGB, Rn. 50; Palandt/*Heldrich*, Art. 32 EGBGB, Rn. 6; *Reithmann/Martiny*, Internationales Vertragsrecht, Rn. 284; Staudinger/*Magnus*, Art. 32, Rn. 61 f.

486 IPRG-Kommentar/*Keller/Girsberger*, Art. 148 IPRG, Rn. 39; *Wild*, Verrechnung im internationalen Privatrecht, 171 f.

487 Vgl. nur Schweizerisches Bundesgericht 26.06.1951, BGE 77 II 189, 190.

488 Vgl. nur Rummel/*Schwimann*, Vor § 35 IPRG, Rn. 7 m.w.N.

489 *Arminjon*, Précis de droit international privé, n° 155.

490 Vgl. zur Aufrechnung im französischen Recht § 4 IV des 2. Teils.

491 So auch *Wolf*, Aufrechnung im internationalen Privatrecht, 147.

492 Cour de Cassation (ch. civile) 5.12.1923, D.P. 1934, Bd. I, 25, 26; *Batiffol/Lagarde*, Droit international privé, n° 614; *Mayer*, Droit international privé, n° 749.

493 OLG Düsseldorf 11.12.1908, RheinArch 107 (1911), 315, 317; OLG Karlsruhe 10.03.1923, BadRPrax 26 (1924), 170, 171.

494 Vgl dazu *Siehr*, AWD 1973, 569, 583 f.

cc) Die Lex-fori-Anknüpfung

Weiterhin wird für die Aufrechnung auch die Maßgeblichkeit der lex fori vertreten. Danach ist die Aufrechnung stets nach dem Recht des Gerichtsstaates zu beurteilen, das am Ort des entscheidenden Gerichts gilt. Das bedeutet, dass der Beklagte vor einem englischen Gericht seine Gegenforderung nur unter den Voraussetzungen und mit der Wirkung des set-off oder des counterclaim geltend machen kann[495].

Die lex-fori-Anwendung beruht auf der Einordnung der Aufrechnung als Materie des Prozessrechts und damit auf dem Vollzug der Aufrechnung durch einen richterlichen Gestaltungsakt.

Die Maßgeblichkeit der lex fori geht auf die Entscheidung *Meyer v. Dresser* aus dem Jahr 1864 zurück[496]. Die englische Rechtsprechung geht, soweit ersichtlich, wohl noch immer von dieser Regel auch dann aus, wenn die Forderungen einem ausländischen Statut unterliegen[497]. Doch mehreren sich in jüngerer Zeit die kritischen und differenzierenden Stimmen im Schriftum[498]. Für das deutsche Recht wurde die lex-fori-Anknüpfung nur vereinzelt vertreten[499].

b) Stellungnahme

Welcher der genannten Ansätze zur Anknüpfung der Aufrechnung dem deutschen Kollisionsrecht zugrunde zu legen ist, bemisst sich nach Art. 32 Abs. 1 Nr. 4 EGBGB[500]. Eine derartige Entscheidung setzt aber zunächst voraus, dass über den Regelungsumfang der genannten Vorschrift Gewissheit besteht.

Teilweise wird argumentiert, dass die Aufrechnung nur dann unter Art. 32 Abs. 1 Nr. 4 EGBGB falle, wenn für die Haupt- und Gegenforderung dasselbe Schuldstatut gelte. Wenn die aufzurechnenden Forderungen aber verschiedenen Statuten unterliegen, komme nicht Art. 32 Abs. 1 Nr. 4 EGBGB, sondern das jeweilige autonome Kollisionsrecht zum Zuge. Deshalb soll z.B. nach französischem Recht eine Kumulation der Statuten beider Forderungen und nach englischem Recht die lex fori gelten, während nach deutschem Recht an das Statut der Hauptforderung anzuknüpfen sei[501].

---

495 Vgl. zur Aufrechnung im englischen Recht § 4 III des 2. Teils.

496 Meyer v. Dresser (1864) 16 C.B. (N.S.) 646, 651.

497 Vgl. nur Ronquette v. Overmann (1875) 10 Q.B.D. 525, 540; Maspons v. Mildred (1882) 9 Q.B.D. 530 (C.A.).

498 Vgl. nur *Dicey/Morris*, Bd. 1, para. 7-031.

499 OLG Kassel 11.11.1910, OLGRspr. 23, 14, 16; AG Frankfurt a.M. 31.01.1991, IPRax 1991, 345, 345.

500 So auch Staudinger/*Magnus*, Art. 32 EGBGB, Rn. 62.

501 *Lagarde*, Rev. crit. 1991, 287, 334 f.; Soergel/*v.Hoffmann*, Art. 32 EGBGB, Rn. 49.

Doch regelt Art. 32 Abs. 1 Nr. 4 EGBGB die Aufrechnung unabhängig davon, ob die Haupt- und Gegenforderung demselben oder verschiedenen Rechten unterliegen. Eine Beschränkung der Vorschrift nur auf den Fall, dass die Forderungen demselben Schuldstatut unterliegen, ergibt sich nicht aus dem Wortlaut der Norm.

Eine derartige Beschränkung kann sich auch nicht auf die Entstehungsgeschichte des Art. 32 Abs. 1 Nr. 4 EGBGB stützen. In den Gesetzgebungsmaterialien zu Art. 32 EGBGB heißt es, dass Abs. 1 Nr. 4 „alle Erlöschensgründe, u.a. auch das Erlöschen von Verpflichtungen durch Aufrechnung" umfasst[502]. Das nach den Art. 28 ff. EGBGB ermittelte Vertragsstatut sollte also unabhängig davon, ob die Haupt- und Gegenforderung demselben oder verschiedenen Statuten unterliegen, für die Aufrechnung gelten.

Zuletzt würde bei einer derart engen Auslegung des Art. 32 Abs. 1 Nr. 4 EGBGB ein zentraler Teil der mit Art. 10 Abs. 1 lit. d EVÜ bezweckten Schuldrechtsvereinheitlichung auf der Strecke bleiben. Mithin unterliegt die Aufrechnung insoweit dem Art. 32 Abs. 1 Nr. 4 EGBGB[503]. Es bleibt daher noch zu entscheiden, wie die Anknüpfung im Einzelnen vorzunehmen ist.

Die vor allem im englischen Recht vertretene Anknüpfung an die lex fori findet keine Grundlage in der Regelung des Art. 32 Abs. 1 Nr. 4 EGBGB. Nach dieser Norm gilt für die „verschiedenen Arten des Erlöschens der Verpflichtungen" das „nach den Artikeln 27 bis 30 und nach Artikel 33 Abs. 1 und 2 auf einen Vertrag anzuwendende Recht". Nach Art. 32 Abs. 1 Nr. 4 EGBGB kommt also das Vertragsstatut, nicht aber das Recht des Gerichtsstaates zur Anwendung[504].

Darüber hinaus stößt die lex-fori-Anknüpfung auch noch auf andere Bedenken. Die Anwendung der lex fori führt zu einer Zurückdrängung des Prinzips der engsten Verbindung, auf das gerade die auf dem EVÜ beruhenden Schuldrechtskodifikationen aufbauen. Da dieses Prinzip auch Ausdruck der internationalprivatrechtlichen Gerechtigkeit ist, würde die Anwendung der lex fori einen Bruch mit diesem internationalprivatrechtlichen Prinzip bedeuten[505].

Zudem würde die Anwendung der lex fori die unerwünschte Tendenz zum forum shopping verstärken[506]. Denn je stärker die internationale Verflechtung des

---

502 Begr.Reg., BT-Drucks. 10/504, 82.

503 So auch Staudinger/*Magnus*, Art. 32 EGBGB, Rn. 62.

504 So auch *Kannengießer*, Aufrechnung im internationalen Privat- und Verfahrensrecht, 98 f.

505 Vgl. zu den Einwänden gegen den lex-fori-Ansatz allgemein *Kropholler*, Internationales Privatrecht, § 7 II 1.

506 *Frigge*, Externe Lücken, 108; *Kannengießer*, Aufrechnung im internationalen Privat- und Verfahrensrecht, 99; *Wolf*, Aufrechnung im internationalen Privatrecht, 160 f.

Klägers und des Beklagten ist, desto größer wird die Zahl der Gerichtsstände des Beklagten mit der Folge, dass der Kläger dann zwischen den verschiedenen Rechtsordnungen diejenige auswählen kann, die ihn am besten vor einem Aufrechnungseinwand schützt[507].

Gegen die Kumulationstheorie spricht entscheidend, dass die internationalprivatrechtliche Lösung durch das Erfordernis, zwei Rechtsordnungen zu prüfen, unnötig kompliziert wird[508]. Während es noch möglich ist, die Voraussetzungen der Aufrechnung summarisch beiden Rechtsordnungen zu entnehmen, sind die Vollzugsformen und die Wirkung der Aufrechnung oft nicht zu vereinbaren. So bereitet z.B. die Kumulation von französischem ipso-iure-Vollzug (Art. 1290 C.c.) und der nach schweizerischen, österreichischen oder deutschem Recht erforderlichen Aufrechnungserklärung (vgl. Art. 124 OR und § 388 BGB) erhebliche Probleme. Auf ähnliche Schwierigkeiten stößt der Rechtsanwender z.B. auch bei der Kumulation der Aufrechnungswirkungen des englischen und deutschen Aufrechnungsrechts. Da eine Aufrechnung nicht gleichzeitig ex nunc und ex tunc wirksam sein kann, ist es insoweit auch schwierig, beide Rechte kumulativ anzuwenden.

Für die Anknüpfung an das Statut der Hauptforderung spricht, dass es sich hierbei um eine einfache und praktikable internationalprivatrechtliche Anknüpfung der Aufrechnung handelt[509].

Entscheidend für diese Anknüpfung ist jedoch ein anderer Gesichtspunkt. Da der Aufrechnungsgegner durch die Aufrechnung ohne sein Zutun seine Forderung verliert, ist er gegenüber dem Aufrechnenden schutzwürdig[510]. Ausdruck dieses Schutzwürdigkeitsgedankens ist im autonomen deutschen Aufrechnungsrecht das Gleichartigkeitsmerkmal, dass sicherstellt, dass der Aufrechnungsgegner seine Forderung nur durch eine gleichwertige Forderung verliert[511]. Auch die Rechtsprechung stellt insoweit auf den Schutzwürdigkeitsgesichtspunkt ab[512]. Er findet zudem auch im schweizerischen Recht Erwähnung[513].

Schließlich lässt sich die Anknüpfung an das Statut der Hauptforderung auch mit der Regelung des Art. 32 Abs. 1 Nr. 4 EGBGB vereinbaren. Die Vorschrift unterstellt das Erlöschen der Verpflichtungen dem Statut des Vertrages, um des-

---

507 *Wolf*, aaO.

508 So auch *Frigge*, Externe Lücken, 106; *Wolf*, Aufrechnung im internationalen Privatrecht, 148.

509 Ähnlich auch *Frigge*, Externe Lücken, 108.

510 *Kropholler*, Internationales Privatrecht, § 52 VII 5; MünchKomm/*Spellenberg*, Art. 32 EGBGB, Rn. 50.

511 Vgl. zum Schutzwürdigkeitsaspekt § 5 II 3 des 2. Teils.

512 Vgl. nur OLG Düsseldorf 10.02.1994, RIW 1995, 53, 55.

513 *Bucher*, Schweizerisches Obligationenrecht, 382, Fn. 41; *Trutmann*, Die Compensation nach schweizerischem Obligationenrecht, 19 f.

sen Wirkungsbeendigung es geht. Das ist aber der Vertrag der Hauptforderung, die kraft Aufrechnung erlöschen soll[514].

Die Maßgeblichkeit der Hauptforderung trägt auch dem im internationalen Privatrecht wichtigen Grundsatz der Voraussehbarkeit ausreichend Rechnung. Denn durch die Anknüpfung an das Statut der Hauptforderung ist es für die Parteien ohne weiteres erkennbar, welches Aufrechnungsrecht ein Gericht in ihrem konkreten Einzelfall anwenden würde.

Aus den genannten Gründen ist die h.M. vorzugswürdig. Für die Aufrechnung gilt also das Statut der Hauptforderung, gegen die aufgerechnet wird, auch dann, wenn die aufzurechnenden Forderungen verschiedenen Schuldstatuten unterliegen.

---

514 Staudinger/*Magnus*, Art. 32 EGBGB, Rn. 62.

2. Teil: Die Aufrechnung von Fremdwährungsforderungen

§ 1 Gang der Untersuchung

Auch bei Geltung des deutschen Aufrechnungsstatuts kommt es oft vor, dass sich zwei Forderungen in unterschiedlichen Währungen gegenüberstehen. Dies ist z.B. der Fall, wenn der Verkäufer aus einem dem deutschen autonomen Recht unterstehenden Kaufvertrag mit grenzüberschreitendem Einschlag einen Kaufpreisanspruch in der Vertragswährung hat und der Käufer diesem Anspruch eine Forderung aus einem früheren Vertragsverhältnis in einer anderen Währung entgegenhält. Aber auch im Bankenverkehr stehen sich oft Forderungen verschiedener Währung gegenüber.

In solchen Fällen stellt sich die Frage, ob den Parteien die Erleichterung der Schuldtilgung durch das Rechtsinstitut der Aufrechnung zugute kommt. Im deutschen Recht müssen die aufzurechnenden Forderungen dafür gleichartig sein, was bei Geldforderungen in derselben Währung zumeist der Fall sein wird. Ob dagegen auch Geldforderungen, die in unterschiedlichen Währungen ausgedrückt sind, gleichartig und damit der Aufrechnung zugänglich sind, wird nicht einheitlich beantwortet.

In § 2 sind zunächst der Begriff der Fremdwährungsschuld und das Begriffspaar der einfachen und effektiven Fremdwährungsverbindlichkeiten zu klären. Diese Begriffe werden in der Diskussion über die Aufrechenbarkeit währungsverschiedener Forderungen häufig verwendet. Daran anschließend sind die Voraussetzungen, der Vollzug und die Wirkung der Aufrechnung im deutschen Recht kurz darzustellen. Dieser Überblick erleichtert die dogmatische Einordnung der hier zu erörternden Frage.

§ 3 stellt den gegenwärtigen Meinungsstand zur Aufrechenbarkeit von Forderungen in verschiedenen Währungen sowie zum maßgeblichen Umrechnungskurs in der Rechtsprechung und Literatur dar.

In dem sich anschließenden § 4 wird vor allem der Frage nachgegangen, wie andere europäische Rechte mit der Aufrechnung währungsverschiedener Forderungen umgehen und wie sie ggf. die Umrechnung der beteiligten Währungen vornehmen. Untersuchungsgegenstand sind dabei das dem deutschen Recht vergleichbare schweizerische und österreichische Recht sowie das davon doch erheblich abweichende französische und englische Aufrechnungsrecht.

In § 5 soll dann ein eigener Lösungsansatz erarbeitet werden. Ausgangspunkt hierfür ist das Kriterium der freien Konvertibilität der Währungen. Insoweit ist dann noch auf den maßgeblichen Umrechnungskurs einzugehen.

§ 2 Grundlagen

I. Begriffsbestimmungen

1. Der Begriff der Fremdwährungsschuld

Unter dem Begriff der Währung wird gemeinhin die gesetzlich verwirklichte Ordnung des Geldwesens eines Staatswesens einschließlich seines Währungssystems verstanden[1]. Davon ausgehend lässt sich der Begriff der Fremdwährung als diejenige Währung definieren, die am Zahlungsort nicht die Eigenschaft als gesetzliches Zahlungsmittel besitzt. Eine Fremdwährungsschuld liegt demgemäß vor, wenn die geschuldete Leistung in einer Fremdwährung bezeichnet ist und der Schuldner eine bestimmte Menge ausländischer Währungseinheiten zu leisten hat[2].

2. Das Begriffspaar der einfachen und effektiven Fremdwährungsschuld

Im deutschen Recht wird im Hinblick auf die Erfüllungsmodalitäten zwischen der einfachen und der effektiven Fremdwährungsschuld unterschieden. Gebräuchlich ist insoweit auch das inhaltlich gleichwertige Begriffspaar der unechten und echten Fremdwährungsverbindlichkeit[3]. Auch in der Schweiz und in Österreich finden sich vergleichbare Begriffe[4].

Im Hinblick auf § 244 BGB wird danach differenziert, ob dem Schuldner das Recht zusteht, die Fremdwährungsverbindlichkeit auch durch Zahlung des Gegenwertes in der Inlandswährung zu erfüllen oder ob er notwendigerweise in der Fremdwährung leisten muss. Im ersten Fall spricht man von einer einfachen, im zweiten Fall von einer effektiven Fremdwährungsverbindlichkeit.

---

1 *Kleiner*, Internationales Devisen-Schuldrecht, 43; *Reinhuber*, Grundbegriffe und internationaler Anwendungsbereich von Währungsrecht, 6; *Vorpeil*, RIW 1993, 529, 529.

2 Ähnlich auch MünchKomm/*Martiny*, Art. 34 EGBGB, Anlage I, Rn. 17; Palandt/*Heinrichs*, § 245 BGB, Rn. 17; *Vorpeil*, aaO.

3 Vgl. zu der uneinheitlichen Terminologie nur *Maier-Reimer*, NJW 1985, 2049, 2049; Staudinger/*K.Schmidt*, § 244 BGB, Rn. 6 ff.; Soergel/*Teichmann*, § 244 BGB, Rn. 29 f.

4 Vgl. dazu § 4 I und II.

Von einer einfachen Fremdwährungsschuld wird also im Folgenden gesprochen, wenn eine Fremdwährungsverbindlichkeit gem. § 244 BGB auch in inländischer Währung getilgt werden kann[5]. Dadurch wird zum einen dem Schuldner die Erfüllung seiner Zahlungsverpflichtung erleichtert und zum anderen der Gebrauch der inländischen Währung gefördert[6].

Demgegenüber handelt es sich bei einer effektiven Fremdwährungsschuld um eine solche, die nur durch effektive Zahlung in fremder Währung getilgt werden kann[7]. § 244 Abs. 1 BGB verlangt für die Wirksamkeit einer solchen Fremdwährungsschuld eine dahingehende ausdrückliche Vereinbarung. Entgegen dem Gesetzeswortlaut muss die Vereinbarung aber nicht ausdrücklich erfolgen. Vielmehr wird diese Vorschrift nach ihrem Sinn und Zweck dahingehend ausgelegt, dass eine in besonderem Maße unzweideutige Willensbekundung erforderlich ist[8]. In der Praxis wird oft die Formulierung „effektiv" verwendet[9].

II. Die vertragliche Begründung von Fremdwährungsverbindlichkeiten

Bis zum 31.12.1999 konnten Fremdwährungsschulden nach deutschem Recht nicht ohne weiteres eingegangen werden. Nach dem nunmehr aufgehobenen § 3 S. 1 WährG durften Geldschulden nur mit Genehmigung der für die Erteilung von Deveisengenehmigungen zuständigen Stelle in anderer Währung als in inländischer Währung eingegangen werden. Fehlte diese Genehmigung, so war die entsprechende Währungsvereinbarung unwirksam. Insoweit handelte es sich um ein Fremdwährungsverbot mit Genehmigungsvorbehalt[10]. Der Regelung des § 3 S. 1 WährG unterfielen sowohl einfache als auch effektive Fremdwährungsverbindlichkeiten[11].

Ausnahmsweise bedurften Rechtsgeschäfte zwischen Gebietsansässigen und Gebietsfremden keiner Genehmigung (vgl. § 49 Abs. 1 AWG). Im grenzüberschreitenden Verkehr konnten also Fremdwährungsforderungen genehmigungs-

---

5 *Maier-Reimer*, aaO.; MünchKomm/*Martiny*, Art. 34 EGBGB, Anlage I, Rn. 17; Palandt/*Heinrichs*, § 245 BGB, Rn. 19.

6 Soergel/*Teichmann*, § 244 BGB, Rn. 28.

7 *Maier-Reimer*, aaO.; MünchKomm/*Martiny*, Art. 34 EGBGB, Anlage I, Rn. 17; Palandt/*Heinrichs*, § 245 BGB, Rn. 23.

8 BGH 25.01.1954, LM § 275 BGB, Nr. 5; *Maier-Reimer*, NJW 1985, 2049, 2050; MünchKomm/*v.Maydell*, § 244 BGB, Rn. 45; Palandt/*Heinrichs*, aaO.

9 Palandt/*Heinrichs*, § 245 BGB, Rn. 23; Soergel/*Teichmann*, § 244 BGB, Rn. 30.

10 MünchKomm/*v.Maydell*, § 244 BGB, Rn. 31; Staudinger/*K.Schmidt*, Vorbem. zu § 244 ff. BGB, D 192; *Vorpeil*, RIW 1993, 529, 529.

11 MünchKomm/*Martiny*, Art. 34 EGBGB, Anlage I, Rn. 19; Staudinger/*K.Schmidt*, Vorbem. zu §§ 244 ff. BGB, D 215.

frei eingegangen werden. Das Genehmigungserfordernis beschränkte sich nur auf Rechtsgeschäfte zwischen Gebietsansässigen[12].

Das in § 3 S. 1 WährG vorgesehene Fremdwährungsverbot ist mit Ablauf des 31.12.1999 ersatzlos entfallen[13]. Die Streichung der Vorschrift geht auf das Euro-Einführungsgesetz vom 9.06.1998 zurück[14]. Für die Begründung von Valutaschulden bedarf es nunmehr keiner Genehmigung mehr[15].

III. Die Aufrechnung nach deutschem Recht

1. Funktionen der Aufrechnung

Die Aufrechnung bewirkt eine Vereinfachung des Geschäftsablaufs dadurch, dass sie an die Stelle eines tatsächlichen Leistungsaustausches eine bloß gedanklich zu vollziehende Wertanrechnung der gegenseitig geschuldeten Leistungen setzt. Darüber hinaus kommt der Aufrechnung auch eine Doppelfunktion zu. Zum einen stellt sie ein Erfüllungssurrogat dar, weil mit ihr die Tilgung der Hauptforderung bewirkt wird, der Aufrechnungsgegner aber nicht die geschuldete Leistung erhält[16]. Zum anderen kommt der Aufrechnung auch eine Sicherungsfunktion und Vollstreckungsfunktion zu. Sie hilft dem Schuldner, seine Gegenforderung im Wege der Selbsthilfe durchzusetzen[17].

2. Voraussetzungen der Aufrechnung

Die Aufrechnung ist in den §§ 387 – 396 BGB geregelt. Unter der Aufrechnung wird die wechselseitige Tilgung zweier sich im Gegenseitigkeitsverhältnis gegenüberstehenden Forderungen durch ein einseitiges Rechtsgeschäft verstanden[18]. Sie kommt nur unter folgenden Voraussetzungen zur Anwendung: Gegenseitigkeit und Gleichartigkeit der Forderungen, Durchsetzbarkeit der Gegenforderung sowie Erfüllbarkeit der Hauptforderung. Weiterhin darf die Aufrechnung nicht

---

12 MünchKomm/*Martiny*, aaO.; Soergel/*Teichmann*, § 244 BGB, Rn. 28; *Vorpeil*, aaO.

13 *Schmidt-Ränsch*, NJW 1998, 3166, 3170.

14 Vgl. zu den Wertsicherungsklauseln des § 3 S. 2 WährG nach dem Euro-Einführungsgesetz eingehend *Schmidt-Ränsch*, NJW 1998, 3166 ff.

15 Palandt/*Heinrichs*, § 245 BGB, Rn. 17 f.

16 Palandt/*Heinrichs*, § 387 BGB, Rn. 1; Staudinger/*Gursky*, Vorbem. zu §§ 387 ff. BGB, Rn. 5.

17 Palandt/*Heinrichs*, aaO.; Staudinger/*Gursky*, aaO.

18 Palandt/*Heinrichs*, aaO.; Staudinger/*Gursky*, Vorbem. zu §§ 387 ff. BGB, Rn. 1; *Vorpeil*, RIW 1993, 529, 530.

ausgeschlossen sein. Diese Voraussetzungen müssen regelmäßig im Zeitpunkt der Aufrechnungserklärung vorliegen[19].

a) Gegenseitigkeit der Forderungen

§ 387 BGB setzt voraus, dass „zwei Personen einander" Leistungen schulden, d.h., jede der beiden Personen muss also sowohl Gläubiger als auch Schuldner des jeweils anderen sein. Nicht erforderlich ist dagegen, dass die Forderungen aus einem gegenseitigen Vertrag oder aus demselben rechtlichen Verhältnis herrühren[20]. Die besondere Bedeutung des Gegenseitigkeitserfordernisses zeigt sich immer dann, wenn auf der einen oder anderen Seite mehrere Personen beteiligt sind.

Für den Fall der Gesamtschuldnerschaft bestimmt § 422 Abs. 2 BGB, dass ein Gesamtschuldner nicht mit der Forderung eines anderen Gesamtschuldners aufrechnen kann. Unberührt davon bleibt aber die Aufrechnung eines Gesamtschuldners mit seiner eigenen Forderung[21].

Entsprechend dem Grundgedanken des § 422 Abs. 2 BGB kann ein Gesellschafter nicht mit einer Gesellschaftsforderung aufrechnen, da die Gesellschaftsforderung der gesamthänderischen Bindung unterliegt[22]. Aus dem gleichen Grund ist dem Miterben die Aufrechnung mit einer Forderung der Miterbengemeinschaft versagt[23]. Jedoch steht dem Gesellschafter und dem Miterben in entsprechender Anwendung der in § 770 Abs. 2 BGB und § 129 Abs. 3 HGB getroffenen Regelung ein Leistungsverweigerungsrecht zu, solange sich der Gläubiger durch die Aufrechnung gegenüber der Gesellschaft bzw. der Miterbengemeinschaft befriedigen kann[24].

Im Fall der Gesamtgläubigerschaft kann der Schuldner mit seiner Forderung gegen einen einzelnen Gesamtgläubiger aufrechnen und auf diese Weise seine Verpflichtung gegenüber allen Gesamtgläubigern zu Fall bringen[25].

---

19 BAG 15.11.1967, NJW 1967, 813, 813; Palandt/*Heinrichs*, § 387 BGB, Rn. 2; Soergel/*Zeiss*, § 387 BGB, Rn. 1.

20 Palandt/*Heinrichs*, aaO.; Soergel/*Zeiss*, aaO.

21 *Eujen*, Aufrechnung im internationalen Verkehr, 24; Palandt/*Heinrichs*, § 387 BGB, Rn. 5; *Wolf*, Aufrechnung im internationalen Privatrecht, 18 f.

22 *Eujen*, aaO.; Palandt/*Heinrichs*, aaO.; *Wolf*, Aufrechnung im internationalen Privatrecht, 19 f.

23 *Eujen*, aaO.; Palandt/*Heinrichs*, aaO.

24 BGH 24.10.1962, BGHZ 38, 122, 128; *Eujen*, Aufrechnung im internationalen Verkehr, 24; Palandt/*Heinrichs*, aaO.; *Wolf*, Aufrechnung im internationalen Privatrecht, 20.

25 BGH 11.11.1970, BGHZ 55, 20, 33; Soergel/*Zeiss*, § 387 BGB, Rn. 2; Staudinger/*Gursky*, § 387 BGB, Rn. 23; *Wolf*, Aufrechnung im internationalen Privatrecht, 19.

Der Bürge kann mangels Gegenseitigkeit gegen die Forderung des Gläubigers nicht mit einer Forderung des Hauptschuldners aufrechnen[26]. Dagegen ist ihm die Aufrechnung mit einer eigenen Forderung zwar nicht gegen die Hauptschuld, wohl aber gegen die Bürgschaftsschuld gestattet[27].

Von dem Erfordernis der Gegenseitigkeit macht das Gesetz verschiedene Ausnahmen. Diese führen zu einer Erweiterung der Aufrechnungsmöglichkeiten.

§ 268 Abs. 2 BGB erlaubt einem Dritten die Aufrechnung auch dann, wenn die erforderliche wechselseitige Rechtsinhaberschaft nicht gegeben ist. Nach dieser Vorschrift darf ein ablösungsberechtigter Dritter mit seiner Forderung gegen eine Forderung des Gläubigers gegen den Schuldner aufrechnen, wenn der Gläubiger in einen Gegenstand des Schuldners vollstreckt und dadurch der Aufrechnende sein Recht oder seinen Besitz an der Sache verlieren könnte[28]. Im Interesse des Dritten wird hier ausnahmsweise auf die Gegenseitigkeit verzichtet[29].

§ 406 BGB normiert eine weitere praktisch wichtige Ausnahme vom Erfordernis der Wechselseitigkeit. Wenn bereits eine Aufrechnungslage bestand und danach eine Seite ihre Forderung abgetreten hat, kann der Schuldner dieser Forderung mit einer gegen den Zedenten gerichteten Gegenforderung gegen die – nunmehr abgetretene – Forderung des Zessionars aufrechnen, obwohl die beiden Forderungen nicht im Gegenseitigkeitsverhältnis zueinander stehen[30].

Der Schutzgedanke des § 406 BGB, nämlich zu verhindern, dass der Schuldner durch die Abtretung schlechter gestellt wird, indem ihm eine bisher vorhandene oder zumindest zu erwartende Aufrechnungsmöglichkeit gegenüber dem Zedenten genommen wird, zeigt sich noch deutlicher in einem anderen Fall. Nach § 406 BGB besteht die Aufrechnungsmöglichkeit selbst dann, wenn der Schuldner die gegen den Zedenten gerichtete Gegenforderung zeitlich erst nach der Abtretung der Hauptforderung erworben hat, wobei er dabei von der Abtretung nichts wissen darf und die erworbene vor der abgetretenen Forderung fällig sein muss[31].

Abgesehen von dieser Aufrechnungsmöglichkeit gestattet § 407 BGB dem Schuldner, auch nach Abtretung der Hauptforderung noch mit befreiender Wir-

---

26 BGH 11.04.1957, BGHZ 24, 97, 98; Soergel/*Zeiss*, aaO.; Staudinger/*Gursky*, § 387 BGB, Rn. 15.

27 RG 7.02.1903, RGZ 53, 403, 405; Palandt/*Heinrichs*, § 387 BGB, Rn. 4; Soergel/*Zeiss*, aaO.; Staudinger/*Gursky*, aaO.

28 *Medicus*, Schuldrecht, Rn. 263; Palandt/*Heinrichs*, aaO.; Soergel/*Zeiss*, § 387 BGB, Rn. 4; Staudinger/*Gursky*, § 387 BGB, Rn. 8.

29 *Medicus*, aaO.

30 *Eujen*, Aufrechnung im internationalen Verkehr, 25; *v.Feldmann*, JuS 1983, 357, 358; *Medicus*, aaO.; Staudinger/*Gursky*, § 387 BGB, Rn. 51; *Wolf*, Aufrechnung im internationalen Privatrecht, 24.

31 *Eujen*, aaO.; Staudinger/*Gursky*, aaO.; *Wolf*, aaO.

kung gegenüber dem Zedenten die Aufrechnung zu erklären, solange er nichts von der Abtretung weiß[32].

Eine weitere Ausnahme vom Gegenseitigkeitserfordernis ergibt sich aus dem Gesichtspunkt von Treu und Glauben. Anwendungsfälle sind z.B. die Treuhand und die Inkassozession[33]. Gemeinsam ist diesen Fällen, dass der Gläubiger nur formal als solcher auftritt, der eigentliche Rechtsinhaber aber ein anderer ist. Der Schuldner kann trotz fehlender Gegenseitigkeit mit seiner Aufrechnung auf den eigentlichen Gläubiger zugreifen. Hierbei ist im Einzelfall jedoch zu prüfen, ob es gegen Treu und Glauben verstößt, wenn sich der eigentliche Gläubiger gegenüber dem Schuldner auf das Fehlen der Gegenseitigkeit beruft[34].

b) Gleichartigkeit der Forderungen

Nach § 387 BGB müssen die im Gegenseitigkeitsverhältnis zueinander stehenden Forderungen „ihrem Gegenstande nach gleichartig" sein. Die beiden Leistungsverpflichtungen müssen also denselben Inhalt haben[35]. Sie brauchen nicht aus demselben rechtlichen Verhältnis zu entspringen. Anders als das Zurückbehaltungsrecht des § 273 BGB setzt die Aufrechnung nicht die Gleichartigkeit des Schuldgrundes (Konnexität), sondern die Gleichartigkeit der Forderungen voraus[36].

Maßgebend für die Beurteilung der Frage, ob die einander gegenüberstehenden Forderungen gleichartig sind, ist die Verkehrsanschauung[37]. Denkbar ist die Gleichartigkeit bei Geldforderungen sowie bei sonstigen Forderungen auf Leistungen vertretbarer Sachen, wenn diese derselben Gattung angehören. Doch kommt sie praktisch nur bei Geldforderungen vor[38]. Nach heute allgemeiner Meinung sind gegenseitige Forderungen auf Geld in derselben Währung gleichartig[39]. Ob auch Forderungen in verschiedenen Währungen als gleichartig i.S.d.

---

32 *Eujen*, Aufrechnung im internationalen Verkehr, 26; Staudinger/*Gursky*, aaO.; *Wolf*, Aufrechnung im internationalen Privatrecht, 24 f.

33 *v.Feldmann*, JuS 1983, 357, 358; Palandt/*Heinrichs*, § 387 BGB, Rn. 7.

34 *v.Feldmann*, aaO.

35 *Medicus*, Schuldrecht, Rn. 264.

36 BGH 11.01.1955, BGHZ 16, 124, 127; *v.Feldmann*, JuS 1983, 357, 358; *Fikentscher*, Schuldrecht, Rn. 291; Palandt/*Heinrichs*, § 387 BGB, Rn. 8; Soergel/*Zeiss*, § 387 BGB, Rn. 5; Staudinger/*Gursky*, § 387 BGB, Rn. 56.

37 *v.Feldmann*, JuS 1983, 357, 359; Staudinger/*Gursky*, aaO.

38 *Medicus*, Schuldrecht, Rn. 264; Palandt/*Heinrichs*, § 387 BGB, Rn. 9; Soergel/*Zeiss*, § 387 BGB, Rn.5.

39 *v.Feldmann*, aaO.; Soergel/*Zeiss*, aaO.; Staudinger/*Gursky*, § 387 BGB, Rn. 67. Nach wie vor besteht keine Einigkeit, ob Geldsummenforderungen, wie z.B. Kaufpreisforderungen, und Geldwertforderungen, wie z.B. Schadensersatzforderungen, gleichartig sind; vgl. dazu Staudinger/*Gursky*, § 387 BGB, Rn. 70 m.w.N.

§ 387 BGB betrachtet werden können, ist in der Rechtsprechung und Literatur umstritten. In den nachfolgenden Ausführungen wird dazu eingehend Stellung genommen.

c) Durchsetzbarkeit der Gegenforderung

Das Erfordernis der Durchsetzbarkeit der Gegenforderung erklärt sich daraus, dass mit der Aufrechnung die Forderung des Aufrechnenden durchgesetzt wird. Aus diesem Grund dürfen der Durchsetzung der Gegenforderung keine rechtlichen Hindernisse entgegenstehen[40]. Eine Gegenforderung ist in diesem Sinne durchsetzbar, wenn sie rechtlich erzwingbar, einredefrei und fällig ist[41].

An der rechtlichen Erzwingbarkeit fehlt es bei so genannten unvollkommenen Verbindlichkeiten, wie z.B. Spiel- und Wettschulden i.S.d. § 762 BGB. Da derartige Verbindlichkeiten nicht erfolgreich klageweise geltend gemacht werden können, scheidet auch die Aufrechnung mit Forderungen aus Spiel und Wette aus. Die Aufrechnung gegen solche Forderungen ist hingegen möglich[42].

Weiterhin muss die Gegenforderung einredefrei sein, wie sich aus § 390 S. 1 BGB ergibt. Diese Norm schränkt die Aufrechnungsmöglichkeit weiter ein, indem sie sogar eine Forderung, der eine Einrede, wie z.B. die Einrede des Zurückbehaltungsrechts des § 273 BGB, entgegensteht, der Aufrechnung entzieht. Dadurch soll verhindert werden, dass sich ein Gläubiger, der eine klageweise Durchsetzung seine Anspruchs wegen einer Einrede des Schuldners nicht zu erreichen vermag, sich Befriedigung durch Aufrechnung verschafft[43].

Für die Einrede der Verjährung macht das Gesetz in § 390 S. 2 BGB eine wichtige Ausnahme. War die Gegenforderung noch nicht verjährt, als sie der Hauptforderung aufrechenbar gegenübertrat, so schließt die Verjährung der Gegenforderung die Aufrechnung nicht aus. Ähnlich wie bei § 406 BGB schützt das Gesetz insoweit wiederum das Vertrauen in die einmal entstandene Aufrechnungslage[44].

Zuletzt muss die Gegenforderung auch fällig sein. Damit werden insbesondere aufschiebend bedingte sowie künftige Forderungen von der Aufrechnung ausgenommen[45].

---

40 *Medicus*, Schuldrecht, Rn. 267.

41 Palandt/*Heinrichs*, § 387 BGB, Rn. 11.

42 *v.Feldmann*, aaO.; Palandt/*Heinrichs*, § 387 BGB, Rn. 12; Staudinger/*Gursky*, § 387 BGB, Rn. 94.

43 *Medicus*, Schuldrecht, Rn. 268.

44 *v.Feldmann*, JuS 1983, 357, 359; *Medicus*, aaO.

45 *v.Feldmann*, aaO; *Medicus*, Schuldrecht, Rn. 269; Palandt/*Heinrichs*, § 387 BGB, Rn. 11; Staudinger/*Gursky*, § 387 BGB, Rn. 111.

Anders als das englische Recht fordert das BGB nur die Durchsetzbarkeit, nicht auch die Liquidität der Gegenforderung[46]. Im deutschen Recht kann das Gericht im Fall einer nicht konnexen und illiquiden Forderung lediglich eine Prozesstrennung anordnen (§ 145 Abs. 3 ZPO) sowie bei Spruchreife der Klageforderung ein Vorbehaltsurteil erlassen (§ 302 ZPO)[47].

d) Erfüllbarkeit der Hauptforderung

Anders als die Gegenforderung muss die Hauptforderung nicht durchsetzbar sein. Im Hinblick auf die Hauptforderung ist allein das Interesse des Gläubigers am Fortbestand seiner Forderung zu berücksichtigen. Sofern die Forderung erfüllbar ist, ist sein Interesse nicht schutzwürdig. Aus diesem Grund muss die Hauptforderung nur erfüllbar sein[48].

e) Ausschluss der Aufrechnung

Die Parteien können die Aufrechnung vertraglich ausschließen oder beschränken (§ 305 BGB)[49]. Derartige Vereinbarungen finden sich oft in den AGB, wie z.B. die Klausel „netto Kasse gegen Rechnung und Verladepapiere"[50]. Eine Grenze für die Zulässigkeit des Aufrechnungsausschlusses zieht insoweit § 11 Nr. 3 AGBG, der den Aufrechnungsausschluss für unbestrittene oder rechtskräftig festgestellte Gegenforderungen verbietet.

Ein gesetzliches Aufrechnungsverbot begründet die in § 392 BGB genannte Beschlagnahme der Hauptforderung. Hauptanwendungsfall ist dabei die Pfändung der Forderung durch einen Dritten[51]. Nach § 393 BGB kann gegen eine Forderung aus einer vorsätzlich begangenen unerlaubten Handlung nicht aufgerechnet werden. Ein weiterer wichtiger Aufrechnungsausschluss findet sich in

---

46 BGH 11.01.1955, BGHZ 16, 124, 129; 13.07.1970, BGHZ 54, 244, 248; *Fikentscher*, Schuldrecht, Rn. 291; Staudinger/*Gursky*, § 387 BGB, Rn. 121; vgl. zu den Voraussetzungen der Aufrechnung im englischen Recht S. 129 ff.

47 *Wolf*, Aufrechnung im internationalen Privatrecht, 32.

48 *Fikentscher*, Schuldrecht, Rn. 290; *Medicus*, Schuldrecht, Rn. 270; Palandt/*Heinrichs*, § 387 BGB, Rn. 12; Soergel/*Zeiss*, § 387 BGB, Rn. 10; *v.Feldmann*, JuS 1983, 357, 359; Staudinger/*Gursky*, § 387 BGB, Rn. 98; *Wolf*, Aufrechnung im internationalen Privatrecht, 33.

49 BGH 12.10.1983, NJW 1984, 357, 358; *Eujen*, Aufrechnung im internationalen Verkehr, 29; *Fikentscher*, Schuldrecht, 293; *v.Feldmann*, JuS 1983, 357, 361; *Medicus*, Schuldrecht, Rn. 271; Palandt/*Heinrichs*, § 387 BGB, Rn. 14; Soergel/*Zeiss*, § 387 BGB, Rn. 11; Staudinger/*Gursky*, § 387 BGB, Rn. 156.

50 *Fikentscher*, aaO.; Palandt/*Heinrichs*, aaO.; Soergel/*Zeiss*, aaO.

51 *Medicus*, Schuldrecht, Rn. 272; Palandt/*Heinrichs*, § 392 BGB, Rn. 1; Staudinger/*Gursky*, § 392 BGB, Rn. 4.

§ 394 S. 1 BGB, der insbesondere Lohn- und Gehaltsforderungen erfasst, soweit diese nicht der Pfändung unterworfen sind. Die Unpfändbarkeit i.S.d. §§ 850 ff. ZPO bezweckt, dem Vollstreckungsschuldner das zu einer bescheidenen Existenz Erforderliche zu belassen. Deshalb dürfen unpfändbare Forderungen auch nicht durch Aufrechnung beeinträchtigt werden[52]. Gerade im Zusammenhang mit § 394 S. 1 BGB ist immer zu beachten, dass die Berufung auf den Aufrechnungsausschluss durch Treu und Glauben eingeschränkt sein kann[53]. Dies ist beispielsweise der Fall, wenn der Arbeitgeber gegen eine Lohnforderung mit einer Schadensersatzforderung aus einer vorsätzlich begangenen unerlaubten Handlung des Arbeitnehmers aufrechnen will[54].

3. Vollzug und Wirkung der Aufrechnung

Die Aufrechnung entfaltet ihre Tilgungswirkung erst mit der Aufrechnungserklärung i.S.d. § 388 S. 1 BGB. Hierbei handelt es sich um eine empfangsbedürftige Willenserklärung des Aufrechnenden, die den Willen zur Aufrechnung ergibt[55]. Nach Satz 2 der Vorschrift darf die Aufrechnungserklärung – wie auch die Ausübung der übrigen Gestaltungsrechte – nicht bedingt oder befristet sein.

Die Aufrechnung bewirkt das Erlöschen von Haupt- und Gegenforderung, soweit beide sich decken. Die Tilgungswirkung tritt nicht erst ab der Aufrechnungserklärung, sondern gem. § 389 BGB rückwirkend ab dem Zeitpunkt der Aufrechnungslage ein. Folge der Rückwirkung ist, dass inzwischen zeitlich eingetretene Rechtsfolgen wie Verzug oder Zinspflicht von selbst entfallen[56].

§ 3 Der gegenwärtige Meinungsstand

Der gegenwärtige Meinungsstand zur Frage, ob Forderungen verschiedener Währung aufgerechnet werden können, zeichnet sich vor allem dadurch aus, dass der in Rechtsprechung und Literatur wohl noch immer vorherrschenden Auffassung eine Vielzahl verschiedener Lösungsansätze gegenüberstehen.

---

52 *Medicus*, Schuldrecht, Rn. 274; Palandt/*Heinrichs*, § 394 BGB, Rn. 1; Staudinger/*Gursky*, § 394 BGB, Rn. 4.

53 *v.Feldmann*, JuS 1983, 357, 361; *Medicus*, aaO.; Palandt/*Heinrichs*, § 394 BGB, Rn. 2; Staudinger/*Gursky*, § 394 BGB, Rn. 51.

54 St. Rspr. seit RGZ 26.05.1914, RGZ 85, 108, 116 ff.; BGH 22.04.1959, BGHZ 30, 36, 39; Staudinger/*Gursky*, § 394 BGB, Rn. 52.

55 *Medicus*, Schuldrecht, Rn. 277; Palandt/*Heinrichs*, § 388 BGB, Rn. 1; Soergel/*Zeiss*, § 388 BGB, Rn. 1; Staudinger/*Gursky*, § 388 BGB, Rn. 3.

56 BGH 6.05.1981, BGHZ 80, 269, 278 f.; 23.01.1991, NJW-RR 1991, 568, 569; Palandt/*Heinrichs*, § 389 BGB, Rn. 2; Soergel/*Zeiss*, § 389 BGB, Rn. 1; Staudinger/*Gursky*, § 389 BGB, Rn. 19 f.

Die wohl h.M. im Schriftum verneint die Gleichartigkeit von Forderungen in verschiedenen Währungen[57]. Von diesem Grundsatz macht sie aber eine für die Praxis bedeutsame Ausnahme. Der Schuldner einer einfachen Fremdwährungsverbindlichkeit soll mit seiner in inländischer Währung ausgedrückten Forderung aufrechnen können[58]. Folgen dieser Ansicht sind zum einen, dass ein Fremdwährungsgläubiger nicht aufrechnen kann sowie zum anderen, dass eine Aufrechnung von währungsverschiedenen Forderungen, bei denen keine in inländischer Währung ausgedrückt ist, schlechterdings ausscheidet.

Auch im Hinblick auf diese Konsequenzen mehren sich gerade in jüngerer Zeit die Einwände gegen die vorherrschende Ansicht[59]. Das Spektrum der in der Literatur anzutreffenden Meinungen reicht von der Ansicht, dass währungsverschiedene Forderungen stets gleichartig sind[60], bis zur Auffassung, dass Forderungen verschiedener Währung nur bei freier Konvertibilität der Währungen ohne weiteres gegeneinander aufgerechnet werden können[61].

In der Rechtsprechung wird in Anlehnung an die reichsgerichtliche Entscheidung aus dem Jahr 1922[62] zwar überwiegend die Gleichartigkeit von währungsverschiedenen Forderungen verneint[63], doch hat in der obergerichtlichen Rechtsprechung auch die Auffassung Niederschlag gefunden, wonach frei konvertible Währungen gleichartig und deshalb der Aufrechnung zugänglich sind[64].

Zunächst soll ein Überblick über die wesentlichen Hauptansätze in Rechtsprechung und Literatur zu zwei Fragen gegeben werden. Sind Forderungen verschiedener Währung gleichartig i.S.d. § 387 BGB ? Und zu welchem Zeitpunkt ist ggf. die Umrechnung der beteiligten Währungen vorzunehmen ? Daran anschließend sind die Ansichten einer kritischen Würdigung zu unterziehen.

---

57 Vgl. nur *Nussbaum*, Deutsches internationales Privatrecht, § 39 VIII sowie *Gruber*, MDR 1992, 121, 122.

58 Vgl. nur *Henn*, MDR 1952, 584, 585.

59 Vgl. nur *v.Hoffmann*, IPRax 1981, 155, 156 sowie *K.Schmidt*, FS Odersky, 686, 699 f.

60 Vgl. nur *Birk*, AWD 1969, 12, 15.

61 Vgl. nur *Maier-Reimer*, NJW 1985, 2049, 2051.

62 RG 20.12.1922, RGZ 106, 99 ff.

63 Vgl. nur Obergericht Danzig 28.02.1934, JW 1934, 1855 f. sowie KG 29.06.1988, NJW 1988, 2181.

64 Vgl. OLG Koblenz 3.05.1991, RIW 1992, 59 ff.

I. Aufrechenbarkeit währungsverschiedener Forderungen

1. Ansichten im Schriftum

a) Ungleichartigkeit währungsverschiedener Forderungen

Die vorherrschende Ansicht in der Literatur geht davon aus, dass Forderungen verschiedener Währung ungleichartig sind. Eine Aufrechnung von Forderungen, die in unterschiedlichen Währungen ausgedrückt sind, scheidet dieser Ansicht nach grundsätzlich aus[65].

Für die Frage der Gleichartigkeit wird weiterhin danach differenziert, ob eine einfache oder eine effektive Fremdwährungsschuld vorliegt[66]. Im Fall einer einfachen Fremdwährungsverbindlichkeit entfalle die Ungleichartigkeit zwischen der auf inländischer Währung lautenden und der in fremder Währung ausgedrückten Geldforderung, wenn der Fremdwährungsschuldner durch die Aufrechnung von seiner Ersetzungsbefugnis gem. § 244 Abs. 1 BGB Gebrauch mache und auf diese Weise die Gleichartigkeit der Forderungen herstelle. Der Schuldner einer einfachen Fremdwährungsverbindlichkeit könne also mit seiner Euro- (bzw. DM-) Forderung aufrechnen. Voraussetzung sei aber, dass § 244 Abs. 1 BGB überhaupt anwendbar sei[67].

Dagegen verbleibe es im Fall einer effektiven Fremdwährungsverbindlichkeit bei der Ungleichartigkeit der währungsverschiedenen Forderungen. Da die Ersetzungsbefugnis des § 244 Abs. 1 BGB in einem derartigen Fall abbedungen sei, könne weder der Fremdwährungsschuldner noch der –gläubiger aufrechnen[68].

b) Funktionelle Gleichwertigkeit währungsverschiedener Forderungen

Nach einer im Schriftum vereinzelt vertretenen Ansicht sind währungsverschiedene Forderungen stets gleichartig[69]. Die Gleichartigkeit der Forderungen folge

---

65 *v.Feldmann*, JuS 1983, 357, 359; *Gäbel*, Neuere Probleme zur Aufrechnung im internationalen Privatrecht, 57 f.; *Gruber*, MDR 1992, 121, 122; *Henn*, MDR 1956, 584, 585; *Nussbaum*, Deutsches internationales Privatrecht, § 39 VIII; *ders.*, Das Geld in Theorie und Praxis des deutschen und ausländischen Rechts, 225; Palandt/*Heinrichs*, § 387 BGB, Rn. 9; *Reithmann/Martiny*, Internationales Vertragsrecht, Rn. 287; *Wolf*, Aufrechnung im internationalen Privatrecht, 29.

66 *Gäbel*, aaO.; *Gruber*, aaO.; *Henn*, aaO.; *Nussbaum*, Geld in Theorie und Praxis des deutschen und ausländischen Rechts, aaO.; Palandt/*Heinrichs*, aaO.; *Reithmann/Martiny*, aaO.; *Wolf*, Aufrechnung im internationalen Privatrecht, 29 f.

67 *v.Feldmann*, aaO.; *Gäbel*, aaO.; *Gruber*, aaO.; *Henn*, aaO.; Palandt/*Heinrichs*, aaO.; *Reithmann/Martiny*, aaO.; Soergel/*Zeiss*, § 387 BGB, Rn. 6; *Wolf*, Aufrechnung im internationalen Privatrecht 30.

68 *Gruber*, MDR 1992, 121, 122.

69 *Birk*, AWD 1969, 12, 15.

daraus, dass sich eine Geldschuld in einer bestimmten Währung ohne weiteres in den Einheiten einer anderen Währung ausdrücken lässt, ohne dass es dazu eines vermittelnden Wertmessers bedürfe. Währungsverschiedene Forderungen seien funktionell gleichwertig und deshalb gleichartig. Eines Rückgriffs auf § 244 Abs. 1 BGB bedürfe es deshalb nicht[70].

Aus diesem Grund könne sowohl der Gläubiger als auch der Schuldner einer einfachen Fremdwährungsverbindlichkeit aufrechnen[71]. Während aber der Gläubiger einer effektiven Fremdwährungsschuld stets mit seiner Fremdwährungsforderung aufrechnen könne, scheide aber eine Aufrechnung gegen eine effektive Fremdwährungsverbindlichkeit regelmäßig aus, da der Fremdwährungsgläubiger mit der Effektivklausel im Zweifel gerade die Zahlung in der Fremdwährung begehrt, etwa weil er mit dem zu fordernden Geld seinerseits Verpflichtungen nachkommen wolle, die er in dieser Währung eingegangen sei[72].

c) Eingeschränkte Aufrechenbarkeit bei frei konvertiblen Währungen

Nach einer weiteren im Schriftum vertretenen Meinung sind nur Forderungen, die in einer frei konvertiblen Währung ausgedrückt sind, gleichartig und einer Aufrechnung zugänglich[73]. Bei freier Währungskonvertibilität könne der Fremdwährungsgläubiger immer gegen die in inländischer Währung ausgedrückte Forderung aufrechnen[74].

Demgegenüber beurteile sich die Frage, ob der Schuldner einer Fremdwährungsverbindlichkeit aufrechnen könne, auch bei Annahme freier Konvertibilität danach, ob eine einfache oder effektive Fremdwährungsschuld vorliege[75]. So könne zwar der Schuldner einer einfachen Fremdwährungsschuld gegen die in ausländischer Währung ausgedrückte Forderung aufrechnen, nicht aber auch der Schuldner einer effektiven Fremdwährungsverbindlichkeit[76]. Dass Letzterem die Aufrechnung verwehrt sei, folge aus dem Zweck der Effektivklausel. Eine Aufrechnung würde dem Zweck der effektiven Fremdwährungsschuld zuwiderlaufen[77].

70 *Birk*, aaO.
71 *Birk*, aaO.
72 *Birk*, AWD 1969, 12, 16.
73 *K.Schmidt*, FS Odersky, 685, 699 f.; Soergel/*Teichmann*, § 244 BGB, Rn. 31.
74 *K.Schmidt*, aaO.; ähnlich auch Soergel/*Teichmann*, aaO.
75 *K.Schmidt*, FS Odersky, 685, 700; Soergel/*Teichmann*, § 244 BGB, Rn. 31, 37.
76 *K.Schmidt*, aaO.; Soergel/*Teichmann*, aaO.
77 Soergel/*Teichmann*, § 244 BGB, Rn. 37.

d) Uneingeschränkte Aufrechenbarkeit bei frei konvertiblen Währungen

In der Literatur wird schließlich auch vorgeschlagen, ausschließlich das Kriterium der Währungskonvertibilität über die Aufrechenbarkeit von Forderungen, die in verschiedenen Währungen ausgedrückt sind, entscheiden zu lassen[78].

Danach seien währungsverschiedene Forderungen stets gleichartig, wenn die beteiligten Währungen frei konvertibel seien[79]. Dies sei durch einen konkreten Vergleich der am Erfüllungsort beider Geldleistungen geltenden Devisenvorschriften zu ermitteln[80]. Nur wenn sowohl am Erfüllungsort der Hauptforderung als auch an dem der Gegenforderung freie Konvertibilität der jeweiligen Währung bestehe, seien die währungsverschiedenen Forderungen gleichartig und damit eine Aufrechnung zulässig. Andernfalls sei die Ungleichartigkeit der Forderungen anzunehmen[81].

Für die Gleichartigkeit der aufzurechnenden Forderungen komme es also nicht darauf an, ob eine einfache oder effektive Fremdwährungsschuld vorliege oder ob der Fremdwährungsgläubiger oder -schuldner aufrechne[82]. Bei freier Konvertibilität der Währungen könne sowohl der Gläubiger als auch der Schuldner einer Fremdwährungsverbindlichkeit aufrechnen[83].

2. Ansichten in der Rechtsprechung

a) Ungleichartigkeit währungsverschiedener Forderungen

Der BGH hat im Jahr 1992 zum Problemkreis der Gleichartigkeit von Fremdwährungsverbindlichkeiten Stellung genommen[84]. Dem Urteil lag - etwas verkürzt - folgender Sachverhalt zugrunde:

Im Zeitraum zwischen 1984 bis 1986 hatte die New Yorker Klägerin aufgrund eines Darlehens mehrfach Zahlungen in US-Dollar an den deutschen Beklagten geleistet. Als die Klägerin die Rückzahlung von 35.000,- US-Dollar einklagte, nahm der Beklagte eine Verrechnung mit der nach seiner Auffassung

---

78 *Frigge*, Externe Lücken, 104; *Maier-Reimer*, NJW 1985, 2049, 2051; Soergel/*v.Hoffmann*, Art. 32 EGBGB, Rn. 56; *ders.*, IPRax 1981, 155, 156; Staudinger/*Magnus*, Art. 32 EGBGB, Rn. 63.

79 *Frigge*, aaO.; Soergel/*v.Hoffmann*, aaO.; *Maier-Reimer*, aaO.; Staudinger/*Magnus*, aaO.

80 *v.Hoffmann*, aaO.

81 *v.Hoffmann*, aaO.; Soergel/*v.Hoffmann*, aaO.

82 *Maier-Reimer*, aaO.

83 *Maier-Reimer*, NJW 1985, 2049, 2051.

84 BGH 7.04.1992, IPRax 1994, 366 f.; vgl. zur Entscheidung eingehend *Grothe*, IPRax 1994, 346 ff.

bestehenden wechselseitigen Forderungen vor und erhob Widerklage auf Zahlung des von ihm errechneten Habensaldos in DM.

Während das LG München I der Klage stattgegeben und die Widerklage abgewiesen hatte, änderte das OLG München das erstinstanzliche Urteil ab und verurteilte den Beklagten zur Zahlung von rund 95.000,- DM. Der BGH hat das Urteil des OLG München aufgehoben und die Sache an das Berufungsgericht zurückgewiesen[85].

Nach Ansicht des BGH habe das Berufungsgericht u.a. § 308 Abs. 1 S. 1 ZPO verletzt, indem es den Beklagten zur Zahlung in DM verurteilt habe, obwohl der Klageantrag ausschließlich auf Zahlung in US-Dollar gerichtet gewesen sei. Ein Verstoß gegen diese Vorschrift ergebe sich daraus, dass ausweislich der Regelung des § 244 Abs. 1 BGB Fremdwährungsverbindlichkeiten und Heimwährungsverbindlichkeiten nicht gleichartig seien[86].

Auch wenn der BGH nicht ausdrücklich zur Frage der Gleichartigkeit i.S.v. § 387 BGB Stellung nehmen musste, so deutet doch der Umstand, dass er sich im Rahmen seiner Ausführungen auf die Rechtsprechung des RG und KG bezieht, wonach währungsverschiedene Forderungen ungleichartig i.S.d. § 387 BGB sind[87], darauf hin, dass er sich in dieser Frage wohl in der Kontinuität der von ihm zitierten Rechtsprechung sieht. Dafür sprechen weiterhin folgende Ausführungen zum maßgeblichen Umrechnungskurs: „Soweit der Schuldner von der ihm durch § 244 BGB gleichfalls eröffneten Möglichkeit Gebrauch macht, gegenüber der unechten Valutaschuld mit einer auf Deutsche Mark lautenden Schuld aufzurechnen, gilt für die Umrechnung der Kurs im Zeitpunkt des Zugangs der Aufrechnungserklärung“[88].

Auch sonst herrscht in der Rechtsprechung noch immer die Auffassung vor, wonach währungsverschiedene Forderungen ungleichartig sind und eine Aufrechnung deshalb grundsätzlich ausgeschlossen ist[89].

Wie auch im Schriftum wird für die Frage der Gleichartigkeit der Forderungen aber weiterhin danach differenziert, ob eine einfache oder effektive Fremdwährungsschuld vorliegt[90]. Im Fall einer einfachen Fremdwährungsverbindlich-

---

85 BGH 7.04.1992, IPRax 1994, 366, 366.

86 BGH 7.04.1992, aaO.

87 BGH 7.04.1992, aaO. zitiert sowohl die beiden Entscheidungen des RG (RG 20.12.1922, RGZ 106, 99, 100; RG 16.05.1941, RGZ 167, 60, 62) als auch die Entscheidung des KG (KG 29.06.1988, NJW 1988, 2181, 2181).

88 BGB 7.4.1992, aaO.

89 RG 20.12.1922, RGZ 106, 99, 100; RG 16.05.1941, RGZ 167, 60, 62; OLG Frankfurt a.M. 27.10.1966, NJW 1967, 501, 503; LG Hamburg 16.11.1973, AWD 1974, 410, 410; LG Hamburg 19.06.1980, IPRax 1981, 174, 174 (mitgeteilt von *Burkhard Piltz*); KG 29.06.1988, NJW 1988, 2181, 2181.

90 Obergericht Danzig 28.02.1934, JW 1934, 1855, 1856; OLG Frankfurt a.M. 27.10.1966, aaO.; KG 29.06.1988, aaO.

keit könne der Fremdwährungsschuldner gegen die in ausländischer Währung bestehende Forderung aufrechnen. Indem er durch die Aufrechnung von seiner Ersetzungsbefugnis Gebrauch mache, entfalle die Ungleichartigkeit der Forderungen[91].

Mangels einer Ersetzungsbefugnis des Fremdwährungsschuldners komme eine Aufrechnung aber dann nicht in Betracht, wenn die Zahlung in fremder Währung ausdrücklich bedungen sei[92]. Aus dem gleichen Grund könne auch der Fremdwährungsgläubiger nicht gegen eine in inländischer Währung ausgedrückte Forderung aufrechnen[93].

b) Uneingeschränkte Aufrechenbarkeit bei frei konvertiblen Währungen

In der neueren Rechtsprechung wird dagegen auch die Ansicht vertreten, dass frei konvertible Währungen gleichartig sind. Das OLG Koblenz hatte in seinem Urteil aus dem Jahr 1991 über die Aufrechenbarkeit von Forderungen verschiedener Währungen zu entscheiden[94]. Dem Urteil lag folgender Sachverhalt zugrunde:

Die Klägerin mit Sitz in Italien stellte Textilien her und vertrieb sie. Im Jahr 1986 machte sie mit ihrer Klage gegen die Beklagten, dem Inhaber (Beklagter zu 1)) und der angeblichen Miterbin (Beklagte zu 2)) einer deutschen Modeagentur, Restkaufpreis- und Aufwendungsersatzansprüche aus der Lieferung von Pullovern in großer Stückzahl geltend. Die von ihr eingeklagten Forderungen lauteten auf italienische Lire. Der Beklagte zu 1) rechnete mit Schadensersatzansprüchen gegen die Klägerin auf, die auf Deutsche Mark lauteten.

Das Landgericht hat die Beklagten zur Zahlung des Restkaufpreises verurteilt. Das OLG Koblenz hat die Berufung der Beklagten abgewiesen. Nach Ansicht des Gerichts ist die Aufrechnung des Beklagten zu 1) zwar zulässig gewesen, doch sind die vom diesem geltend gemachten Gegenforderungen unbegründet gewesen[95].

Das OLG Koblenz wendete auf den Fall das Haager Kaufrecht an, da die Kaufverträge bereits 1985 abgeschlossen wurden. Das Gericht hielt die klägerseits geltend gemachten Restkaufpreisansprüche für begründet. Aus diesem

---

91 RG 20.12.1922, aaO.; Obergericht Danzig 28.02.1934, aaO.; OLG Frankfurt a.M. 27.10.1966, aaO.; OLG Hamburg, 7.12.1978, VersR 1979, 833, 834.

92 OLG Frankfurt a.M. 27.10.1966, aaO.

93 OLG Frankfurt a.M. 27.10.1966, aaO.; LG Hamburg 16.11.1973, aaO.; a.A.: RG 16.05.1941, RGZ 167, 60, 62, das die Aufrechnung des Fremdwährungsgläubigers gegen eine in Reichsmark ausgedrückte Forderung unter Hinweis auf eine sich aus ergänzender Vertragsauslegung (§ 157 BGB) ergebene Ersetzungsbefugnis zuließ.

94 OLG Koblenz 3.05.1991, RIW 1992, 59 ff.

95 OLG Koblenz 3.05.1991, RIW 1992, 59, 61.

Grund musste es sich mit den zur Aufrechnung gestellten Forderungen auseinandersetzen, die auf verschiedene Währungen lauteten. Das Gericht nahm eine stillschweigende Wahl des deutschen Rechts durch die Parteien an und prüfte die Voraussetzungen der §§ 387 ff. BGB.

Im Hinblick auf das Gleichartigkeitserfordernis des § 387 BGB schloss sich das Gericht der im Schriftum vertretenen Auffassung an, wonach bei frei konvertiblen Währungen die Aufrechnung gegen eine in ausländischer Währung ausgedrückte Hauptforderung immer zulässig sei, auch dann, wenn die Hauptforderung im Ausland zu erfüllen sei. Bei frei umtauschbaren Währungen handele es sich nämlich bei der in ausländischer Währung ausgedrückten Hauptforderung und der in inländischer Währung ausgedrückten Gegenforderung ihrem Wesen nach um gleichartige Forderungen, deren Ungleichartigkeit auf die unterschiedliche Bezeichnung reduziert sei. Der unterschiedliche innere Wert der beiden Währungen mache die beiderseitigen Geldschulden nicht ungleichartig i.S.d. § 387 BGB[96].

II. Umrechnung der Währungen

Ganz überwiegend wird für die Umrechnung der beteiligten Währungen auf die Vorschrift des § 244 Abs. 2 BGB zurückgegriffen. Danach erfolgt die Umrechnung nach dem Kurswert, der zur Zeit der Zahlung für den Zahlungsort maßgeblich ist.

Die Regelung des § 244 Abs. 1 BGB wird für die Umrechnung herangezogen, weil bei der Aufrechnung die „Zahlung" durch die Geltendmachung der Aufrechnung erfolgt. Aus diesem Grund gilt für die Umrechnung der Kurswert am Tag des Zugangs der Aufrechnungserklärung. Dieser Umrechnungszeitpunkt wird überwiegend in der Rechtsprechung[97] und im Schriftum[98] vertreten. Insbesondere

---

96 OLG Koblenz 3.05.1991, aaO.

97 Vgl. nur RG 20.12.1922, RGZ 106, 99, 100; RG 16.05.1941, RGZ 167, 60, 64 sowie Obergericht Danzig, 28.02.1934, JW 1934, 1855. 1856.

98 *Eujen*, Aufrechnung im internationalen Verkehr, 26; *Frigge*, Externe Lücken, 104; *Gernhuber*, Erfüllung und ihre Surrogate, § 12 III 5; *Grothe*, IPRax 1994, 346, 349; *Gruber*, MDR 1992, 121, 122; *Henn*, RIW 1957, 153, 153; *Maier-Reimer*, NJW 1985, 2049, 2051; *Reithmann/Martiny*, Internationales Vertragsrecht, Rn. 287; *Nussbaum*, Geld in Theorie und Praxis des deutschen und ausländischen Rechts, 226; *K.Schmidt*, FS Odersky, 685, 700; Soergel/*Teichmann*, § 244 BGB, Rn. 32; Soergel/*Zeiss*, § 387 BGB, Rn. 6; *Vorpeil*, RIW 1993, 529, 535; *Wolf*, Aufrechnung im internationalen Privatrecht, 30.

der BGH hielt in der bereits genannten Entscheidung aus dem Jahr 1992 an diesem Zeitpunkt fest[99].

Für diejenigen, die die Aufrechnung von Forderungen verschiedener Währungen nur dem Schuldner einer einfachen Fremdwährungsverbindlichkeit gestatten, weil diesem die Ersetzungsbefugnis des § 244 Abs. 1 BGB zusteht, ergibt sich der Umrechnungszeitpunkt zwanglos aus § 244 Abs. 2 BGB. Für eine Rückwirkung verbleibt nach dieser Ansicht kein Raum, da die Gleichartigkeit der währungsverschiedenen Forderungen erst durch die Ausübung der gesetzlichen falcultas alternativa aus § 244 Abs. 1 BGB hergestellt wird.

Dagegen bereitet denjenigen, die die Aufrechnung über § 244 Abs. 1 BGB hinaus zulassen wollen, die dogmatische Begründung der Maßgeblichkeit des Zeitpunkts der Aufrechnungserklärung größere Schwierigkeiten. Überwiegend wird aber auch insoweit § 244 Abs. 2 BGB entsprechend angewandt[100].

Im Schriftum werden aber auch andere Umrechnungszeitpunkte vertreten. So wird der Aufrechnung von Forderungen in verschiedenen Währungen auch der höchste Kurs zwischen Aufrechnungsreife und Aufrechnungserklärung zu Grunde gelegt, da sonst allein der Aufrechnende den Umrechnungszeitpunkt bestimmen und auf diese Weise zu Lasten des Aufrechnungsgegners spekulieren könne[101].

Vereinzelt wird aber auch der Zeitpunkt des Eintretens der Aufrechnungslage für maßgeblich gehalten. Dieser Umrechnungszeitpunkt ergebe sich bereits daraus, dass die Erklärung, dass aufgerechnet werde, nur den äußeren, auslösenden Umstand darstelle, während die Wirkung der Aufrechnung gem. § 389 BGB in dem Zeitpunkt der Aufrechnungslage eintrete[102].

III. Diskussion

Der Ansatz der vorherrschenden Meinung, wonach durch die Ausübung der Ersetzungsbefugnis die Gleichartigkeit der Fremdwährungsforderungen erst „hergestellt" wird[103], überstrapaziert die Rechtsfolgen des § 244 Abs. 1 BGB schon deshalb, weil diese Norm ihrem Wortlaut nach dem Schuldner einer einfachen Fremdwährungsverbindlichkeit lediglich das Recht einräumt, seine Schuld auch durch Zahlung in inländischen Währungseinheiten zu erfüllen.

---

99 BGH 7.04.1992, IPRax 1994, 366, 366; vgl. zu dieser Entscheidung im Einzelnen § 2 I 2 a).

100 Vgl. nur *Gernhuber*, aaO.

101 *Reichel*, AcP 126 (1926), 313, 326.

102 *Birk*, AWD 1969, 12, 16.

103 Vgl. dazu § 3 I 1 a), 2b).

Darüber hinaus lässt sich die aus § 244 Abs. 1 BGB ergebene Konsequenz, dass nur der Fremdwährungsschuldner, nicht aber auch der Fremdwährungsgläubiger, aufrechnen kann, nur schwer mit der ratio des Aufrechnungskonzepts vereinbaren. § 387 BGB schreibt vor, dass, sofern sich überhaupt aufrechenbare Forderungen gegenüberstehen, jede Partei ihre Schuld mit ihrer Forderung aufrechnen kann. Das will und kann aber nur besagen, dass das Aufrechnungsrecht der einen wie der anderen Partei zusteht, nicht nur einer allein[104]. Das Heranziehen des § 244 Abs.1 BGB in diesem Zusammenhang fügt sich mithin nur schwer in das Aufrechnungskonzept der §§ 387 ff. BGB ein. Dies zeigt, dass die Frage, ob währungsverschiedene Forderungen aufrechenbar sind, besser allein durch Auslegung des Gleichartigkeitsmerkmals zu entscheiden ist.

Dass Forderungen, die in unterschiedlichen Währungen ausgedrückt sind, gleichartig sind, ergibt sich dann, wenn in der Währung ein bloßer Wertmesser für die Geldforderung erblickt wird. Denn die Gleichartigkeit erstreckt sich auf alle qualitativ die Art des Gegenstands bestimmenden Merkmale, nicht aber auch auf die qualitativ den Wert des Leistungsgegenstands bestimmenden Faktoren[105].

Doch geht die im Schriftum vertretene Ansicht, wonach währungsverschiedene Forderungen funktionell gleichartig und damit aufrechenbar sind, zu weit[106]. Dieser Ansatz lässt unberücksichtigt, dass der Aufrechnungsgegner vor allem dann, wenn mit einer Forderung in einer nicht oder nur eingeschränkt umtauschbaren Währung gegen eine solche in einer frei konvertiblen Währung aufgerechnet wird, schutzbedürftig ist, da er seine Forderung ohne sein Zutun verliert[107]. Zudem setzt die Umrechnung der beteiligten Währungen voraus, dass diese überhaupt einen bestimmbaren (amtlichen) Kurswert haben. Da dies bei nicht frei konvertiblen Währungen nur selten der Fall sein wird, ist ein Ansatz, der auch die Konvertibilität der beteiligten Währungen berücksichtigt, vorzuziehen.

Für einen Ansatz, der die Aufrechnung von Forderungen in verschiedenen Währungen im größeren Umfang zulässt, spricht auch, dass den Aufrechnungsparteien dadurch die wechselseitige Erfüllung ihrer Schulden erleichtert würde. Gerade in grenzüberschreitenden Zusammenhängen kommt aber der Tilgungserleichterungsfunktion der Aufrechnung besondere Bedeutung zu[108]. Im europäischen Raum spricht zudem hierfür auch der Grundsatz der Kapitalverkehrsfreiheit[109]. Durch das Zulassen der Aufrechnung währungsverschiedener Forderungen wird dem Schuldner schließlich auch keine unbillige Spekulations-

104 So auch *Böckli*, SJZ 23 (1927), 225, 226 zu Art. 120 OR.
105 Ähnlich auch *Brinkmann*, Nichtvertragliche Verrechnung, 99 f. zu Art. 120 OR.
106 Vgl. dazu § 3 I 1 b).
107 Vgl. dazu § 5 II 3.
108 Vgl. zu den Funktionen der Aufrechnung im deutschen Recht § 2 III 1.
109 Staudinger/*Magnus*, Art. 32 EGBGB, Rn. 63.

möglichkeit eröffnet. Da beide Parteien unter der Voraussetzung der freien Konvertiblität der Forderungen aufrechnungsberechtigt sind, können auch beide spekulieren[110].

Gegen die Berücksichtigung der Währungskonvertibilität wird eingewandt, dass sich die nationalen Devisenvorschriften oft änderten mit der Folge, dass es nur schwer möglich sei, festzustellen, ob die beteiligten Währungen frei umtauschbar sind[111]. Dieser Einwand vermag aber nicht zu überzeugen, da sich die aufrechnungswillige Partei darüber ohne weiteres durch ein Rechtsgutachten eines Fachinstituts oder durch die Einholung einer legal opinion eines ausländischen Rechtsanwalts informieren kann[112].

Auch im Hinblick auf die Aufrechenbarkeit währungsverschiedener Forderungen ist mit dem Inkrafttreten der Europäischen Wirtschafts- und Währungsunion am 1.1.1999 eine wesentliche Änderung eingetreten. Die Währungen der teilnehmenden Staaten sind durch die europäische Gemeinschaftswährung Euro ersetzt worden[113].

Nach Ablauf der Übergangsphase am 31.12.2001 wird sich im Gebiet des Euroraums die hier zu erörternde Frage nicht mehr stellen, da der Euro dann die nationalen Währungen vollständig ersetzt haben wird.

In der dreijährigen Übergangsphase existieren die nationalen Währungen aber als Rechnungseinheiten des Euro sowie als Zahlungsmittel in den Mitgliedsländern weiter[114]. Für diese Übergangszeit hat der Gemeinschaftsverordnungsgeber in Art. 8 Abs. 6 der Euro VO II bestimmt, dass „nationale Rechtsvorschriften der teilnehmenden Mitgliedstaaten, die eine Aufrechnung, eine Verrechnung oder Techniken vergleichbarer Wirkung gestatten oder vorschreiben, ... auf Geldschulden unabhängig von deren Währungsbezeichnung Anwendung“ finden, „wenn diese auf die Euro-Einheit oder eine nationale Währungseinheit lautet, wobei Umrechnungen zu den Umrechnungskursen erfolgen.“

Diese Regelung scheint auf den ersten Blick für die vorherrschende Meinung zu sprechen, da eine derartige Bestimmung nur dann einen Sinn macht, wenn währungsverschiedene Forderungen als ungleichartig i.S.d. § 387 BGB aufgefasst werden. In einigen Mitgliedsländern der Europäischen Wirtschafts- und Währungsunion, wie z.B. in Österreich oder in Frankreich, wird die Aufrechnung von Forderungen in verschiedenen Währungen jedoch im größeren Umfang zu-

---

110 So auch *Frigge*, Externe Lücken, 104.

111 *v.Feldmann*, JuS 1983, 357, 359.

112 So auch *Vorpeil*, RIW 1993, 529, 532.

113 Vgl. zur zeitlichen Entwicklung der Europäischen Wirtschafts- und Währungsunion umfassend *Sandrock*, Beilage 1 zu Heft 8 der RIW 1997, 2 ff.

114 *Sandrock*, Beilage 1 zu Heft 8 der RIW 1997, 1, 3.

gelassen als in Deutschland[115]. Für diese Länder hat Art. 8 Abs. 6 der Euro VO II nur eine deklaratorische Funktion. Ob diese Bestimmung im deutschen Recht eine konstituierende oder nur deklarative Bedeutung zukommt, ergibt sich mithin nicht aus dieser Vorschrift selbst. Hierfür ist notwendig, insbesondere das Gleichartigkeitsmerkmal des § 387 BGB auszulegen. Dies soll, nachdem dargestellt worden ist, wie andere europäische Rechte die Aufrechnung währungsverschiedener Forderungen behandeln, geschehen.

§ 4 Die Behandlung der Aufrechnung währungsverschiedener Forderungen in anderen Rechtsordnungen

I. Schweiz

1. Funktionen der Verrechnung

Die *Verrechnung*[116] hat im 3. Teil des schweizerischen Obligationenrechts (OR) ihre Regelung gefunden. Sie ist in den Art. 120 - 126 OR geregelt. In Art. 120 Abs. 1 OR heißt es: „Wenn zwei Personen einander Geldsummen oder andere Leistungen, die ihrem Gegenstande nach gleichartig sind, schulden, so kann jede ihre Schuld, insofern beide Forderungen fällig sind, mit ihrer Forderung verrechnen“. Die Verrechnung wird als Tilgung einer eigenen Schuld durch Preisgabe einer gleichartigen Verrechnungsforderung definiert[117]. Sie erleichtert den Zahlungsverkehr dadurch, dass vor allem doppelte Zahlungen unter denselben Parteien vermieden werden[118]. Auch nimmt sie dem verrechnenden Schuldner den Zwang zur einseitigen Leistungserbringung ab[119]. Ferner sichert sie dem Verrechnenden als Gläubiger die Erfüllung seiner eigenen Forderung[120].

---

115 Vgl. zur Aufrechenbarkeit währungsverschiedener Forderungen in Österreich § 4 II 3 und in Frankreich § 4 IV 4.

116 In der Schweiz ist der Begriff der „Verrechnung“ gebräuchlich. Die Forderung des Verrechnenden, die „zur Verrechnung gestellt“ wird, heißt oft „Verrechnungsforderung“, die damit zu tilgende Forderung des Verrechnungsgegners „Hauptforderung“.

117 *Bucher*, Schweizerisches Obligationenrecht, 373; *Gauch/Schluep*, Schweizerisches Obligationenrecht, Rn. 3325.

118 *Bucher*, Schweizerisches Obligationenrecht, 374; *Guhl*, Schweizerisches Obligationenrecht, 261.

119 *Bucher*, aaO.; *Guhl*, aaO.

120 *Bucher*, aaO.; *Guhl*, Schweizerisches Obligationenrecht, 261 f.; *Heinrich*, SZW 62 (1990), 266, 270.

2. Voraussetzungen, Vollzug und Wirkung der Verrechnung

Die Voraussetzungen der Verrechnung ergeben sich fast ausschließlich aus Art. 120 Abs. 1 OR. Danach setzt die Verrechnung die Gegenseitigkeit und Gleichartigkeit der Forderungen, die Durchsetzbarkeit der Verrechnungsforderung sowie die Erfüllbarkeit der Hauptforderung voraus. Die Verrechnung darf auch nicht ausgeschlossen sein. Die Verrechnungsforderung muss gem. Art. 120 Abs. 2 OR aber nicht liquide sein. Nicht erforderlich ist auch die Konnexität der Forderungen, d.h. ihre Herkunft aus demselben Rechtsverhältnis[121]. Die Verrechnungsvoraussetzungen müssen spätestens zum Zeitpunkt der Geltendmachung der Verrechnung vorliegen[122].

a) Gegenseitigkeit der Forderungen

Nach Art. 120 Abs. 1 OR sind nur gegenseitige Forderungen der Verrechnung zugänglich. Haupt- und Verrechnungsforderung sind gegenseitig, wenn die Verrechnungsforderung sich gegen den Verrechnungsgegner und die Hauptforderung gegen den Verrechnenden richtet[123]. Eine Verrechnung ex iure tertii gibt es nicht[124].

Ein Bürge kann die gegen ihn erhobene Bürgschaftsforderung nicht durch Verrechnung mit einer Forderung des Hauptschuldners gegen den Gläubiger tilgen. Er ist aber gem. Art. 121 OR berechtigt, seine Leistung unter Berufung auf das Verrechnungsrecht des Hauptschuldners zu verweigern[125].

Ebensowenig kann ein Kollektivgesellschafter gegenüber seinem Gläubiger eine Forderung der Gesellschaft verrechnen (Art. 573 Abs. 2 OR). Art. 573 OR bestimmt in Abs. 1 weiter, dass der Schuldner einer Kollektivgesellschaft nicht mit einer Forderung verrechnen kann, die er gegen einen der Gesellschafter hat. Ist dagegen ein Gesellschaftsgläubiger gleichzeitig Privatschuldner eines Gesellschafters, so ist die Verrechnung sowohl zugunsten des Gesellschaftsgläubigers als auch des Gesellschafters zulässig, sobald der Gesellschafter für eine Gesellschaftsschuld persönlich belangt werden kann (Art. 573 Abs. 3 OR)[126].

---

121 *v. Büren*, Schweizerisches Obligationenrecht, 484; *Guhl*, Schweizerisches Obligationenrecht, 265.

122 *Heinrich*, SZW 62 (1990), 266, 273; *Trutmann*, Die Compensation nach schweizerischem Obligationenrecht, 21.

123 *Becker*, Obligationenrecht, Art. 120 OR, Rn. 6; *Gauch/Schluep*, Schweizerisches Obligationenrecht, Rn. 3333; *Heinrich*, SZW 62 (1990), 266, 272.

124 *Becker*, aaO.; *Wild*, Verrechnung im internationalen Privatrecht, 41.

125 *Gauch/Schluep*, Schweizerisches Obligationenrecht, Rn. 3335; *Guhl*, Schweizerisches Obligationenrecht, 263.

126 *Gauch/Schluep*, Schweizerisches Obligationenrecht, Rn. 3338.

b) Gleichartigkeit der Forderungen

Weiterhin sind die Forderungen nur verrechenbar, wenn sie „Geldsummen oder andere Leistungen, die ihrem Gegenstande nach gleichartig sind", zum Inhalt haben (Art. 120 Abs. 1 OR).

Das Gleichartigkeitserfordernis beruht auf dem Gedanken, dass die Verrechnung Erfüllungssurrogat ist und der Gläubiger nichts anderes anzunehmen braucht, was ihm geschuldet wird[127]. Dementsprechend verlangt das Gleichartigkeitsmerkmal, dass sich die gegenüberstehenden Leistungen in der Erfüllung vertreten können müssen, was bei Forderungen auf Geld (in gleicher Währung) und solchen auf vertretbare Sachen gleicher Art und Qualität zutrifft[128]. Nicht verlangt wird dagegen die Gleichartigkeit der Erfüllungsmodalitäten, wie z.B. der gleiche Erfüllungsort der Forderungen[129]. Praktisch wird damit die Verrechnung auf Geldforderungen beschränkt[130]. Ob und ggf. unter welchen Voraussetzungen Fremdwährungsforderungen verrechenbar sind, wird im Folgenden erörtert.

c) Durchsetzbarkeit der Verrechnungsforderung

Kein ausdrücklich im Gesetz genanntes, doch implizit enthaltenes Erfordernis der Verrechnung ist die Durchsetzbarkeit der Verrechnungsforderung. Diese Voraussetzung erklärt sich damit, dass die Verrechnungsforderung durch die Verrechnung vollstreckt wird. Eine Forderung ist aber nur dann vollstreckbar, wenn deren Erfüllung verlangt werden kann. Demgemäß kann nur eine solche Forderung zur Verrechnung gestellt werden, die klageweise durchsetzbar wäre. Dies ist der Fall, wenn sie klagbar und fällig ist[131].

An der Klagbarkeit fehlt es bei Naturalobligationen, wie etwa bei Forderungen aus Spiel und Wette (Art. 513 - 515 OR), sowie bei Forderungen, die mit ei-

---

127 *v.Büren*, Schweizerisches Obligationenrecht, 482; *Heinrich*, SZW 62 (1990), 266, 274; *Trutmann*, Die Compensation nach schweizerischem Obligationenrecht, 21.

128 *Becker*, Obligationenrecht, Art. 120 OR, Rn. 10; *Bucher*, Schweizerisches Obligationenrecht, 382; *Gauch/Schluep*, Schweizerisches Obligationenrecht, Rn. 3340; *Keller/Schöbi*, Schweizerisches Schuldrecht, 176; *Trutmann*, Die Compensation nach schweizerischem Obligationenrecht, 19.

129 *Bucher*, aaO.; *v.Büren*, Schweizerisches Obligationenrecht, 483; *Gauch/Schluep*, Schweizerisches Obligationenrecht, Rn. 3346.

130 *v.Büren*, Schweizerisches Obligationenrecht, 482; *Guhl*, Schweizerisches Obligationenrecht, 263; *Heinrich*, aaO.; *Keller/Schöbi*, Schweizerisches Schuldrecht, 177.

131 *Bucher*, aaO.; *v.Büren*, Schweizerisches Obligationenrecht, 483; *Heinrich*, aaO., 277; *Wild*, Verrechnung im internationalen Privatrecht, 48, 50 f.

ner Einrede oder Einwendung behaftet sind[132]. Im Fall aufschiebender Einreden, wie beispielsweise im Fall der Einrede der nichterbrachten Gegenleistung (Art. 82 OR), entfällt die Verrechenbarkeit nur für die Dauer der Wirksamkeit der Einrede[133].

Hinsichtlich der Verrechenbarkeit verjährter Forderungen trifft Art. 120 Abs. 3 OR eine Sonderregelung. Danach können verjährte Forderungen zur Verrechnung gestellt werden, wenn die Verrechnungslage vor Eintritt der Verjährung entstanden ist[134].

d) Erfüllbarkeit der Hauptforderung

Zwar muss nach dem Wortlaut des Art. 120 Abs. 1 OR auch die Hauptforderung fällig sein. Doch wird die Verrechnung allgemein schon dann zugelassen, wenn die Hauptforderung erfüllbar ist[135], da dem Verrechnungsgegner aus einer verfrühten Leistung kein Nachteil entsteht[136].

e) Ausschluss der Verrechnung

Die Parteien können die Verrechnung durch Vertrag abbedingen, was Art. 126 OR ausdrücklich bestätigt. Danach kann der Schuldner auf die Verrechnung „zum voraus Verzicht leisten", d.h. versprechen, nicht gegen die Hauptforderung zu verrechnen. Nach h.M. ist damit aber nicht ein Verzicht durch einseitige Erklärung, sondern durch Vertrag gemeint[137].

---

132 *Bucher*, aaO.; *v.Büren*, Schweizerisches Obligationenrecht, 483 f.; *Heinrich*, SZW 62 (1990), 266, 277; *Keller/Schöbi*, Schweizerisches Schuldrecht, 18; *Wild*, Verrechnung im internationalen Privatrecht, 51.

133 *Bucher*, aaO.

134 *Becker*, Obligationenrecht, Art. 120 OR, Rn. 14; *Bucher*, Schweizerisches Obligationenrecht, 381; *v.Büren*, Schweizerisches Obligationenrecht, 484; *Gauch/Schluep*, Schweizerisches Obligationenrecht, Rn. 3355; *Guhl*, Schweizerisches Obligationenrecht, 264 f.; *Keller/Schöbi*, Schweizerisches Schuldrecht, 181; *v.Tuhr*, Partie générale du Code fédéral des Obligations, 589; *Wild*, aaO.

135 *Bucher*, aaO.; *v.Büren*, aaO.; *Gauch/Schluep*, Schweizerisches Obligationenrecht, Rn. 3350; *Guhl*, Schweizerisches Obligationenrecht, 264; *Heinrich*, SZW 62 (1990), 266, 276; *Keller/Schöbi*, Schweizerisches Schuldrecht, 180; *v.Tuhr*, Partie générale du Code fédéral des Obligations, 588; *Wild*, Verrechnung im internationalen Privatrecht, 49.

136 *Wild*, aaO.

137 Wohl auch *Bucher*, Schweizerisches Obligationenrecht, 383 f.; *Gauch/Schluep*, Schweizerisches Obligationenrecht, Rn. 3358; *Keller/Schöbi*, Schweizerisches Obligationenrecht, 171; *Wild*, Verrechnung im internationalen Privatrecht, 61.

Das Gesetz sieht darüber hinaus in Art. 125 OR eine Reihe von Fällen vor, in denen die Verrechnung ausgeschlossen ist. Nach Ziffer 1 scheidet die Verrechnung z.B. bei Forderungen auf Rückgabe oder Ersatz schuldhaft entzogener oder vorenthaltener Sachen aus. Grund dafür ist, dass sich der Gläubiger nicht durch Rechtsverletzung eine Verrechnungsmöglichkeit verschaffen soll[138]. Weiterhin unterliegen Forderungen, deren besondere Natur die tatsächliche Erfüllung an den Gläubiger verlangen, wie etwa Unterhalts- und Lohnguthaben, die zum Unterhalt des Gläubigers und seiner Familie unbedingt notwendig sind, gem. Ziffer 2 nicht der Verrechnung[139]. Ziffer 3 dient dem Schutz des Fiskus als Gläubiger. Hat danach ein Bürger eine privatrechtliche, das Gemeinwesen eine öffentlichrechtliche Forderung, so können zwar beide verrechnen, der Bürger aber nur unter Zustimmung des Gemeinwesens[140].

Wenn trotz einer der in Art. 125 OR genannten Ausschlussgründe die Verrechnung erklärt wird, entfaltet die Verrechnung keine Tilgungswirkung. Doch lässt sich die Verrechnungserklärung ggf. als Angebot zum Abschluss eines Verrechnungsvertrages auslegen[141]. In bestimmten Fällen kann sich die Ausübung des Verrechnungsrechts als ein Verstoß gegen den Grundsatz von Treu und Glauben darstellen[142].

f) Vollzug und Wirkung der Verrechnung

Auslösendes Moment der Verrechnung ist wie auch im deutschen Recht die Verrechnungserklärung. Hierbei handelt es sich um eine einseitige empfangsbedürftige Willenserklärung des Verrechnenden[143]. Sie ist bedingungsfeindlich[144]. In der Erklärung muss der Verrechnende dem anderen zu erkennen geben, dass er von der Verrechnung Gebrauch macht (Art. 124 Abs. 1 OR).

---

138 *Bucher*, Schweizerisches Obligationenrecht, 384; *v.Büren*, Schweizerisches Obligationenrecht, 489; *Keller/Schöbi*, Schweizerisches Schuldrecht, 170; *Wild*, Verrechnung im internationalen Privatrecht, 59.

139 *v.Büren*, aaO.; *Gauch/Schluep*, Schweizerisches Obligationenrecht, Rn. 3364; *Keller/Schöbi*, aaO.; *Wild*, aaO.

140 *Bucher*, Schweizerisches Obligationenrecht, 385.

141 *Bucher*, aaO.

142 Vgl. *Guhl*, Schweizerisches Obligationenrecht, 267 m.w.N.

143 *Becker*, Obligationenrecht, Art. 120 OR, Rn. 1; *Bucher*, Schweizerisches Obligationenrecht, 376; *v.Büren*, Schweizerisches Obligationenrecht, 485; *Gauch/Schluep*, Schweizerisches Obligationenrecht, Rn. 3370; *Heinrich*, SZW 62 (1990), 166, 271; *Keller/Schöbi*, Schweizerisches Schuldrecht, 182; *Wild*, Verrechnung im internationalen Privatrecht, 53.

144 *Wild*, Verrechnung im internationalen Privatrecht, 54.

Die Erklärung wirkt wie auch in den genannten Rechten zurück auf den Zeitpunkt, in dem sich die beiden Forderungen verrechenbar gegenüberstanden (Art. 124 Abs. 2 OR). Die Verrechnungserklärung bewirkt, dass die Verrechnungs- und Hauptforderung, soweit sie sich ausgleichen, getilgt sind. Bereits eingetretene Verzugsfolgen, wie z.B. aufgelaufene Zinsen, fallen nachträglich wieder weg[145].

3. Verrechenbarkeit währungsverschiedener Forderungen

Die Frage, ob währungsverschiedene Forderungen verrechnet werden können, hat, soweit ersichtlich, die schweizerische Rechtsprechung erstmals im Jahr 1925 beschäftigt. Das Handelsgericht St. Gallen hatte über einen Fall zu entscheiden, in dem ein Schweizerfrankenschuldner, der eine Verrechnungsforderung in Dinar zu haben behauptete, die Verrechnungseinrede erhob.

Das St. Gallische Handelsgericht hielt die Verrechnung für unzulässig[146]. Nach Ansicht des Gerichts schloß der Umstand, dass Geldsummen verschiedener Währung einander gegenüberstanden, die Verrechnung nicht von vornherein aus. Entscheidend für die Zulässigkeit der Verrechnung von Fremdwährungsforderungen sei, dass die Verrechnung einfach Zahlung mit einer Forderung statt mit Bargeld sei[147]. Aus diesem Grund könne zwar der Fremdwährungsschuldner, nicht aber auch der Fremdwährungsgläubiger verrechnen. Denn während der Fremdwährungsschuldner aufgrund der Ersetzungsbefugnis gem. Art. 84 Abs. 2 OR die Fremdwährungsforderung auch in Schweizerfranken zahlen könne, könne der Fremdwährungsgläubiger nicht gegen den Willen des Fremdwährungsschuldners dessen auf Landeswährung lautende Forderung in fremder Währung begleichen[148]. Dass der Fremdwährungsgläubiger nicht gegen die in Schweizerfranken ausgedrückte Forderung verrechnen konnte, stieß in der Literatur auf Kritik[149].

Zwölf Jahr später setzte sich das Bundesgericht mit dieser Frage in seiner Entscheidung *Banco Aleman Transatlantico gegen Schweizerischer Bankverein* auseinander, dem folgender Sachverhalt zu Grunde lag: Die Klägerin bestritt auf den Verrechnungseinwand der Beklagten die Gleichartigkeit der sich gegenüberstehenden Forderungen. Die Verrechnungsforderungen bestanden teils aus

145 *Bucher*, Schweizerisches Obligationenrecht, 378; *v.Büren*, Schweizerisches Obligationenrecht, 487; *Heinrich*, SZW 62 (1990), 266, 273; *Keller/Schöbi*, Schweizerisches Schuldrecht, 184; *Wild*, Verrechnung im internationalen Privatrecht, 56.
146 Handelsgericht St. Gallen 18.02.1925, SJZ 23 (1927), 89, 89.
147 Handelsgericht St. Gallen 18.02.1925, aaO.
148 Handelsgericht St. Gallen 18.02.1925, aaO.
149 Vgl. nur *Böckli*, SJZ 23 (1927), 225 ff.

Schweizerfranken, teils aus spanischen Pesetas, teils aus englischen Pfund, während die Hauptforderung auf Schweizerfranken lautete[150].

Das Bundesgericht ließ die Verrechnung gegen die in Schweizerfranken ausgedrückte Hauptforderung zu. Es legte den Wortlaut des Art. 120 OR („wenn zwei Personen Geldsummen oder andere Leistungen, die ihrem Gegenstande nach gleichartig ...“) unter Rückgriff auf die grammatikalische und vor allem entstehungsgeschichtliche Interpretation dahingehend aus, dass die Voraussetzung der Gleichartigkeit nur für „andere Leistungen“ und nicht aber auch für „Geldsummen“ gelten solle[151]. Da Geldforderungen - gleich welcher Währung - kraft Gesetzes gleichartig seien, könne nicht nur der Fremdwährungsschuldner, sondern auch der Fremdwährungsgläubiger verrechnen[152]. Voraussetzung sei dabei nur, dass der Wert der ausländischen Währung bestimmbar sei, „mit andern Worten, dass sie einen Kurs hat, der die Umrechnung in die Währung eines anderen Landes gestattet“[153]. Ob eine Effektivklausel die Verrechenbarkeit währungsverschiedener Forderungen ausschließt, musste das Bundesgericht hingegen nicht entscheiden[154].

Im Schriftum wird ganz überwiegend die Auffassung vertreten, dass Geldforderungen verschiedener Währungen ohne weiteres verrechenbar sind, es sei denn, dass für eine der beiden Forderungen eine Effektivklausel vereinbart worden ist[155]. Die Verrechnung durch den Fremdwährungsschuldner folge bereits aus der Ersetzungsbefugnis gem. Art. 84 Abs. 2 OR[156]. Dass darüber hinaus auch der Fremdwährungsgläubiger verrechnen kann, wird in der h.L. unterschiedlich begründet. Teilweise wird im Anschluss an die Rechtsprechung des Bundesgerichts die Gleichartigkeit währungsverschiedener Forderungen kraft Gesetzes angenommen[157], teilweise werden Fremdwährungsforderungen für gleichartig gehalten, da Währungen als bloße Wertmesser für Geldforderungen zu betrachten seien[158].

---

150 Schweizerisches Bundesgericht 26.10.1937, BGE 63 (1937), 383 ff.

151 Schweizerisches Bundesgericht 26.10.1937, BGE 63 (1937), 383, 391 f.

152 Schweizerisches Bundesgericht 26.10.1937, BGE 63 (1937), 383, 392.

153 Schweizerisches Bundesgericht 26.10.1937, BGE 63 (1937), 383, 394.

154 Schweizerisches Bundesgericht 26.10.1937, BGE 63 (1937), 383, 393.

155 *Becker*, Obligationenrecht, Art. 120 OR, Rn. 10; ähnlich *Böckli*, SJZ 23 (1927), 225, 229; *Brinkmann*, Nichtvertragliche Verrechnung, 99 f.; *Bucher*, Schweizerisches Obligationenrecht, 382; *v.Büren*, Schweizerisches Obligationenrecht, 482 f.; *Guhl*, Schweizerisches Obligationenrecht, 264; *Keller/Schöbi*, Schweizerisches Schuldrecht, 178; *Trutmann*, Die Compensation nach schweizerischem Obligationenrecht, 20; *Wild*, Verrechnung im internationalen Privatrecht, 47.

156 *Bucher*, aaO.; *v.Büren*, aaO.; *Keller/Schöbi*, aaO.

157 *Bucher* aaO.; *v.Büren*, aaO.; *Guhl*, Schweizerisches Obligationenrecht, 264; so wohl auch *Henn*, ZSR 77 (1958), 138, 145; *Wild*, aaO.

158 *Brinkmann*, Nichtvertragliche Verrechnung, 101; *v.Büren*, aaO.; *Keller/Schöbi*, aaO.

Vereinzelt wird aber auch die Ungleichartigkeit währungsverschiedener Forderungen ohne nähere Begründung angenommen[159]. Dementsprechend wird in der Ausübung der Ersetzungsbefugnis nach Art. 84 Abs. 2 OR die ausschließliche Ermächtigung des Fremdwährungsschuldners erblickt, die Gleichartigkeit der Forderungen herbeizuführen[160].

4. Umrechnung der Währungen

Nach Art. 124 Abs. 2 OR wirkt die Verrechnungserklärung zurück auf den Zeitpunkt, in dem sich die beiden Forderungen verrechenbar gegenüberstanden. Gerade im Hinblick auf die mit der Rückwirkung der Verrechnung verbundene Möglichkeit, in Zeiten starker Wechselkursschwankungen Währungsgewinnne zu erzielen, werden im Schriftum Bedenken gegen die ex-tunc-Wirkung der Verrechnung geäußert[161]. Das Bundesgericht hat die Frage des maßgeblichen Umrechnungszeitpunkts in der zuvor genannten Grundsatzentscheidung offen gelassen[162].

Während die wohl überwiegende Schriftumsansicht in Anlehnung an Art. 124 Abs. 2 OR den Zeitpunkt der Verrechnungslage für die Währungsumrechnung für maßgeblich hält[163], wird in der Literatur teilweise gegen diesen Zeitpunkt eingewendet, dass dann der Fremdwährungsschuldner durch die Wahl der Schuldtilgungsart entweder durch Zahlung oder durch Verrechnung den für ihn günstigsten Kurs bestimmen könne. Deshalb sei Art. 84 Abs. 2 OR, der für die Kursumrechnung bei der Zahlung auf den Zeitpunkt der Fälligkeit zurückgreife, entsprechend anzuwenden und die Währungsumrechnung daher zum Zeitpunkt der Fälligkeit der Hauptforderung vorzunehmen[164].

In der Literatur wird aber auch der Zeitpunkt des Zugangs der Verrechnungserklärung für die Umrechnung für maßgeblich gehalten[165]. Ausgehend von der Grundregel, dass aus der Verrechnung dem Verrechnungsgegner kein Nachteil erwachsen dürfe, soll diesem insbesondere bei Illiquidität der Verrechnungsforderung der Umrechnungskurs bewilligt werden, den dieser bei der Konversion in die geschuldete Währung in guten Treuen erzielt hat bzw. hätte erzielen kön-

---

159 *v.Tuhr*, Partie générale du Code fédéral des Obligations, 587.

160 *v.Tuhr*, aaO.

161 *Bucher*, aaO.; *Brinkmann*, Nichtvertragliche Verrechnung, 103 f. sowie *Wild*, Verrechnung im internationalen Privatrecht, 56 f.

162 Schweizerisches Bundesgericht 26.10.1937, BGE 63 (1937), 383, 394.

163 Vgl. nur *Böckli*, SJZ 23 (1927), 225, 229; *v.Büren*, Schweizerisches Obligationenrecht, 487.

164 *Brinkmann*, Nichtvertragliche Verrechnung, 104; ähnlich auch *Wild*, aaO.

165 *Bucher*, Schweizerisches Obligationenrecht, 382.

nen[166]. Für die Verrechnung währungsverschiedener Forderungen ist nach wohl überwiegender Meinung mit dem Devisenkurs umzurechnen[167].

II. Österreich

1. Funktionen der Kompensation

Die *Kompensation* bzw. *Aufrechnung*[168] ist in den §§ 1438 bis 1443 des 3. Hauptstückes „Von der Aufhebung der Rechte und Verbindlichkeiten" des Allgemeinen Bürgerlichen Gesetzbuchs (ABGB) geregelt. Grundnorm der Kompensation ist § 1438 ABGB. Sie lautet: „ Wenn Forderungen gegenseitig zusammentreffen, die richtig, gleichartig und so beschaffen sind, dass eine Sache, die dem einen als Gläubiger gebührt, von diesem auch als Schuldner dem anderen entrichtet werden kann, so entsteht, insoweit die Forderungen sich gegenseitig ausgleichen, eine gegenseitige Aufhebung der Verbindlichkeiten (Kompensation), welche schon für sich die gegenseitige Zahlung bewirkt".

Entsprechend der Legaldefinition in § 1438 ABGB sowie der systematischen Stellung der Aufrechnung im ABGB wird unter der Kompensation die Aufhebung einer Forderung durch eine Gegenforderung verstanden[169]. Der Kompensation kommt insofern eine Tilgungs- und Befriedigungsfunktion zu, als sie einerseits die Tilgung der eigenen Schuld des Aufrechnenden und andererseits die damit verbundene Befriedigung seiner Forderung bewirkt[170]. Darüber hinaus hat die Kompensation eine Verrechnungsfunktion, da sich die Aufrechnungsparteien eine Barzahlung ersparen[171]. Da das Bestehen einer Aufrechnungslage eine gewisse Sicherheit für den Gläubiger bewirkt, wird der Kompensation schließlich noch eine Sicherungsfunktion zugewiesen[172].

---

166 *Bucher*, Schweizerisches Obligationenrecht, 382, Fn. 41.

167 *Brinkmann*, Nichtvertragliche Verrechnung, 104 ff. m.w.N.

168 Im Österreich sind die Begriffe der „Kompensation" und der „Aufrechnung" gebräuchlich. Während das Gesetz von der „Kompensation" spricht, wird im neueren Schriftum überwiegend der Begriff der „Aufrechnung" verwendet.

169 *Bydlinski*, Grundzüge des Privatrechts für Ausbildung und Wirtschaftspraxis, Rn. 578; Ehrenzweig/*Mayrhofer*, 589; Klang/*Gschnitzer*, § 1438 ABGB, I; *Koziol/Welser*, Grundriss des bürgerlichen Rechts, 90; Rummel/*Rummel*, § 1438 ABGB, Rn. 1; Schwimann/*Honsell/Heidinger*, § 1438 ABGB, Rn. 1.

170 Ehrenzweig/*Mayrhofer*, 590; *Gschnitzer*, Schuldrecht, 228; Klang/*Gschnitzer*, aaO.; *Koziol/Welser*, Grundriss des bürgerlichen Rechts, aaO.

171 *Gschnitzer*, Schuldrecht, aaO.; Klang/*Gschnitzer*, aaO.; *Koziol/Welser*, Grundriss des bürgerlichen Rechts, aaO.

172 Ehrenzweig/*Mayrhofer*, aaO.; *Gschnitzer*, Schuldrecht, aaO.; Klang/*Gschnitzer*, aaO.; *Koziol/Welser*, Grundriss des bürgerlichen Rechts, aaO.; Schwimann/*Honsell/Heidinger*, § 1438 ABGB, Rn. 3.

2. Voraussetzungen, Vollzug und Wirkung der Kompensation

Die Voraussetzungen der Kompensation sind die Gegenseitigkeit und Gleichartigkeit der Forderungen, die Richtigkeit der Gegenforderung sowie die Fälligkeit der Forderungen. Auf die Liquidität der Gegenforderung kommt es nach h.M. nicht an. Weiterhin darf die Aufrechnung nicht ausgeschlossen sein.

Die Aufrechnungsvoraussetzungen ergeben sich aus § 1438 ABGB und werden in den §§ 1439 – 1441 wiederholt und teilweise näher definiert. Sie müssen zum Zeitpunkt der Aufrechnungserklärung vorliegen[173].

a) Gegenseitigkeit der Forderungen

§ 1441 S. 1 ABGB präzisiert § 1438 ABGB dahingehend, dass nur gegenseitige Forderungen kompensabel sind. Gegenseitigkeit bedeutet, dass der Aufrechnende Gläubiger der Gegenforderung und Schuldner der Hauptforderung sowie der Aufrechnungsgegner Schuldner der Gegenforderung und Gläubiger der Hauptforderung ist[174].

Da der Schuldner mit einer eigenen Forderung aufrechnen muss, scheidet nach h.M. eine Kompensation des Bürgen bzw. Pfandgläubigers mit einer Forderung des Hauptschuldners aus[175].

Art. 7 Nr. 10 Abs. 2 EVHGB bestimmt, dass gegen eine zum Gesellschaftsvermögen einer OHG gehörenden Forderung nicht mit einer gegen einen einzelnen Gesellschafter gerichteten Forderung aufgerechnet werden kann. Gleiches gilt auch für die KG (§ 161 Abs. 2 HGB)[176].

Wenn der einzelne Gesellschafter persönlich haftet, ist die Kompensation mit einer Gesellschaftsforderung nicht möglich. Gem. § 129 Abs. 3 HGB ist der Gesellschafter aber berechtigt, die Leistung zu verweigern. Demgegenüber kann ein Gesellschafter, der von einem Gläubiger der Gesellschaft in Anspruch genommen wird, mit seiner Privatforderung gegen dessen Gesellschaftsforderung aufrechnen mit der Folge, dass auch die übrigen Mitgesellschafter befreit werden[177].

Während bei Gesamtforderungen der Schuldner nicht mit einer Gegenforderung, die er gegen einen anderen Mitgläubiger hat, aufrechnen kann, wirkt im

173 Rummel/*Rummel*, § 1438 ABGB, Rn. 10; Schwimann/*Honsell/Heidinger*, § 1438 ABGB, Rn. 9.

174 Ehrenzweig/*Mayrhofer*, 593; *Gschnitzer*, Schuldrecht, 229; *Koziol/Welser*, Grundriss des bürgerlichen Rechts, aaO.; Schwimann/*Honsell/Heidinger*, § 1441 ABGB, Rn. 1.

175 Schwimann/*Honsell/Heidinger*, § 1441 ABGB, Rn. 3.

176 Ehrenzweig/*Mayrhofer*, 609.

177 Ehrenzweig/*Mayrhofer*, 595; Schwimann/*Honsell/Heidinger*, § 1441 ABGB, Rn. 5.

Fall der Gesamtschuld die Kompensation durch einen Mitschuldner zugunsten der übrigen. Ausgeschlossen ist aber die Kompensation eines Mitschuldners mit der Gegenforderung eines anderen Mitschuldners. Dies wird mangels einer Regelung wie jener des § 422 Abs. 2 BGB mit dem Gegenseitigkeitserfordernis begründet[178].

b) Gleichartigkeit der Forderungen

Gem. §§ 1438, 1440 ABGB müssen die zu kompensierenden Forderungen gleichartig sein. Hierbei kommt es auf die Gleichartigkeit des Gegenstands, nicht dagegen auf jene des Rechtsgrundes an[179].

Die Gleichartigkeit fehlt in der Regel bei dinglichen Ansprüchen sowie bei Duldungs- oder Unterlassungsansprüchen. Aber auch bei Gattungsschulden wird die Gleichartigkeit nur selten gegeben sein, da die Leistungsgegenstände neben derselben Art auch dieselbe Güte aufweisen müssen. Aus diesem Grund mangelt es regelmäßig an der Gleichartigkeit, wenn verschiedene Spezies- oder Gattungsschulden einander gegenüberstehen[180].

Praktisch sind daher nur Geldschulden kompensabel[181]. Sie müssen nicht den gleichen Erfüllungsgrund haben und auch nicht gleich hoch sein[182]. Ob auch Geldforderungen, die in verschiedenen Währungen ausgedrückt sind, gleichartig und damit aufrechenbar sind, wird im Folgenden noch dargestellt[183].

c) Richtigkeit der Gegenforderung

§ 1439 ABGB präzisiert die Kompensationsvoraussetzungen dahingehend, dass die aufzurechnenden Forderungen richtig sein müssen. Diese Aufrechnungsvoraussetzung wird aber auf die Gegenforderung beschränkt[184].

Aus dieser Vorschrift folgt zunächst, dass die Gegenforderung zunächst gültig entstanden sein und auch noch im Zeitpunkt der Aufrechnungserklärung bestehen

178 Schwimann/*Honsell/Heidinger*, § 1441, Rn. 7 f.

179 Ehrenzweig/*Mayrhofer*, 596; *Gschnitzer*, Schuldrecht, 231; Klang/*Gschnitzer*, § 1440 ABGB, I 1; Rummel/*Rummel*, § 1440 ABGB, Rn. 1.

180 Ehrenzweig/*Mayrhofer*, 596 f.; Klang/*Gschnitzer*, aaO.; Schwimann/ *Honsell/ Heidinger*, § 1440 ABGB, Rn. 1.

181 *Bydlinski*, Grundzüge des Privatrechts für Ausbildung und Wirtschaftspraxis, Rn. 578; *Koziol/Welser*, Grundriss des bürgerlichen Rechts, 92; Schwimann/*Honsell/ Heidinger*, aaO.

182 *Gschnitzer*, Schuldrecht, 231; *Koziol/Welser*, Grundriss des bürgerlichen Rechts, aaO.

183 Vgl. dazu § 4 III 3.

184 Rummel/*Rummel*, § 1439 ABGB, Rn. 1.

muss. Aus diesem Grund wird eine aufschiebend bedingte Forderung erst mit Bedingungseintritt kompensabel, weil sie erst dann zur Entstehung gelangt[185].

Weiterhin darf die Gegenforderung nach h.M. nicht mit Einreden behaftet sein[186]. Dass nur die Gegenforderung und nicht auch die Hauptforderung einredefrei sein muss, wird mit einer entsprechenden Anwendung des § 390 S. 1 BGB begründet[187]. Dies setzt aber voraus, dass die Einreden auch berechtigt sind. Die bloße Behauptung einer Einrede aber hindert die Aufrechenbarkeit nicht[188].

Ist eine Forderung nur Zug um Zug mit der Erbringung der Gegenleistung zu erfüllen ist, so steht der Kompensation die Einrede des nicht erfüllten Vertrages gem. § 1052 ABGB entgegen[189].

Zuletzt muss die Gegenforderung auch klagbar sein[190]. Daran fehlt es, wenn die Gegenforderung eine Naturalobligation ist. Umgekehrt ist die Kompensation gegen eine Naturalobligation zulässig, weil diese erfüllbar ist[191].

Nach h.M. soll dagegen die Aufrechnung mit einer verjährten Gegenforderung dann zulässig sein, wenn sich die Haupt- und Gegenforderung einmal aufrechenbar und unverjährt gegenübergestanden haben. Grund dafür sei, dass es wegen der Rückwirkung der Aufrechnungserklärung ausreiche, wenn sich die Forderungen in einem früheren Zeitpunkt unverjährt gegenübergestanden haben[192].

d) Fälligkeit der Forderungen

Nach § 1439 ABGB müssen die Haupt- und Gegenforderung auch fällig sein. Für die Gegenforderung folgt diese Voraussetzung daraus, dass eine noch nicht fällige Forderung nicht mit Erfolg vom Gläubiger geltend gemacht werden könnte. Deshalb soll er eine vorzeitige Befriedigung auch nicht im Wege der Aufrechnung erlangen können[193].

---

185 Ehrenzweig/*Mayrhofer*, 599; Klang/*Gschnitzer*, § 1439 ABGB, II 3; Rummel/*Rummel*, § 1439 ABGB, Rn. 4; Schwimann/*Honsell/Heidinger*, § 1439 ABGB, Rn. 2.

186 Ehrenzweig/*Mayrhofer*, aaO.; Klang/*Gschnitzer*, § 1439 ABGB, II 2; Rummel/*Rummel*, § 1439 ABGB, Rn. 2; Schwimann/*Honsell/Heidinger*, § 1439 ABGB, Rn. 3.

187 Rummel/*Rummel*, aaO.

188 Klang/*Gschnitzer*, aaO.; Schwimann/*Honsell/Heidinger*, aaO.

189 Schwimann/*Honsell/Heidinger*, § 1439 ABGB, Rn. 5.

190 Rummel/*Rummel*, § 1439 ABGB, Rn. 3; Schwimann/*Honsell/Heidinger*, § 1439 ABGB, Rn. 6.

191 *Bydlinski*, Grundzüge des Privatrechts für Ausbildung und Wirtschaftspraxis, Rn. 580; *Gschnitzer*, Schuldrecht, 232; *Koziol/Welser*, Grundriss des bürgerlichen Rechts, 92; Rummel/*Rummel*, aaO.; Schwimann/*Honsell/Heidinger*, aaO.

192 Klang/*Gschnitzer*, § 1439 ABGB, II 1; ablehend Bylinski, aaO.

193 Ehrenzweig/*Mayrhofer*, 599; Schwimann/*Honsell/Heidinger*, § 1439 ABGB, Rn. 12.

Für die Hauptforderung lässt sich dies damit erklären, dass auch der Schuldner nicht vor Fälligkeit leisten darf (vgl. § 1413 ABGB), weshalb er vor diesem Zeitpunkt auch nicht aufrechnen kann[194].

Die Hauptforderung muss allerdings nicht fällig sein, wenn der Aufrechnende berechtigt ist, vorzeitig zu leisten. Eine Stundung schließt die Fälligkeit aus mit der Folge, dass zumindest der Gläubiger nicht kompensieren kann[195].

Keine Einigkeit besteht in der Frage, ob die Liquidität Kompensationsvoraussetzung ist. Liquide ist eine Forderung, wenn sie anerkannt bzw. rechtskräftig festgestellt wurde (sog. formelle Liquidität) oder wenn sie leicht beweisbar ist (sog. materielle Liquidität)[196]. Die h.M. lehnt das Erfordernis u.a. mit der Begründung ab, dass das Liquiditätserfordernis seinen Zweck, nämlich eine Prozessverschleppung zu verhindern, nicht erreichen würde, weil es zu unbestimmt sei und deshalb wiederum zahlreiche Rechtsstreitigkeiten nach sich ziehen würde. Der Liquidität komme allenfalls im Prozessrecht im Hinblick auf die Zulässigkeit eines Teilurteils eine gewisse Bedeutung zu[197].

e) Ausschluss der Kompensation

Vertragliche Aufrechnungsverbote sind nach der Rechtsprechung grundsätzlich zulässig. Sie sind regelmäßig nicht sittenwidrig, da diese einer gesonderten Geltendmachung der Gegenforderung durch Widerklage nicht entgegenstehen[198].

Einem vertraglichen Aufrechnungsverbot wird der Verzicht auf die Kompensation gleichgestellt[199]. Ein konkludenter Verzicht kann sich aus dem Vertragszweck ergeben, wenn dies nach den besonderen Umständen des Falles dem Grundsatz von Treu und Glauben entspricht. So ist. z.B. eine Bank ohne eine entsprechende Vereinbarung nicht berechtigt, die auf einem Girokonto eingehenden Beträge gegen Forderungen auf Darlehnsrückzahlung aufzurechnen. Grund dafür ist, dass ansonsten der Zweck des Girokontos, nämlich mit dem Buchgeld in gleicher Weise wie mit Bargeld umgehen zu können, für den Bankkunden vereitelt würde[200].

---

194 Schwimann/*Honsell/Heidinger*, aaO.

195 Ehrenzweig/*Mayrhofer*, 600; Schwimann/*Honsell/Heidinger*, aaO.

196 Klang/*Gschnitzer*, § 1439 ABGB, III; Rummel/*Rummel*, § 1439 ABGB, Rn. 6.

197 Ehrenzweig/*Mayrhofer*, 601; Klang/*Gschnitzer*, aaO.; *Koziol/Welser*, Grundriss des bürgerlichen Rechts, 92; Rummel/*Rummel*, aaO.; Schwimann/*Honsell/Heidinger*, § 1439 ABGB, Rn. 7.

198 OGH 26.08.1992, JBL. 1993, 319, 320.

199 Schwimann/*Honsell/Heidinger*, § 1440 ABGB, Rn. 23.

200 Schwimann/*Honsell/Heidinger*, aaO.

Nach § 1440 S. 2 ABGB sind eigenmächtig oder listig entzogene, entlehnte, in Verwahrung oder in Bestand genommene Stücke kein Gegenstand des Zurückbehaltungs- oder des Kompensationsrechts. Zweck der Vorschrift ist es, die Aufrechnung sowie das Zurückbehaltungsrecht immer dann zu versagen, wenn deren missbräuchliche Ausübung aufgrund der konkreten Rechtsbeziehung geradezu einen Vertrauensbruch bedeuten würde. Insoweit schützt § 1440 S. 2 ABGB das Vertrauen des Herausgabeberechtigten und wirkt sich zu Lasten des Herausgabeverpflichteten aus[201].

§ 1440 S. 2 ABGB hat in derartigen Fällen für die Aufrechnung kaum praktische Bedeutung, da der auf eine bestimmte Sache gerichtete Herausgabeanspruch des Berechtigten sowie eine etwaige Gegenforderung des Herausgabeverpflichteten regelmäßig ungleichartig sind, und es für die Kompensation in der Regel schon an der Gleichartigkeit fehlt[202]. Praktische Relevanz für die Aufrechnung erlangt § 1440 S.2 ABGB aber dann, wenn die Herausgabe der Sache selbst unmöglich ist und an die Stelle des Herausgabeanspruchs ein Schadensersatzanspruch tritt, weil dann gleichartige Forderungen vorliegen[203]. § 1440 S.2 ABGB wird in vergleichbaren Fällen entsprechend angewandt[204].

Ein weiteres wichtiges Aufrechnungsverbot findet sich in § 293 Abs. 3 EO. Danach ist die Kompensation gegen unpfändbare Forderungen i.S.d. §§ 290 ff. EO unzulässig. Zweck dieses Aufrechnungsverbots ist es, die Umgehung der Pfändungsbeschränkungen zu verhindern[205]. Im Unterschied zu § 394 BGB gilt dieses Verbot nicht allgemein für unpfändbare Forderungen, sondern nur für die in den §§ 290 ff. EO genannten Ansprüche, also insbesondere für Lohn- und Gehaltsansprüche[206]. Weitere Kompensationsverbote oder –einschränkungen enthalten § 1441 S. 1 ABGB, § 60 AktG, § 63 Abs. 3 GmbHG und Art. 7 Nr. 10 Abs. 2 EVHGB.

f) Vollzug und Wirkung der Kompensation

Der Wortlaut des § 1438 ABGB spricht dafür, dass die Kompensation selbsttätig eintritt, sobald die gesetzlichen Voraussetzungen erfüllt sind. Dennoch macht die

---

201 Ehrenzweig/*Mayrhofer*, 603; Klang/*Gschnitzer*, § 1440 ABGB, II 1; *Koziol/Welser*, Grundriss des bürgerlichen Rechts, 92 f.; Schwimann/*Honsell/Heidinger*, § 1440 ABGB, Rn. 5.

202 Ehrenzweig/*Mayrhofer*, aaO.; Klang/*Gschnitzer*, aaO.; Schwimann/ *Honsell/ Heidinger*, aaO.

203 Klang/*Gschnitzer*, aaO.; Schwimann/*Honsell/Heidinger*, § 1440 ABGB, Rn. 6.

204 Schwimann/*Honsell/Heidinger*, aaO.

205 Rummel/*Rummel*, § 1440 ABGB, Rn. 18.

206 Schwimann/*Honsell/Heidinger*, § 1440 ABGB, Rn. 13.

h.M. die Aufrechnung von der Abgabe einer entsprechenden Aufrechnungserklärung abhängig[207].

Für die h.M. werden vor allem systematische Gründe sowie der Grundsatz der Privatautonomie angeführt. So kann im Fall der mehrfachen Abtretung einer Forderung der Schuldner gem. § 1442 ABGB nur gegenüber dem Zedenten und dem letzten Zessionar, nicht aber auch gegenüber einem Zwischenzessionar aufrechnen. Eine derartige Regelung setzt aber gedanklich voraus, dass die Kompensation von einer entsprechenden Erklärung des Schuldners abhängig ist. Andernfalls würde die Kompensation unabhängig vom Willen des Schuldners auch gegenüber einem Zwischenzessionar eintreten und eine weitere Abtretung wäre infolge des Untergangs der Forderung nicht mehr möglich[208]. Auch legt der Wortlaut des § 1443 ABGB, wonach die Einwendung der Kompensation nur unter den dort genannten Voraussetzungen entgegengesetzt werden „kann", das Erfordernis der Aufrechnungserklärung nahe[209]. Darüber hinaus zieht die h.M. die Kompensationserklärung gegenüber der ipso-iure-Kompensation auch deswegen vor, weil das Aufzwingen der Aufrechnung der Privatautonomie widerspricht[210].

Die Geltendmachung der Kompensation stellt die Ausübung eines Gestaltungsrechts dar, die wie auch im deutschen Recht nur unbedingt und unbefristet möglich ist[211]. Die Kompensation kann gerichtlich wie außergerichtlich erklärt werden[212]. Es handelt sich hierbei um eine einseitige empfangsbedürftige Willenserklärung, die auf die Herbeiführung der Aufrechnungswirkung gerichtet ist[213].

Die Kompensation wirkt gem. § 1438 ABGB wie eine wechselseitige Zahlung und führt dementsprechend zur doppelten Schuldtilgung. Sie unterscheidet sich von der Zahlung aber dadurch, dass entgegen § 1425 ABGB, der eine Teilzahlung ausschließt, mit einer niedrigeren Gegenforderung aufgerechnet werden kann[214].

---

207 *Bydlinski*, Grundzüge des Privatrechts für Ausbildung und Wirtschaftspraxis, Rn. 579; Ehrenzweig/*Mayrhofer*, 610; *Kapfer*, ABGB, 378 f.; Klang/*Gschnitzer*, § 1438 ABGB, V 1; *Koziol/Welser*, Grundriss des bürgerlichen Rechts, 91; Rummel/ *Rummel*, § 1438 ABGB, Rn. 11 m.w.N. auch zur Gegenansicht; Schwimann/*Honsell/ Heidinger*, § 1438 ABGB, Rn. 10.

208 Ehrenzweig/*Mayrhofer*, 611; Schwimann/*Honsell/Heidinger*, § 1438 ABGB, Rn. 11.

209 Klang/*Gschnitzer*, aaO.

210 *Koziol/Welser*, Grundriss des bürgerlichen Rechts, 92.; Rummel/*Rummel*, aaO.

211 Schwimann/*Honsell/Heidinger*, § 1438 ABGB, Rn. 14.

212 Klang/*Geschnitzer*, aaO.; Rummel/*Rummel*, § 1438 ABGB, Rn. 12; Schwimann/ *Honsell/Heidinger*, § 1438 ABGB, Rn. 13.

213 *Gschnitzer*, Schuldrecht, 236; Ehrenzweig/*Mayrhofer*, 610; Rummel/*Rummel*, aaO.; Schwimann/*Honsell/Heidinger*, aaO.

214 Ehrenzweig/*Mayrhofer*, 598; Klang/*Gschnitzer*, § 1438 ABGB, VI 1 a); Rummel/ *Rummel*, § 1438 ABGB, Rn. 13; Schwimann/*Honsell/Heidinger*, § 1438 ABGB, Rn. 16.

Anders als die Zahlung tritt die Tilgungswirkung der Kompensation nach h.M. auch mit dem Zugang der Aufrechnungserklärung rückwirkend in demjenigen Zeitpunkt ein, in dem sich die Forderungen erstmals kompensabel gegenüber gestanden haben. Auch wenn eine die Rückwirkung anordnende Norm wie im deutschen Recht fehlt (vgl. § 389 BGB), wird die Rückwirkung zumeist mit dem schutzwürdigen Vertrauen auf die Möglichkeit zur Kompensation begründet[215]. Doch mehren sich in jüngerer Zeit die kritischen Anmerkungen zur ex-tunc-Wirkung der Aufrechnungserklärung[216]. Da ab der Kompensationslage die Forderungen, soweit sie sich decken, erlöschen, enden in diesem Zeitpunkt auch etwaige Verzugs- oder Nichterfüllungsfolgen[217].

3. Aufrechenbarkeit währungsverschiedener Forderungen

Der österreichische OGH hatte, soweit ersichtlich, erstmals im Jahr 1923 über die Aufrechnung von Forderungen in verschiedenen Währungen zu entscheiden. In dem entschiedenen Fall standen sich Forderungen in tschechoslowakischen und österreichischen Kronen gegenüber[218]. Nach Ansicht des Gerichts sind eine in ausländische und inländische Währung lautende Forderung gleichartig, wenn die in ausländischer Währung ausgedrückte Forderung auch in inländischen Zahlungsmitteln zum Kurs des Zahlungstags getilgt werden könne. Dagegen soll die Kompensation dann nicht zulässig sein, wenn die Forderung in ausländischer Währung effektiv zu zahlen sei[219].

Auch spätere Entscheidungen des OGH haben die Kompensation währungsverschiedener Forderungen zugelassen[220]. So führte der OGH in seiner Entscheidung vom 9.09.1924 aus, „... daß die Verschiedenheit der Währungen, sofern es sich nicht um effektive Zahlungen handelt, an sich die gegenseitige Aufrechnung von Geldforderungen nicht hindert“[221].

---

215 *Bydlinski*, Grundzüge des Privatrechts für Ausbildung und Wirtschaftspraxis, Rn. 581; Ehrenzweig/*Mayrhofer*, 612 f.; *Kapfer*, ABGB, 387 f.; Klang/*Gschnitzer*, § 1438 ABGB, V 1; *Koziol/Welser*, Grundriss des bürgerlichen Rechts, 93 f.; Rummel/*Rummel*, § 1438 ABGB, Rn. 14; Schwimann/*Honsell/Heidinger*, § 1438 ABGB, Rn. 18.

216 Vgl. nur Schwimann/*Honsell/Heidinger*, § 1438 ABGB, Rn. 19 ff. mit beachtlichen Gründen.

217 Ehrenzweig/*Mayrhofer*, 613; Klang/*Gschnitzer*, § 1438 ABGB, VI 2; Rummel/*Rummel*, § 1438 ABGB, Rn. 15.

218 OGH 2.05.1923, SZ 5/106.

219 OGH 2.05.1923, aaO.

220 OGH 9.09.1924, SZ 6/267; 7.10.1924, SZ 6/314.

221 OGH 9.09.1924, aaO.

Im Schriftum wird überwiegend in Anlehnung an die Rechtsprechung des OGH die Aufrechenbarkeit von Forderungen in verschiedenen Währungen angenommen[222]. Die Aufrechnungsbefugnis des Fremdwährungsschuldners wird mit Art. 8 Nr. 8 EVHGB begründet. Nach dieser Vorschrift kann eine in einer ausländischen Währung bezifferte Schuld in inländischer Währung beglichen werden, wenn diese in Österreich zu zahlen ist und nicht die Zahlung in der Fremdwährung ausdrücklich vereinbart wurde oder Gegenstand des Geschäfts ist. Wenn der Fremdwährungsschuldner befugt ist, in Landeswährung zu bezahlen, so soll er auch mit seiner auf Inlandswährung lautende Forderung aufrechnen können[223].

Über die Ersetzungsbefugnis des Art. 8 Nr. 8 EVHGB hinaus soll aber auch der Fremdwährungsgläubiger aufrechnen können. Dessen Aufrechnungsbefugnis wird mit dem Zweck der Ersetzungsbefugnis begründet. Art. 8 Nr. 8 EVHGB bezwecke, den Schuldner von der Schwierigkeit zu befreien, die fremde Währung zu beschaffen. Dieser Zweck sei bei der Kompensation von vornherein nicht gegeben, so dass auch dem Gläubiger der Fremdwährungsschuld die Aufrechnung gegen die Inlandswährungsschuld zu gestatten sei[224].

Zusammenfassend lässt sich feststellen, dass nach der h.M. in Österreich Forderungen, die in verschiedenen Währungen ausgedrückt sind, aufrechenbar sind. Insoweit handelt es sich bei der Währungsverschiedenheit der Forderungen nur um eine unterschiedliche Leistungsmodalität, wie etwa auch die Verschiedenheit der Verzinsung und des Erfüllungsortes, die der Aufrechnung grundsätzlich nicht entgegensteht[225]. Die Verschiedenheit der Währung schließt die Kompensation aber aus, wenn der Aufrechnende verpflichtet ist, effektiv in der Fremdwährung zu zahlen[226].

4. Umrechnung der Währungen

Gem. Art. 8 Nr. 8 EVHGB ist der Kurswert am Tag der Zahlung und am Zahlungsort maßgeblich. Die h.M. wendet für die Umrechnung der Währungen diese Vorschrift entsprechend an, da der Zahlung bei der Kompensation ihre Geltendmachung entspricht. Entscheidend für die Umrechnung sei der Zeitpunkt des Zugangs der Aufrechnungserklärung[227].

---

222 Ehrenzweig/*Mayrhofer*, 597 f.; Klang/*Gschnitzer*, § 1440 ABGB, I 4; Rummel/*Rummel*, § 1440 ABGB, Rn. 2; Schwimann/*Honsell/Heidinger*, § 1440 ABGB, Rn. 2.

223 Ehrenzweig/*Mayrhofer*, aaO.; Klang/*Gschnitzer*, aaO.

224 Ehrenzweig/*Mayrhofer*, aaO.; Rummel/*Rummel*, aaO.; Schwimann/*Honsell/Heidinger*, aaO.

225 So ausdrücklich Schwimann/*Honsell/Heidinger*, aaO.

226 OGH 2.05.1923, SZ 5/106; 9.09.1924, SZ 6/267; 7.10.1924, SZ 6/314; Ehrenzweig/*Mayrhofer*, aaO.; Klang/*Gschnitzer*, aaO.; Rummel/*Rummel*, aaO.

227 Klang/*Gschnitzer*, aaO.; Rummel/*Rummel*, aaO.; Schwimann/*Honsell/Heidinger*, aaO.

Teilweise wird aber auch ein davon abweichender Umrechnungszeitpunkt gewählt. Danach verschaffe die h.M. dem Aufrechnenden insoweit Manipulationsmöglichkeiten, als er u.U. durch Zuwarten einen Kursgewinn erzielen könne. Aus diesem Grund sei dem Aufrechnungsgegner im Fall des Zahlungsverzuges die Befugnis einzuräumen, zwischen dem Umrechnungskurs im Zeitpunkt der Fälligkeit und jenem bei Erklärung der Kompensation zu wählen[228].

III. England

1. Funktionen der Aufrechnung

Mit der Aufrechnung werden im englischen Recht seit je her die Rechtsbehelfe des *set-off* und des *counterclaim* verbunden. Mit beiden Rechtsbehelfen kann sich ein Beklagter im Prozess gegen eine klägerische Forderung wenden[229].

Der Aufrechnung werden im Wesentlichen zwei verschiedene Funktionen zugewiesen. Sie dient zum einen der Prozessförderung dadurch, dass das Gericht über wechselseitige Forderungen in einem einzigen und nicht in mehreren getrennten Prozessen entscheiden kann. Insoweit fördert sie die *judical economy*[230]. Zum anderen sichert die Möglichkeit der Aufrechnung dem Gläubiger seine Forderung gegen den Schuldner, die für ihn dann besonders wichtig wird, wenn dem Schuldner die Zahlungsunfähigkeit droht[231].

2. Gemeinsamkeiten und Unterschiede zwischen set-off und counterclaim

Beim set-off handelt es sich um eine Einrede des Beklagten gegen die klägerische Forderung, während der Beklagte sich beim counterclaim gegen die Forderung mit einer eigenständigen Klage, vergleichbar mit der Widerklage deutschen Rechts, wendet[232]. Anschaulich wird davon gesprochen, dass es sich beim set-off um ein Schild („shield"), mit dessen Hilfe sich der Beklagte gegen die klägerische Forderung wehrt, und beim counterclaim dagegen um ein Schwert („sword")

---

228 Ehrenzweig/*Mayrhofer*, 597.

229 *Clashfern*, Halsbury's, para. 406 f.; *Eujen*, Aufrechnung im internationalen Verkehr, 48; *Goode*, Legal problems of credit and security, 100; *Goulding*, Odgers on Civil Court Actions, 259, 262.

230 Siehe dazu Bryne v. Brown (1889), 22 Q.B.D. 657, 666.

231 Siehe dazu *Hapgood*, in: Using set-off as Security, 32, 37 f.

232 *Clashfern*, Halsbury's, para. 409; *Dicey/Morris*, Bd. 1, para. 7-031; *Graveson*, Conflict of Laws, 610; *Kannengießer*, Aufrechnung im internationalen Privat- und Verfahrensrecht, 57; *Wolf*, Aufrechnung im internationalen Privatrecht, 49 f.

handelt, mit dessen Hilfe der Beklagte einen eigenen Angriff gegen die klägerische Forderung unternimmt[233].

Das englische Recht ordnet beide Rechtsbehelfe dem Prozessrecht zu[234]. Insoweit besteht ein wesentlicher Unterschied beispielsweise zum schweizerischen, österreichischen oder zum deutschen Recht, die die Aufrechnung materiell-rechtlich qualifizieren[235]. Folge der prozessualen Natur der Aufrechnung ist, dass die Tilgungswirkung grundsätzlich nur aufgrund des Urteils eintritt und weder durch rechtsgeschäftliche Erklärungen herbeigeführt werden kann noch kraft Gesetzes eintritt[236]. Nur in wenigen Ausnahmefällen tritt die Aufrechnungswirkung allein aufgrund des Vorliegens materiell-rechtlicher Voraussetzungen ein. Dies ist beispielsweise bei der vertraglich vereinbarten sowie konkursrechtlichen Aufrechnung der Fall[237].

Die Trennung zwischen beiden Rechtsbehelfen ist seit langem geklärt. Im neueren Schrifttum werden daher weniger die Unterschiede als mehr die Gemeinsamkeiten zwischen beiden Rechtsbehelfen hervorgehoben[238]. Dennoch unterscheiden sich set-off und counterclaim in ihrer Anwendung und in ihren Folgen.

Das set-off ist in seiner Anwendung auf Geldforderungen beschränkt, während für das counterclaim eine derartige Beschränkung nicht gilt[239]. Jede Forderung, die ein Beklagter gegen den Kläger auch in einer eigenständigen Klage geltend machen kann, kann der Beklagte mit Hilfe des counterclaims in den Prozess einführen, sofern die Forderung des Beklagten ohne besondere Umstände zur gleichen Zeit und vor demselben Gericht wie die klägerische Forderung geltend gemacht werden kann[240].

Set-off und counterclaim unterscheiden sich weiter dadurch, dass der Beklagte mit Hilfe des counterclaims mehr erzielen kann als mit Hilfe des set-offs.

---

233 *Clashfern*, Halsbury's, para. 409; *Eujen*, Aufrechnung im internationalen Verkehr, 55; *Goode*, Legal problems of credit and security, 101; *Goulding*, Odgers on Civil Court Actions, 257; *Kannengießer*, Aufrechnung im internationalen Privat- und Verfahrensrecht, 67.

234 *Dicey/Morris*, Bd. 1, para. 7-031; *Goode*, Legal problems of credit and security, 100; *Graveson*, Conflict of Laws, 610; *Kannengießer*, Aufrechnung im internationalen Privat- und Verfahrensrecht, 57; *Steenken*, Fremdwährungsschulden, 153; *Wolf*, Aufrechnung im internationalen Privatrecht, 49.

235 Vgl. zum schweizerischen Recht § 4 I sowie zum deutschen Recht § 2 III.

236 *Eujen*, Aufrechnung im internationalen Verkehr, 55; *Wolf*, Aufrechnung im internationalen Privatrecht, 49; *Steenken*, Fremdwährungsschulden, 154.

237 *Eujen*, Aufrechnung im internationalen Verkehr, 60; *Kannengießer*, Aufrechnung im internationalen Privat- und Verfahrensrecht, 57; *Wolf*, Aufrechnung im internationalen Privatrecht, 49.

238 *Goulding*, Odgers on Civil Court Actions, 257.

239 *Clashfern*, Halsbury's, para. 409; *Goulding*, Odgers on Civil Court Actions, 261.

240 *Clashfern*, Halsbury's, aaO.

Während der Beklagte mit dem set-off nur die vollständige oder teilweise Klageabweisung erreichen kann, kann er mittels counterclaims sogar ein Urteil auf den Überschuss gegen den Kläger erwirken, wenn die Forderung des Beklagten die des Klägers übersteigt[241].

Das counterclaim ist auch nicht vom Bestand der Klage abhängig. Auch wenn die Klage nicht fortgeführt wird, kann der Beklagte sein counterclaim im Prozess weiter verfolgen und ein Urteil über seine Forderung erstreiten. Dagegen geht in einem derartigen Fall die Verteidigung mittels set-offs mit unter[242].

Auch im Hinblick auf die Kosten von set-off und counterclaim wird der Charakter des counterclaims als eigenständige Klage deutlich. Hat der Beklagte mit seinem counterclaim Erfolg, so muss er die Kosten der Klage tragen, während der Kläger in die Kosten des counterclaims verurteilt wird. Demgegenüber ergeht bei einer erfolgreichen Verteidigung mittels set-offs eine einheitliche Kostenentscheidung zu Lasten des Klägers[243].

Traditionell wird zwischen dem sog. legal set-off, das auf die Statutes of Set-off von 1729 und 1735 (inzwischen aufgehoben) zurückgeht, und dem sog. equity set-off unterschieden, das vor der Fusion der Systeme von law und equity im Jahr 1873 in den courts of equity, nicht aber in den courts of law anwendbar war. Das legal set-off wird oft auch als independent set-off bezeichnet[244]. Das independent set-off findet heute seine rechtliche Grundlage in ord. 18, r. 17 R.S.C.[245]. Das counterclaim ist dagegen in ord. 15, r. 2 (1) R.S.C.[246] geregelt. Wenn im Folgenden vom set-off gesprochen wird, so ist darunter das independent set-off zu verstehen.

---

241 *Goulding*, Odgers on Civil Court Actions, 262; *Kannengießer*, Aufrechnung im internationalen Privat- und Verfahrensrecht, 67; *Wolf*, Aufrechnung im internationalen Privatrecht, 49 f.

242 *Eujen*, Aufrechnung im internationalen Verkehr, 55; *Goulding*, Odgers on Civil Court Actions, 257.

243 *Steenken*, Fremdwährungsschulden, 154; *Wolf*, Aufrechnung im internationalen Privatrecht, 50; vgl. zu den Kosten von set-off und counterclaim im Einzelnen *Goulding*, Odgers on Civil Court Actions, 268 f. sowie *Eujen*, Aufrechnung im internationalen Verkehr, 55 f.

244 *Hapgood*, in: Using set-off as Security, 32, 32 f.

245 Ord. 18, r. 17 R.S.C. lautet: „(w)here a claim by a defendant to a sum of money (whether of an ascertained amount or not) is relied on as a defence to the whole or part of a claim made by the plaintiff, it may be included in the defence and set off against the plaintiff's claim, whether or not it is, also added as a counterclaim."

246 Ord. 15, r. 2 (1) R.S.C. lautet: „who alleges that he has any claim or is entitled to any relief or remedy against a plaintiff in the action in respect of any matter (whenever and however arising) may, instead of bringing a separate action, make a counterclaim in respect of that matter; and where he does so he must add the counterclaim to his defence."

3. Voraussetzungen, Vollzug und Wirkung der Aufrechnung

Die Aufrechnung nach englischem Recht unterscheidet sich im Hinblick auf ihre Voraussetzungen und Wirkung weitgehend von der Aufrechnung deutschen Rechts. Generell lässt sich feststellen, dass die Voraussetzungen beim set-off grundsätzlich enger sind als beim counterclaim[247].

Das set-off gelangt nur unter den Voraussetzungen der Gegenseitigkeit und Gleichartigkeit der Forderungen sowie der Fälligkeit, Vollwirksamkeit und Liquidität der Beklagtenforderung zur Anwendung.

a) Gegenseitigkeit der Forderungen

Mit dem Erfordernis der Gegenseitigkeit der Forderungen („mutuality") soll sichergestellt werden, dass die aufzurechnenden Forderungen zum einen zwischen denselben rechtsidentischen Personen bestehen („between the same persons") und zum anderen diese Personen auch in demselben rechtlichen Vermögensinteresse betroffen werden („in the same right")[248].

Die zuletzt genannte Einschränkung ist eine Auswirkung des englischen Trust- und Repräsentantenrechts, wonach dem Trustverwalter - dazu gehören auch der Testamentsvollstrecker und der Nachlassverwalter - die verwalteten Vermögensgüter als Zwischenberechtigter in eigenem Namen zustehen[249].

Aufgrund dieses Erfordernisses kann ein Beklagter, der zugleich Nachlassverwalter ist, nicht mit einer zum Nachlass gehörenden Forderung gegen die klägerische Forderung aufrechnen, wenn der Kläger eine Forderung einklagt, die er persönlich gegen den Beklagten hat[250].

Anders als beim set-off kommt es beim counterclaim nicht darauf an, dass die aufzurechnenden Forderungen „in the same right" bestehen. Es kommt vielmehr nur darauf an, dass die Forderung des Beklagten ohne besondere Umstände zur gleichen Zeit und vor demselben Gericht wie die klägerische Forderung geltend gemacht werden kann[251].

---

247 *Casson*, Odgers on High Court Pleading and Practice, 239; *Eujen*, Aufrechnung im internationalen Verkehr, 48; *Kannengießer*, Aufrechnung im internationalen Privat- und Verfahrensrecht, 69.

248 *Clashfern*, Halsbury's, para. 438; Brinckmann, Die nichtvertragliche Verrechnung, 29; *Eujen*, Aufrechnung im internationalen Verkehr, 48; *Goulding*, Odgers on Civil Court Actions, 260; *Kannengießer*, Aufrechnung im internationalen Privat- und Verfahrensrecht, 59; *Wolf*, Aufrechnung im internationalen Privatrecht, 55.

249 *Brinkmann*, aaO.; *Wolf*, Aufrechnung im internationalen Privatrecht, 66.

250 Nelson v. Roberts (1893) 69 L.T. 352.

251 *Goulding*, Odgers on Civil Court Actions, 262; *Wolf*, Aufrechnung im internationalen Privatrecht, 69 f.; ähnlich auch *Eujen*, Aufrechnung im internationalen Verkehr, 51.

b) Gleichartigkeit der Forderungen

Das Erfordernis der Gleichartigkeit der Forderungen beschränkt das set-off auf die Aufrechnung von Geldforderungen[252]. Dies ergibt sich bereits schon aus dem Wortlaut des ord. 18 r. 17 R.S.C. („... to a sum of money ..."). Ob und inwieweit Fremdwährungsforderungen aufgerechnet werden können, wird noch im Folgenden dargelegt[253].

Das counterclaim ist dagegen in seiner Anwendung nicht nur auf Geldforderungen beschränkt. Dies folgt bereits aus dem Wortlaut des ord. 15, r. 2 (1) R.S.C. („... in respect of any matter (whenever and however arising) ..."). Mit Hilfe des counterclaims kann der Beklagte vielmehr all das, was auch Gegenstand einer selbständigen Klage sein könnte, geltend machen[254]. Voraussetzung ist wiederum nur, dass die Forderung des Beklagten ohne weiteres zur gleichen Zeit und vor demselben Gericht wie die klägerische Forderung geltend gemacht werden kann[255].

c) Vollwirksamkeit und Fälligkeit der Beklagtenforderung

Weiterhin setzt das englische Recht voraus, dass die Forderung, die der Beklagte dem Kläger entgegenhält, einklagbar und rechtlich durchsetzbar („actionable and enforceable") ist[256]. Daran fehlt es z.B. bei Spiel- und Wettschulden, die nach englischem Recht nichtig und deshalb nicht einklagbar sind[257]. Im Hinblick auf eine Verjährung der Forderung ist auf den Zeitpunkt der Klageerhebung abzustellen. Wenn die Forderung bereits vor Klageerhebung verjährt ist, scheidet eine Aufrechnung aus. Tritt die Verjährung dagegen erst nach Klageerhebung ein, so kann der Richter die Verrechnung der Forderungen vornehmen[258].

---

252 *Brinkmann*, Nichtvertragliche Verrechnung, 30; *Clashfern*, Halsbury's, para. 409; *Eujen*, Aufrechnung im internationalen Verkehr, 52; *Goulding*, Odgers on Civil Court Actions, 261; *Kannengießer*, Aufrechnung im internationalen Privat- und Verfahrensrecht, 60; *Wolf*, Aufrechnung im internationalen Privatrecht, 71.

253 Vgl. dazu § 4 III 3.

254 *Brinkmann*, aaO.; *Clashfern*, Halsbury's, para. 409; *Eujen*, Aufrechnung im internationalen Verkehr, 52.

255 *Wolf*, Aufrechnung im internationalen Privatrecht, 71.

256 *Eujen*, Aufrechnung im internationalen Verkehr, 52; *Wolf*, Aufrechnung im internationalen Privatrecht, 72.

257 *Brinkmann*, Nichtvertragliche Verrechnung, 31; *Wolf*, Aufrechnung im internationalen Privatrecht, 72.

258 *Brinkmann*, Nichtvertragliche Verrechnung, aaO.; *Kannengießer*, Aufrechnung im internationalen Privat- und Verfahrensrecht, 61.

Ursprünglich musste zudem die Forderung des Beklagten zum Zeitpunkt der Klageerhebung fällig gewesen sein. Doch genügt heute, dass die Forderung bis zur Urteilsfindung entstanden und fällig geworden ist[259].

d) Liquidität der Beklagtenforderung

Die Liquidität („liquidity") ist gegeben, wenn die Höhe der Forderung durch Berechnung oder durch einfache Kalkulation festgestellt werden kann[260]. Nicht liquide sind insbesondere Schadensersatzansprüche aus Vertrag oder aus Delikt.

Fraglich ist allerdings, ob es sich bei diesem Erfordernis angesichts des Wortlauts des ord. 18, r. 17 R.S.C. („whether of an ascertained amount or not") auch heute noch um eine Anwendungsvoraussetzung des set-offs handelt[261]. Früher mussten beide Forderungen liquide sein[262]. Nach wohl heute h.M. gilt dieses Erfordernis wohl nicht mehr für die klägerische Forderung, wohl aber noch für die Forderung des Beklagten[263]. Damit soll sichergestellt werden, dass nicht erst noch langwierige Feststellungen über Bestand und Höhe der Forderung des Beklagten durch das Gericht getroffen werden müssen und sich so die Entscheidung über die klägerische Forderung verzögert[264].

Dagegen kann der Beklagte mit dem counterclaim alle Forderungen geltend machen, die er zum Gegenstand einer selbständigen Klage machen könnte, also auch „unliquidated" Forderungen[265].

e) Ausschluss der Aufrechnung

Die Aufrechnung ist in verschiedenen Fällen ausgeschlossen. So sind beispielsweise Pensions-, Lohn- und Gehaltsansprüche aufrechnungsgeschützt[266]. Im Recht der Kapitalgesellschaften gilt, dass ein Aktionär nicht gegen eine Einlage

---

259 *Eujen*, Aufrechnung im internationalen Verkehr, 52; *Wolf*, Aufrechnung im internationalen Privatrecht, 73.

260 *Brinkmann*, Nichtvertragliche Verrechnung, 32; *Wolf*, Aufrechnung im internationalen Privatrecht, 77.

261 Zweifend auch insoweit *Brinkmann*, Nichtvertragliche Verrechnung, 31.

262 *Goode*, Legal problems of credit and security, 100.

263 *Brinkmann*, Nichtvertragliche Verrechnung, 32; *Kannengießer*, Aufrechnung im internationalen Privat- und Verfahrensrecht, 60; *Wolf*, Aufrechnung im internationalen Privatrecht, 76.

264 *Wood*, English and International Set-off, 2-71.

265 *Brinkmann*, Nichtvertragliche Verrechnung, 33; *Goulding*, Odgers Civil Court Actions, 262.

266 *Eujen*, Aufrechnung im internationalen Verkehr, 53; *Kannengießer*, Aufrechnung im internationalen Privat- und Verfahrensrecht, 61.

aufrechnen kann, wenn sich die Gesellschaft in Liquidation befindet[267]. Die Aufrechnung im Zusammenhang mit der Beitreibung oder Rückzahlung von Steuern und Geldstrafen ist stark eingeschränkt[268]. Ein weiteres Aufrechnungsverbot allgemeiner Art ergibt sich aus dem „estoppel“ (d.h. unzulässige Rechtsausübung)[269]. Vertragliche Ausschlüsse der Aufrechnung werden indes oft im Bereich der Bankgeschäfte vereinbart[270].

f) Vollzug und Wirkung der Aufrechnung

Der prozessuale Charakter des set-offs hat zur Folge, dass sich die Aufrechnung erst durch das Urteil vollzieht. Weiterhin folgt aus der Rechtsnatur des set-offs, dass die Tilgungswirkung erst mit der Verkündung des Urteils eintritt. In diesem Zeitpunkt erlöschen die Forderungen, soweit sie sich decken[271].

Eine Rückwirkung wie im deutschen Recht kennt das englische Recht deshalb grundsätzlich nicht[272]. Aus diesem Grund können z.B. Verzugszinsen bis zum Zeitpunkt des Erlasses des Gerichtsurteils auflaufen. Etwas anderes gilt aber in Arglistfällen z.B. dann, wenn der Gläubiger dem Schuldner arglistig verschweigt, dass ein set-off zur Anwendung kommen könnte[273].

4. Aufrechenbarkeit und Umrechnung währungsverschiedener Forderungen

Bis 1975 gab es den allgemeinen Grundsatz im englischen Recht, dass eine Forderung in ausländischer Währung, die vor einem englischen Gericht geltend gemacht wurde, in britische Pfund umzurechnen war, bevor ein Urteil über diese Forderung ergehen konnte[274]. Richter Lindley M.R. formulierte diesen Grundsatz in der Entscheidung *Manners v. Pearson*[275] aus dem Jahr 1898 mit den Worten:

---

267 *Eujen*, Aufrechnung im internationalen Verkehr, 54.

268 *Clashfern*, Halsbury's, para. 436; *Goulding*, Odgers on Civil Court Actions, 258; so auch *Goode*, Legal problems of credit and security, 107 f. für das equitable set-off.

269 Vgl. dazu im Einzelnen *Clashfern*, Halsbury's, para 437.

270 *Eujen*, Aufrechnung im internationalen Verkehr, 54; so auch *Goode*, Legal problems of credit and security, 107 f. für das equitable set-off.

271 *Steenken*, Fremdwährungsschulden, 154; *Wood*, English and International Set-off, 1-51.

272 *Eujen*, Aufrechnung im internationalen Verkehr, 56.

273 Vgl. dazu Vulliamy v. Noble (1817) 36 E.R. 228, L.C.

274 *Brinkmann*, Nichtvertragliche Verrechnung, 30; *Derham*, Set-off, 130; *Eujen*, Aufrechnung im internationalen Verkehr, 52; *Mann*, 31 M.L.R. (1968) 342, 342; *Nussbaum*, Geld in Theorie und Praxis des deutschen und ausländischen Rechts, 218; *Wolf*, Aufrechnung im internationalen Privatrecht, 71.

275 (1898) 1 Ch. 581.

„... the Courts of this country have no jurisdiction to order payment of money except in the currency of this country. Whatever sum is ordered to be paid, whether for pincipal, interest or damages, must be expressed in English money, ...“[276].

Entscheidend für die Umrechnung sollte dabei der Zeitpunkt sein, an dem die Forderung fällig und durchsetzbar wurde[277]. Im Einzelnen bestimmte sich der Umrechnungszeitpunkt je nach der Rechtsnatur der umzurechnenden Forderung. Im Fall einer vertraglichen Schuld wurde das Datum der Fälligkeit, im Fall eines Schadensersatzanspruchs aus Vertragsverletzung wurde das Datum des Vertragsbruchs und im Fall einer Schadensersatzforderung aus Delikt wurde der Zeitpunkt der Schadenszufügung herangezogen[278].

Die genannten Grundsätze gehen im Wesentlichen auf die zwei Entscheidungen des House of Lords, nämlich *The Volturno*[279] aus dem Jahr 1921 und *Re United Railways of Havana and Regla Warehouses Ltd.*[280] aus dem Jahr 1961 zurück.

Da danach jede Fremdwährungsforderung in britische Pfund umzurechnen war, stellte sich damals nicht die Frage der Gleichartigkeit von Fremdwährungsforderungen. Die Saldierung der in britische Pfund umgerechneten Forderungen bereitete deshalb keine Schwierigkeiten[281].

Im Jahr 1975 änderte das House of Lords in dem grundlegenden Urteil *Milangos v. George Frank (Textiles) Ltd.*[282] seine Rechtsprechung und gab den allgemeinen Grundsatz, wonach ein englisches Gericht nicht die Befugnis hat, ein Urteil über eine Forderung, die in einer anderen Währung ausgedrückt ist, zu fällen, auf[283]. Vorausgegangen war eine erhebliche Kritik in der Literatur an der Rechtsprechung[284].

Nach der neuen Rechtsprechung kann ein englisches Gericht auch ein Urteil über eine Forderung fällen, die in einer ausländischen Währung ausgedrückt ist. Falls der Beklagte damit scheitert, in der ausländischen Währung zu zahlen, soll

---

276 *Richter Lindley M.R.* in Manners v. Pearson (1898) 1 Ch. 581, 587.

277 *Lord Wilberforce* in Milangos v. George Frank (Textiles) Ltd. (1975) 3 W.L.R. 758, 762; *Derham*, Set-off, aaO.

278 *Richter Brandon* in Despina R (1978) 1 Q.B. 396, 402; *Brinkmann*, Nichtvertragliche Verrechnung, 30; *Eujen*, Aufrechnung im internationalen Verkehr, 52; *Nussbaum*, Geld in Theorie und Praxis des deutschen und ausländischen Rechts, 220; *Wolf*, Aufrechnung im internationalen Privatrecht, 72.

279 (1921) 2 A.C. 544.

280 (1961) A.C. 1007.

281 So im Ergebnis auch *Brinkmann*, Nichtvertragliche Verrechnung, 30 sowie *Wolf*, Aufrechnung im internationalen Privatrecht, 72.

282 (1975) 3 W.L.R. 758.

283 *Derham*, Set-off, 130.

284 Vgl. nur die Kritik bei *Mann*, 31 M.L.R. (1968) 342, 342 f.

die Vollstreckung in der entsprechenden Summe britische Pfund erfolgen. Entscheidend für die Umrechnung soll dabei der Zeitpunkt der Zahlung sein. Wenn aber das Urteil in England vollstreckt werden soll, ist die Forderung vor der Vollstreckung in die englische Währung umzurechnen. Folglich ist als „Zeitpunkt der Zahlung" auch der Zeitpunkt in Betracht zu ziehen, an dem das Gericht zur Vollstreckung des Urteil ermächtigt[285].

Das *Milangos*-Urteil setzt sich hingegen nicht mit der Frage auseinander, welche Auswirkungen die neue Rechtsprechung des House of Lords im Hinblick auf die Rechtsinstitute des set-offs und des counterclaims hat. Nach Ansicht von *Lord Wilberforce* beeinträchtigt die neue Rechtsprechung nicht die Anwendung des set-offs und des counterclaims. Vielmehr werde die Praxis schon geeignete Lösungen für die damit zusammenhängenden Fragestellungen finden[286].

Das *Milangos*-Urteil hat verschiedene Auswirkungen auf die Aufrechnung gehabt. So hat beispielsweise die Rechtskommission 1983 in ihrem Bericht „Private International Law Foreign Money Liabilities" vorgeschlagen, dass das Recht der Aufrechnung nicht anwendbar sein sollte, wenn verschiedene Währungen beteiligt sind. Vielmehr solle jede Partei ein Urteil über den Betrag ihrer Forderung, die in der jeweiligen Währung ausgedrückt ist, erstreiten. Weiterhin wird vorgeschlagen, dass keine der Parteien das Urteil soll vorstrecken dürfen, ohne dass das andere Urteil dabei in Betracht gezogen wird[287].

Diese Vorschläge sind in der Literatur teilweise auf Kritik gestoßen. So wendet z.B. *Derham* ein, dass eine derartige Lösung im Fall der Abtretung einer der beiden Forderungen den Schuldner der abgetretenen Forderung nicht zu schützen vermag. Denn wenn eine der beiden Forderungen abgetreten werde, könne der Schuldner der abgetretenen Forderung nicht die Aufrechnung als ein Verteidigungsmittel gegen eine Klage des Zessionars geltend machen[288].

Derham schlägt demgegenüber vor, die ausländische Währung in britische Pfund umzurechnen. Entscheidend für den Umrechnungszeitpunkt sei der Zeitpunkt, an dem das Urteil über die Aufrechnung gefällt wird. Wenn beide Forderungen auf ausländische Währung lauten, solle die Währung der geringeren Forderung in die Währung der höheren Forderung umgerechnet werden. Dabei sei für die Umrechnung der Zeitpunkt entscheidend, an dem das Urteil über die Aufrechnung gefällt wird. Diese Lösung sei mit den Prinzipien des *Milangos*-Urteils vereinbar[289].

---

285 Vgl. im Einzelnen dazu *Derham*, Set-off, 130 f.

286 *Lord Wilberforce* in Milangos v. George Frank (Textiles) Ltd. (1975) 3 W.L.R. 758, 772.

287 Vgl. die Kritik bei *Derham*, Set-off, 131 am Bericht der Rechtskommission „Private International Law Foreign Money Liabilities" von 1983.

288 *Derham*, Set-off, 131.

289 *Derham*, Set-off, aaO.

Auch nach dem *Milangos*-Urteil hatte sich die Rechtsprechung mit währungsverschiedenen Forderungen auseinanderzusetzen[290]. Im Rahmen dieser Entscheidungen gingen die Gerichte - teilweise in Gestalt eines orbiter dictums, d.h. als rechtlich unverbindliche Meinungsäußerung zur Rechtslage - auch auf die Rechtsinstitute des set-offs und des counterclaims ein. Gemeinsam ist diesen Entscheidungen, dass sie, soweit ersichtlich, überwiegend Havariefälle betrafen. Deshalb ist es schwierig abzusehen, ob die in den Urteilen entwickelten Grundsätze auch auf weitere Rechtsgebiete ausgedehnt werden. Dennoch sind die wichtigsten Prinzipien dieser Entscheidungen für die Frage der Aufrechenbarkeit von Forderungen in verschiedenen Währungen von Bedeutung, so dass auf ihre Darstellung hier nicht verzichtet werden soll.

Im Jahr 1978 hatte sich das Court of Appeal in seiner Entscheidung *Despina R*[291] mit Fremdwährungsforderungen zu befassen. In diesem Urteil ging *Richter Brandon* auch auf die Frage der Aufrechenbarkeit von Forderungen in unterschiedlicher Währung ein. Der Entscheidung lag folgender Sachverhalt zugrunde:

Im Jahr 1974 kollidierten die beiden griechischen Schiffe „Eleftherotria" und „Despina R" im Hafen von Shanghai. Infolge der Kollision wurden beide Schiffe beschädigt. Die Eigentümer der Eleftherotria verklagten noch im gleichen Jahr die Eigentümer der Despina R auf Schadensersatz. Die Reparaturen an der Eleftherotria wurden teilweise in chinesischer und japanischer Währung, teilweise auch in US-Dollar und britischen Pfund bezahlt. Die Zahlungen erfolgten allesamt von einem in US-Dollar geführten Konto in New York. Zwei Jahr später trafen die Parteien eine umfassende Vereinbarung, wonach u.a. die Beklagten das überwiegende Verschulden an der Kollision traf und diese deshalb für den Schaden zu 85 % aufkommen sollte. Kurze Zeit später wandten sich die Kläger an den Admiralty Judge mit der Frage, ob der von den Beklagten zu ersetzende Schaden in britischen Pfund oder in einer anderen Währung zu zahlen war. Das Gericht entschied, dass die Kläger den Schaden entweder in derjenigen Währung ersetzt verlangen können, in der der Schaden eingetreten war, oder in einer entsprechenden Summe britische Pfund. Die Beklagten begehrten in ihrer eingelegten Berufung, dass der Schaden in britische Pfund zu ersetzen sei, während die Kläger in ihrer Berufung verlangten, dass sie die Schäden in derjenigen Währung ersetzt verlangen können, in der sie letztlich bezahlt haben, nämlich in US-Dollar.

Das Court of Appeal wies die Berufung der Beklagten ab. Der Berufung der Kläger wurde stattgegeben. Nach Ansicht des Gerichts sollten die Kläger auf-

290 Vgl. nur Despina R (1978) 1 Q.B. 396; Transoceanica Francesca and Nicos V (1987) 2 Ll.L.R. 155; Smit Tak International Zeesleepen Bergingsbedrijf B.V. v. Selco Salvage Ltd. and others (1988) 2 Ll.L.R. 398.

291 (1978) 1 Q.B. 396.

grund der besonderen Umstände des Einzelfalles die Zahlung in US-Dollar verlangen können[292].

Im Rahmen dieser Entscheidung beschäftigte sich *Richter Brandon* auch mit den Auswirkungen, die ein Urteil über eine Forderung, die in fremder Währung besteht, auf das set-off haben kann.

Nach Ansicht von *Richter Brandon* bestehen im Fall einer Schiffskollision, die von beiden Schiffen verschuldet worden ist, wechselseitige Schadensersatzansprüche. Das zu fällende Urteil laute dabei auf den Differenzbetrag nach der vollzogenen Aufrechnung[293].

Wenn aber eine oder beide Forderungen auf verschiedenen Währungen lauten, sei die niedrigere Forderung in die Währung der höheren Forderung umzurechnen und anschließend zu verrechnen. Für den Umrechnungszeitpunkt sei der Zeitpunkt entscheidend, an dem die Forderungen entweder durch Vereinbarung oder durch Urteil anerkannt seien[294]. Das Urteil solle auf den Differenzbetrag zwischen der höheren und der niedrigeren Forderung in der Währung der höheren Forderung oder in einer entsprechenden Summe britische Pfund lauten[295].

Im Jahr 1987 wandte die Queen's Bench Division (Admiralty Court) in der Entscheidung *Transoceanica Francesca and Nicos V*[296] die in dem *Despina R*-Urteil entwickelten Grundsätze auf die Verrechnung im Rahmen des counterclaims entsprechend an. Der Entscheidung lag folgender Sachverhalt zugrunde:

1974 kollidierten die beiden Schiffe „Transoceanica Francesca" und „Nicos V" vor der portugiesischen Küste, wobei beide Schiffe beschädigt wurden. Die Eigentümer der „Transoceanica Francesca" verklagten wegen ihrer erlittenen Schäden die Eigentümer der „Nicos V" auf Schadensersatz. Die Beklagten erhoben wegen ihrer Schäden counterclaim. 1980 einigten sich die Parteien, dass die Kollision gleichermaßen von den Klägern und den Beklagten verschuldet worden sei. Die Parteien konnten sich aber nicht einigen, ob die klägerische Forderung in italienischer Lire oder in einer anderen Währung besteht, und wandten sich aus diesem Grund an die Admiralty Registrar. Die Admiralty Registrar entschied, dass die klägerische Forderung in italienischer Währung bestünde und in US-Dollar umzurechnen sei, da die auf US-Dollar lautende Forderung der Beklagten höher sei als die klägerische Forderung. Gegen diese Entscheidung legten die Kläger Berufung ein. Sie wandten ein, dass die richtige Währung US-Dollar sei, in welcher der Verlust der Kläger tatsächlich fühlbar eingetreten sei.

---

292 (1978) 1 Q.B. 396, 397.
293 *Richter Brandon* in Despina R (1978) 1 Q.B. 396, 415.
294 *Richter Brandon* in Despina R, aaO.
295 *Richter Brandon* in Despina R, aaO.
296 (1987) 2 Ll. L.R. 155.

Die Queen´s Bench Division (Admiralty Court) hatte also zu entscheiden, in welcher Währung die klägerische Forderung bestand, und, wenn dies die italienische Lire war, wie die auf italienische Lire lautende Forderung der Kläger und die in US-Dollar bestehende Forderung der Beklagten im Rahmen der Klage und Widerklage zu verrechnen waren.

Richter Sheen entschied, dass die klägerische Forderung in italienischer Währung bestand[297]. Im Hinblick auf die Klage und Widerklage entschied das Gericht, dass die auf italienischer Währung lautende klägerische Forderung in US-Dollar umzurechnen und von der Forderung der Beklagten abzuziehen sei. Im Anschluss an *Richter Brandon* in *Despina R* begründete er dies damit, dass die klägerische Forderung geringer gewesen sei als die Forderung der Beklagten. Die geringere Forderung sei aber in die Währung der höheren Forderung umzurechnen[298]. Als Umrechnungszeitpunkt zog *Richter Sheen* den 12. November 1986 heran, d.h. den Tag, an dem sich die Parteien über den Grund und die Höhe der klägerischen Forderung geeinigt haben, nachdem sie sich bereits zuvor über die Forderung der Beklagten verständigt hatten[299].

In der Entscheidung *Smit Tak International Zeesleepen Bergingsbedrijf B.V. v. Selco Salvage Ltd. and others*[300] (im Folgenden: *Smit v. Selco*) hatte die Chancery Division 1988 über die Aufrechnung von Forderungen in verschiedenen Währungen zu entscheiden.

Während der Jahre 1984 und 1985 kooperierten die Kläger, das niederländische Schiffsrettungsunternehmen Smit, und die Beklagten, das singapurianische Schiffsrettungsunternehmen Selco, im Persischen Golf. Aus dieser Kooperation hatte jede Seite Ansprüche gegen die andere. Die Forderung der Kläger lauteten überwiegend auf Holländische Gulden, während die der Beklagten überwiegend auf US-Dollar lauteten.

Richter Warner hat die in den Entscheidungen *Despina R* und *Transoceanica Francesca and Nicos V* entwickelten Grundsätze auf diesen Fall modifiziert angewandt. Auch er ließ die Aufrechnung von Forderungen, die in verschiedenen Währungen ausgedrückt sind, zu. Abweichend von den genannten Urteilen zog er aber als Umrechnungszeitpunkt den Tag heran, an dem sich die aufzurechnenden Forderungen das erste Mal gegenüberstanden[301]. Gegenüber den zuvor genannten Entscheidungen wählte er also einen viel früheren Umrechnungszeitpunkt, als ihn *Richter Brandon* in *Despina R* für Havariefälle vorgeschlagen hatte[302].

---

297 *Richter Sheen* in Transoceanica Francesca and Nicos V, (1987) 2 Ll.L.R. 155, 158.

298 *Richter Sheen* in Transoceanica Francesca and Nicos V, (1987) 2 Ll.L.R. 155, 161.

299 *Richter Sheen* in Transoceanica Francesca and Nicos V, (1987) 2 Ll.L.R. 155, 161.

300 (1988) 2 Ll. L.R. 398.

301 *Richter Warner* in Smit v. Selco (1988) 2 Ll.L.R. 398, 404.

302 Vgl. zum maßgeblichen Umrechnungszeitpunkt auch *Steenken*, Fremdwährungsschulden, 156 f.

Zusammenfassend lässt sich zunächst feststellen, dass es, soweit ersichtlich, eine gefestigte Rechtsprechung zum set-off und counterclaim nicht gibt, wenn eine oder beide beteiligten Forderungen in einer fremden Währung ausgedrückt sind[303]. Die bisher entschiedenen Fälle betrafen Havarie- und Seerettungsfälle. Ob die in den Urteilen entwickelten Grundsätze auch auf andere Rechtsgebiete ausgedehnt werden, ist zur Zeit nicht absehbar und bleibt abzuwarten[304]. Dennoch lassen sich den genannten Urteilen einige gemeinsame Prinzipien entnehmen.

Die genannten Entscheidungen ließen allesamt das set-off und das counterclaim auch dann zu, wenn eine Forderung in fremder Währung beteiligt war. Damit haben sie der neuen Rechtsprechung des House of Lords seit dem *Milangos*-Urteil Rechnung getragen. Daraus lässt sich aber weiterhin folgern, dass auch währungsverschiedene Forderungen als gleichartig betrachtet werden. Anschaulich führt *Wood* insoweit aus: „The preferred view is that money is money ...“[305].

Davon inzident ausgehend, beschäftigen sich die Entscheidungen denn auch mit den Einzelheiten der Umrechnung der beteiligten Forderungen. Wie *Richter Brandon* in der Entscheidung *Despina R* dargelegt hat, ist immer dann, wenn eine oder beide beteiligten Forderungen auf eine fremde Währung lauten, die niedrigere Forderung in die Währung der höheren Forderung umzurechnen[306]. Auch *Derham* befürwortet diese Umrechnung, wenn beide Forderungen auf ausländische Währungen lauten[307].

Keine Einigkeit besteht dagegen im Hinblick auf den Umrechnungszeitpunkt. Überwiegend wird der Zeitpunkt für maßgeblich gehalten, an dem die beiden Forderungen von den Parteien anerkannt wurden oder an dem das Urteil über die Forderungen gefällt wird[308]. Dieser Umrechnungszeitpunkt deckt sich in etwa mit dem von *Derham* vorgeschlagenen. Nach Ansicht von *Derham* soll für die Umrechnung der Tag entscheidend sein, an dem das Gericht das Urteil über die Aufrechnung fällt[309].

Nach anderer Ansicht ist ein früherer Umrechnungszeitpunkt maßgeblich. So zieht *Richter Warner* in der Entscheidung *Smit v. Selco* den Zeitpunkt, an dem sich die gegenseitigen Forderungen das erste Mal gegenüberstanden, für die Umrechnung der Forderungen heran[310].

---

303 So auch *Derham*, Set-off, 131 f.

304 So im Ergebnis auch *Steenken*, Fremdwährungsschulden, 156.

305 *Wood*, English and International Set-off, 11-19.

306 *Richter Brandon* in Despina R (1978) 1 Q.B. 396, 415.

307 *Derham*, Set-off, 131.

308 *Richter Brandon* in Despina R (1978) 1 Q.B. 396, 415; *Richter Sheen* in Transoceanica Francesca and Nivos V (1978) 2 Ll.L.R. 155, 161.

309 *Derham*, Set-off, 131.

310 *Richter Warner* in Smit v. Selco (1988) 2 Ll.L.R. 398, 404.

IV. Frankreich

1. Funktionen der Aufrechnung

In Frankreich werden der Aufrechnung im Wesentlichen zwei Funktionen zugewiesen. Zum einen bewirkt die Aufrechnung eine Tilgungserleichterung[311]. Der Aufrechnung kommt zum anderen aber auch eine Schutzfunktion insofern zu, als sie beide Parteien vor dem Risiko der Zahlungsunfähigkeit der jeweils anderen Partei schützt[312]. Allgemein bewirkt sie wie auch in den anderen genannten Aufrechnungsrechten eine Erleichterung des Geschäftsverkehrs dadurch, dass sie den Bargeldverkehr zwischen den Parteien verringert.

2. Die Anwendungsbereiche der compensation légale, volontaire und judiciaire

Explizit gesetzlich geregelt ist nur die Legalaufrechnung ("compensation légale"). Sie hat ihre Regelung in den Art. 1289 ff. C.c. gefunden. Da gerade sie im Geschäftsverkehr sowie im Abrechnungsverkehr der Banken von besonderer Bedeutung ist[313], wird sie noch im Folgenden näher erörtert.

Über die compensation légale hinaus sind von der Rechtsprechung und Literatur die freiwillige Aufrechnung ("compensation volontaire") und die gerichtliche Aufrechnung ("compensation judiciaire") entwickelt worden.

Bei der compensation volontaire wird zwischen der compensation conventionelle und der compensation facultative unterschieden[314]. Während die compensation conventionelle ein Aufrechnungsvertrag ist, mit dem die Parteien die Voraussetzungen, den Vollzug und die Wirkung der Aufrechnung abweichend von den gesetzlichen Bestimmungen der Art. 1289 ff. C.c. vereinbaren können[315], nimmt die compensation facultative gerade die Bestimmungen über die compensation légale zu ihrem Ausgangspunkt. Sie trägt dem Willen der Aufrechnungsparteien insofern Rechnung, als eine Partei auf ein Aufrechnungsverbot verzichten kann, das zu ihren Gunsten besteht[316].

Bei der compensation judiciaire führt der Beklagte seine zumeist illiquide Forderung durch Widerklage ("demande reconventionelle") in den Prozess ein und kann nach der Zulassung des Verteidigungsmittels durch das Gericht die ge-

---

311 *Flour/Aubert*, Les obligations, n° 453; *Grua*, Encyclopédie juridique, n° 1.
312 *Flour/Aubert*, aaO.; *Grua*, Encyclopédie juridique, n° 2.
313 *Henisheiner/Wolf/Kaden/Merk*, Zivilgesetze der Gegenwart, Anm. 1 zu den Art. 1289 - 1299 C.c.
314 *Grua*, Encyclopédie juridique, n° 150.
315 *Delestraint/Légier*, Droit civil, 147; *Grua*, Encyclopédie juridique, n° 151.
316 *Grua*, Encyclopédie juridique, n° 155.

richtliche Aufrechnung erreichen[317]. Da die compensation judiciaire bis auf die Erfordernisse der Fälligkeit und Liquidität der Forderungen das Vorliegen der Voraussetzungen der compensation légale verlangt, besteht Uneinigkeit darüber, ob die compensation judiciaire ein Unterfall der compensation légale oder ein selbständiges Rechtsinstitut ist[318]. Diese Einordnung wird praktisch wichtig für die Frage, ob die gerichtliche Aufrechnung zurückwirkt. Je nach Einordnung wirkt sie entweder auf den Zeitpunkt zurück, in dem sich die beiden Forderungen erstmals gegenüberstanden, oder entfaltet ihre Wirkung erst mit der Erhebung der demande reconventionelle oder gar erst mit dem Urteil selbst. Doch wird heute die Ansicht, wonach die compensation judiciaire ein eigenes Rechtsinstitut des Prozessrechts ist, ganz überwiegend vertreten[319].

3. Voraussetzungen, Vollzug und Wirkung der Legalaufrechnung

Die compensation légale setzt nach den Art. 1289 - 1299 C.c. die Gegenseitigkeit ("réciprocité"), die Gleichartigkeit ("fongibilité"), die Eintreibbarkeit ("exigibilité) sowie die Liquidität („liquidité“) der Forderungen voraus. Eine Konnexität der Forderungen ist nicht erforderlich[320].

a) Gegenseitigkeit der Forderungen

Nach Art. 1289 C.c. gelangt die compensation légale nur bei Forderungen zweier Personen, die sich als "débitrices l´une envers l´autre" gegenüber stehen, zur Anwendung. Gegenseitigkeit bedeutet wie auch in den bereits genannten Rechten, dass jeder der Aufrechnungsparteien Gläubiger und Schuldner des anderen sein muss[321].

Aufgrund des Gegenseitigkeitserfordernisses scheidet die Aufrechnung mit der Forderung eines Dritten grundsätzlich aus. Die Aufrechnung soll aber dann möglich sein, wenn der Dritte zustimmt und die als Abtretungserklärung gem. Art. 1690 C.c. auszulegende Zustimmung dem Schuldner gegenüber förmlich angezeigt worden ist[322].

---

317 *Carbonnier*, Droit civil, n° 132, 589; *Delestraint/Légier*, aaO.; *Marty/Raynaud/Jestaz*, Droit civil, n° 263.

318 Vgl. dazu die Nachweise bei *Wolf*, Aufrechnung im internationalen Privatrecht, 93.

319 Vgl. nur *Grua*, Encyclopédie juridique, n° 135; *Marty/Raynaud/Jestaz*, Droit civil, n° 263 f.

320 *Carbonnier*, Droit civil, n° 132, 585.

321 *Carbonnier*, aaO.; *Flour/Aubert*, Les obligations, n° 456.

322 *Eujen*, Aufrechnung im internationalen Verkehr, 34.

Keine Einigkeit besteht in der Aufrechnungsbefugnis eines Dritten, der anstelle des Schuldners leisten kann. Doch versteht die wohl überwiegende Meinung die Aufrechnung als "paiment abrége" (abgekürzte Zahlung)[323] mit der Folge, dass der Schuldner, der auch in bar leisten dürfte, auch abgekürzt zahlen, d.h. aufrechnen kann[324].

Mangels Gegenseitigkeit kann eine Gesellschaftsschuld nicht mit der Forderung eines Gesellschafters gegen den Gläubiger aufgerechnet werden und umgekehrt[325].

An der fehlenden Gegenseitigkeit scheitert die compensation légale auch dann, wenn sich eine Forderung des Vertreters und eine des Gläubigers, die dieser gegenüber dem Vertretenen hat, gegenüberstehen[326].

b) Gleichartigkeit der Forderungen

Das Erfordernis, dass die aufzurechnenden Forderungen auf Geld oder andere vertretbare Sachen gleicher Art lauten müssen, ergibt sich aus Art. 1291 Abs. 1 C.c. Auch aus dem Gedanken, dass die Aufrechnung nur eine verkürzte Zahlung ("paiment abrége") ist, folgt, dass die Aufrechnungsparteien wie auch bei der realen Leistung verlangen können, dass sie das (rechnerisch) Geschuldete erhalten. Unterschiedliche Erfüllungsorte machen die Forderungen nicht ungleichartig[327].

Eine Ausnahme vom Gleichartigkeitserfordernis macht das Gesetz in Art. 1291 Abs. 2 C.c. Danach können unbestrittene Leistungen von Getreide oder Lebensmitteln, deren Preis durch einen Marktbericht festgelegt wird, gegen Geldforderungen aufgerechnet werden[328]. Diese Regelung beruht auf dem Grundgedanken, dass sich derartige Waren leicht in Geld umsetzen lassen[329]. Ob auch Forderungen, die auf verschiedene Währungen lauten, aufrechenbar sind, wird im Folgenden noch näher dargestellt.

c) Eintreibbarkeit der Forderungen

Anders als in den genannten Aufrechnungsrechten müssen im französischen Recht beide Forderungen rechtlich eintreibbar sein (Art. 1291 Abs. 1 C.c.). Dass

---

323 *Delestraint/Légier*, Droit civil, 146; *Grua*, Encyclopédie juridique, n° 1; *Weill/Terré*, Droit civil, n° 1066.

324 Vgl. zu den verschiedenen Meinungen eingehend *Ferid*, Französisches Zivilrecht, 530.

325 Siehe dazu auch *Ferid*, Französisches Zivilrecht, 531.

326 *Wolf*, Aufrechnung im internationalen Privatrecht, 40 f.

327 *Grua*, Encyclopédie juridique, n° 33.

328 Kritisch zu Art. 1291 Abs. 2 C.c. insoweit *Grua*, Encyclopédie juridique, n° 38, der sich für eine restriktive Auslegung der Vorschrift ausspricht.

329 *Marty/Raynaud/Jestaz*, Droit civil, n° 249 b).

nicht nur die Gegenforderung, sondern auch die Hauptforderung eintreibbar sein muss, hängt mit der juristischen Konstruktion der compensation légale zusammen. Die compensation légale knüpft ihren Vollzug an den Eintritt der Aufrechnungslage, die ihrerseits voraussetzt, dass jeder der Aufrechnungsparteien eine rechtlich eintreibbare Forderung hat.

Unter dem Begriff der exigibilité wird die Fälligkeit und Vollwirksamkeit der Forderungen gefasst[330]. Demgemäß scheidet die Aufrechnung aus, wenn eine der Forderungen bedingt oder befristet ist. Mangels Eintreibbarkeit unterliegt auch eine Naturalobligation oder eine Forderung, die mit einer Einrede behaftet ist, nicht der compensation légale[331]. Gleiches gilt, wenn eine der Forderungen vor Eintritt der Aufrechnungslage bereits verjährt war.

d) Liquidität der Forderungen

Nach Art 1291 Abs. 1 C.c. müssen die aufzurechnenden Forderungen liquide sein. Dies ist der Fall, wenn sie dem Grund und der Höhe nach unbestritten sind[332].

Da nicht jedes Bestreiten die Illiquidität nach sich ziehen und damit die compensation légale ausschließen soll, wird ein offensichtlich unbegründetes Bestreiten nicht für ausreichend gehalten. Danach gilt das Bestehen einer Forderung als sicher, wenn sie nicht ernsthaft bestritten wird. Gleiches gilt im Fall des Bestreitens, wenn die Forderung ohne wesentliche Zeitverzögerung bewiesen werden kann[333].

Das Gericht steht bei der Frage, ob im Einzelfall eine Forderung liquide ist, ein recht weiter Beurteilungsspielraum zu. Doch wird von der Illiquidität einer Forderung immer dann auszugehen sein, wenn der Forderungsbetrag von der Schätzung durch einen Sachverständigen abhängig ist[334].

Bei fehlender Liquidität kommt jedoch die Anwendung der compensation judiciaire in Betracht. Danach kann der Beklagte seine illiquide Forderung im Wege der Widerklage ("demande reconventionelle") geltend machen.

e) Ausschluss der Aufrechnung

Die Aufrechnungsparteien können die compensation légale vertraglich ausschließen. Der vertragliche Ausschluss erfolgt in der Weise, dass eine der Aufrech-

---

330 *Wolf*, Aufrechnung im internationalen Privatrecht, 44.
331 *Carbonnier*, Droit civil, n° 132, 586; *Grua*, Encyclopédie juridique, n° 45.
332 *Carbonnier*, aaO.; *Grua*, Encyclopédie juridique, n° 39.
333 *Wolf*, Aufrechnung im internationalen Privatrecht, 45 f. m.w.N.
334 *Eujen*, Aufrechnung im internationalen Verkehr, 38.

nungsparteien ausdrücklich darauf verzichtet, die Aufrechnung später geltend zu machen[335].

Darüber hinaus sieht Art. 1293 C.c. verschiedene Aufrechnungsverbote vor. Art. 1293 Nr. 1 C.c. verbietet die Aufrechnung gegen Forderungen aus unerlaubter Wegnahme beweglicher Sachen. Nr. 2 der Vorschrift bestimmt, dass gegen Forderungen auf Rückgabe einer verliehenen oder zur Verwahrung gegebenen Sache nicht aufgerechnet werden darf. Da es bei derartigen Forderungen oft schon an der Gleichartigkeit fehlt, kommt dieser Bestimmung kaum praktische Bedeutung zu. Schließlich untersagt Art. 1293 Nr. 3 C.c. die Aufrechnung gegen unpfändbare Unterhaltsansprüche. Über den Wortlaut hinaus wird dieser Norm das allgemeine Prinzip entnommen, dass die Aufrechnung gegen jede Art von unpfändbaren Forderungen ausgeschlossen ist[336].

Nach Art. 1298 C.c. scheidet die Aufrechnung aus, wenn der Schuldner nicht mehr mit befreiender Wirkung an den Gläubiger zahlen kann. Dies ist z.B. bei abgetretenen Forderungen ab dem Zeitpunkt der Abtretungsanzeige an den Schuldner der Fall. Dieser Aufrechnungsausschluss beruht auf dem Grundgedanken, dass durch die Aufrechnung Rechte Dritter nicht beeinträchtigt werden dürfen[337].

f) Vollzug und Wirkung der Legalaufrechnung

Im Hinblick auf den Vollzug der compensation légale bestimmt Art. 1290 C.c., dass die Aufrechnung von Rechts wegen eintritt, d.h. selbst ohne Wissen der Parteien. Abweichend von diesem strikten ipso-iure-Vollzug der compensation légale gibt die ganz h.M. dem Parteiwillen einen gewissen Raum, wodurch sich die Legalaufrechnung dem Erklärungsmodell des schweizerischen, österreichischen und deutschen Rechts annähert[338].

Zunächst ist die Möglichkeit eines ausdrücklichen oder stillschweigenden Verzichts auf die ipso-iure eintretende Aufrechnungswirkung anerkannt worden. Der nachträgliche Verzicht hat zur Folge, dass die erloschenen Forderungen wieder aufleben[339].

Zudem muss in einem Prozess wenigstens eine Partei die erfolgte Aufrechnung geltend machen. Von sich aus darf das Gericht die Aufrechnung nicht in den Prozess einführen. Ein konkludenter Verzicht wird schon dann angenommen,

335 *Eujen*, Aufrechnung im internationalen Verkehr, 44.
336 *Carbonnier*, Droit civil, n° 132, 586.
337 *Carbonnier*, Droit civil, n° 132, 587; *Grua*, Encyclopédie juridique, n° 77.
338 So auch *Kannengießer*, Aufrechnung im internationalen Privat- und Verfahrensrecht, 54.
339 *Kannengießer*, aaO.

wenn sich keine Partei auf die Aufrechnung beruft. Dann entfaltet die Aufrechnung keine Wirkung[340].

Nach Art. 1290 C.c. erlöschen die beiden Schulden in dem Augenblick, in dem sie sich aufrechnungsfähig gegenüberstehen. Forderungen ungleicher Höhe tilgen sich bis zum Betrag der niedrigeren. Damit entfallen zugleich auch akzessorische Sicherheiten, wie z.B. Hypotheken, Bürgschaften und Pfandrechte. Ferner enden auch die Zinspflicht und der Lauf der Verjährung[341]. Bei mehreren Forderungen bestimmen die Art. 1256 und 1297 C.c., welche der Forderungen erlischt[342].

4. Aufrechenbarkeit und Umrechnung währungsverschiedener Forderungen

Ob und ggf. unter welchen Voraussetzungen die französische Rechtsprechung die Aufrechnung von Forderungen in verschiedenen Währungen zulässt, lässt sich nicht leicht beantworten. Grund dafür ist, dass die Gerichte diese Frage bisher uneinheitlich entschieden haben und die Cour des Cassation zu dieser Frage, soweit ersichtlich, noch nicht ausdrücklich Stellung genommen hat.

Die Cour de Paris hatte in der Entscheidung vom 19.07.1943 über die Zulässigkeit der compensation légale in einem Fall zu entscheiden, in dem sich eine Forderung in französischen Franc und eine in Rubel gegenüberstanden[343]. Das Gericht hat die Aufrechnung aus zwei Gründen abgelehnt. Erstens sei eine Schuld in ausländischer Währung und eine in französischer Währung nicht gleichartig. Zweitens sei eine Schuld in ausländischer Währung nicht liquide. Da die Legalaufrechnung aber sowohl die Gleichartigkeit als auch die Liquidität der Forderungen voraussetze, komme die Aufrechnung von Forderungen in verschiedenen Währungen nicht in Betracht[344].

Abweichend von dieser Entscheidung des Pariser Gerichts ist die Cour des Cassation in ihrer Entscheidung vom 5.12.1933 wohl davon ausgegangen, dass die Währungsverschiedenheit zweier Forderungen kein Hindernis für die Legalaufrechnung darstellt[345]. Auch wenn sich das Gericht mit der Frage der Aufrechenbarkeit der Forderungen nicht näher auseinandersetzte, hat es die ausländische Währung anhand ihres Wechselkurses in französische Franc umgerechnet. Die Umrechnung erfolgte dabei zum Zeitpunkt der Entstehung der Auf-

340 *Frigge*, Externe Lücken, 99; *Kannengießer*, aaO.
341 *Grua*, Encyclopédie juridique, n° 96.
342 *Grua*, Encyclopédie juridique, n° 97.
343 Cour de Paris 19.07.1943, Gaz. Pal. 1944, Bd. I, Table analytique 22.
344 Cour de Paris 19.07.1943, aaO.
345 Cour de Cassation (ch. civile) 5.12.1933, Gaz. Pal. 1934, Bd. I, 207 ff.

rechnungslage[346]. Diese Entscheidung lässt darauf schließen, dass die Cour de Cassation von der Aufrechenbarkeit währungsverschiedener Forderungen zumindest dann ausgeht, wenn es für die ausländische Währung eine Kursnotierung gibt und die Umrechnung deshalb leicht vorzunehmen ist[347].

In der Literatur ist die Entscheidung des Pariser Gerichts von 1943 überwiegend auf Kritik gestoßen[348]. Zum einen ist eingewandt worden, dass auch die in ausländische Währung ausgedrückte Forderung eine Geldsummenschuld sei und nach Art. 1291 Abs. 1 C.c. die compensation légale zwischen zwei Schulden stattfinde, die beide eine Summe Geld zum Gegenstand haben. Zwei Geldsummenschulden seien aber immer gleichartig[349]. Zum anderen sei eine in ausländische Währung ausgedrückte Schuld immer dann liquide, wenn die ausländische Währung in dem Moment, in dem die Aufrechnung vollzogen werde, einen amtlichen Kurs in Frankreich habe[350].

Allgemein lässt sich feststellen, dass im französischen Schrifttum die Frage, ob Forderungen in unterschiedlichen Währungen aufrechenbar sind, mehr als ein Problem der Liquidität als eines der Gleichartigkeit der Forderungen begriffen wird[351].

Danach soll eine Forderung in fremder Währung liquide sein, wenn sich ihr Betrag unschwer bestimmen lasse[352]. Dies sei der Fall, wenn es sich um eine ausländische Währung handelt, die voll konvertibel ist, wie z.B. der US-Dollar, und sich die Fremdwährungsforderung leicht in eine Forderung in französische Franc umrechnen lässt, indem ihr Wechselkurs angewendet wird[353]. Dagegen könne eine Forderung in einer ausländischen Währung, die nicht voll konvertibel ist, wie z.B. der algerische Dinar, mangels Liquidität nicht Gegenstand der compensation légale sei[354]. Im letzten Fall komme aber noch die compensation judiciaire in Betracht, die nicht die Liquidität der Forderungen voraussetze[355].

---

346 Cour de Cassation (ch. civile) 5.12.1933, Gaz. Pal 1934, Bd. I, 207, 210.

347 So auch *Eujen*, Aufrechnung im internationalen Verkehr, 37.

348 *Grua*, Encyclopédie juridique, n° 37; *Mazeaud*, Rev. trim. dr. civ. 42 (1944), 117 f.; *Mendegris*, La nature juridique de la compensation, 84 f.

349 *Mazeaud*, aaO.

350 *Mazeaud*, aaO.; *Mendegris*, aaO.

351 So ausdrücklich *Mendegris*, La nature juridique de la compensation, 84 f.

352 *Mendegris*, aaO.

353 *Malaurie/Aynès*, Cours de droit civil, n° 673.

354 *Malaurie/Aynès*, aaO.

355 *Mazeaud*, Rev. trim. dr. civ. (42) 1944, 117 f.

§ 5 Die Aufrechnung bei freier Konvertibilität der Währungen

I. Kriterien für einen geeigneten Lösungsansatz

Von einem geeigneten Lösungsansatz für die hier zu erörternde Frage kann nur dann gesprochen werden, wenn ein Ansatz sich nicht nur dogmatisch nachvollziehbar begründen lässt, sondern vor allem auch in der Rechtspraxis auf Gefolgschaft rechnen kann. Auf eine derartige Akzeptanz wird bei den Rechtsanwendern aber nur ein solcher Lösungsansatz stoßen, der auch ihren Bedürfnissen ausreichend Rechnung trägt. Aus diesem Grund muss ein geeigneter Ansatz bestimmten Kriterien genügen, die sich möglichst an den Bedürfnissen jener Rechtspraxis ausrichten sollten.

Ein geeigneter Lösungsansatz darf sich zunächst nicht in Widerspruch zur Verkehrsanschauung der beteiligten Rechtsanwendern setzen. Wann eine solche Verkehrsanschauung vorliegt, ist im Einzelnen nicht immer leicht festzustellen. Erschwerend kommt hinzu, dass die Verkehrsanschauung einem beständigen Wandel unterliegt. Dies gilt gerade im Zeitalter der zunehmenden wirtschaftlichen Interdependenz der Volkswirtschaften („Globalisierung“) und der wachsenden weltweiten Vernetzung der Computernetze („Internet“). Was bislang als gesicherte Verkehrsanschauung galt, kann sich bereits wenige Jahr später als überholte Verkehrsanschauung darstellen. An dieser Stelle sei nur festgehalten, dass sich ein geeigneter Lösungsansatz einem möglicherweise bereits vollzogenen Wandel der Verkehrsanschauung nicht verschließen darf.

Weiterhin muss ein derartiger Ansatz auch interessengerecht sein. So liegt das Interesse des Aufrechnenden zuvorderst darin, überhaupt gegen die in einer anderen Währung ausgedrückte Hauptforderung aufrechnen zu können. Dadurch bleibt es dem Aufrechnenden erspart, sich vor einem ausländischen Gericht gegen die klageweise Geltendmachung der Hauptforderung zu verteidigen oder seine Forderung im Ausland einzuklagen und ggf. zu vollstrecken. Auf der anderen Seite hat der Aufrechnungsgegner, der seine Forderung ohne sein Zutun verlieren würde, das Interesse, dass ihm durch die Aufrechnung selbst keine weiteren Nachteile entstehen. Gemeinsam haben beide Parteien das Interesse, dass für die Währungsumrechnung ein eindeutiger und ggf. leicht nachzuweisender Umrechnungszeitpunkt und –kurs gilt. Diese verschiedenen Parteiinteressen sind dabei richtig zu gewichten und in einen interessengerechten Ausgleich zu setzen.

Schließlich muss ein auf breite Gefolgschaft rechnender Lösungsansatz praktikabel und aufrechnungsfreundlich sein. Einfachere Lösungen bieten dabei eher Gewähr, von der Rechtspraxis auch angenommen zu werden als unnötig komplizierte. Darüber hinaus dürfen an die Aufrechnung währungsverschiedener Forderungen keine zu hohen Anforderungen gestellt werden, da das Rechtsinstitut ansonsten gerade im grenzüberschreitenden Handel an seinen Vorteilen einbüßt.

II. Gleichartigkeit bei freier Währungskonvertibilität

1. Der Begriff der Währungskonvertibilität

Der Begriff der Währungskonvertibilität entstammt dem internationalen Währungsrecht. Das internationale Währungsrecht schafft die institutionellen Voraussetzungen für den grenzüberschreitenden Waren-, Dienstleistungs-, Personen- und Kapitalverkehr[356]. Es zielt demgemäß u.a. auf die Beseitigung von Beschränkungen des zwischenstaatlichen Verkehrs in in- und ausländische Zahlungsmitteln (Devisen), die das Wachstum des Welthandels beeinträchtigen. Das internationale Währungsrecht als institutionelles Recht stellt zusammen mit dem internationalen Devisenrecht als transaktionsbezogenes Recht das Fundament des internationalen Finanzrechts dar[357].

International besteht bislang keine Einigkeit darüber, wann eine Währung als konvertibel anzusehen ist. Herkömmlicherweise wird zwischen der de-jure- und der de-facto-Konvertibilität unterschieden[358]. Der Begriff der de-jure-Konvertibilität geht auf das IWF-Übereinkommen von 1./22.07.1944 („Bretton Woods-Abkommen") zurück. Nach seinem Art. XIV Abschnitt 2 durften Fondsmitglieder Beschränkungen des laufenden internationalen Zahlungsverkehrs, multiple Wechselkurspraktiken sowie diskriminierende Währungsarrangements, welche bereits vor dem Beitritt des betreffenden Staates zum Internationalen Währungsfonds bestanden hatten, für eine Übergangszeit beibehalten. Danach galten die Währungen derjenigen Staaten als konvertibel, „die von der Übergangsregelung des Art. XIV Abschnitt 2 keinen Gebrauch machen"[359].

Dem Begriff der de-jure-Konvertibilität ist schon bald der Begriff der de-facto-Konvertibilität gegenüber gestellt worden. Danach kann von einer vollen Konvertibilität einer Währung nur dann gesprochen werden, wenn ein Staat den laufenden Zahlungsverkehr tatsächlich nicht beschränkt, auch wenn er die sich aus Art. VIII des IWF-Übereinkommens i.d.F. 2. Änderungsabkommens vom 30.04.1976[360] ergebenden völkerrechtlichen Konvertibilitätsverpflichtungen übernommen hat.

---

356 *Ebke*, Internationales Devisenrecht, 35.
357 *Ebke*, aaO.
358 *Vorpeil*, RIW 1993, 529, 533.
359 Art. XIX (d) IWF-Übereinkommen von 1944/1968.
360 BGBl. 1978 II 16 ff.

Gegen den Begriff der de-jure-Konvertibilität spricht schon, dass immer wieder Staaten, die sich zur vollen Konvertibilität ihrer Währungen verpflichtet haben, Beschränkungen des laufenden Zahlungsverkehrs einführen. Währungen solcher Staaten sind dann rechtlich konvertibel, aber praktisch ganz oder teilweise nicht konvertierbar[361]. Selbst die USA, die schon seit jeher zu den Verfechtern der Freiheit des internationalen Zahlungs- und Kapitalverkehrs gehören, erhoben in der Zeit von 1966 bis 1974 eine sog. Zinsausgleichssteuer („interest equalization tax") auf den Kauf ausländischer Wertpapiere durch amerikanische Staatsangehörige. Ziel dieser neu geschaffenen Steuer war es, den Ankauf ausländischer Wertpapiere durch Amerikaner einzuschränken[362].

Darüber hinaus spricht gegen den Begriff der de-jure-Konvertibilität, dass faktische Hindernisse, die die Verfügungs- oder Umtauschfreiheit erheblich beeinträchtigen, ebenso schwer wiegen können wie rechtliche Beschränkungen des Devisenverkehrs. Für den Einzelnen kann sich z.B. die Belegung des An- bzw. Verkaufs von Devisen mit hohen Abgaben an den Staat derart nachteilig auswirken, dass der Umtausch wirtschaftlich betrachtet kaum Sinn mehr macht. Das Beispiel verdeutlicht, dass es wenig sachgerecht ist, tatsächliche Beschränkungen vom Konvertibilitätsbegriff auszunehmen[363].

Aus diesen Gründen ist eine Währung konvertibel, wenn die Verfügungs- bzw. Umtauschfreiheit nicht durch rechtliche Hindernisse beschränkt oder durch Beschränkungen tatsächlicher Art nachhaltig beeinträchtigt wird[364]. Beschränkungen tatsächlicher Art sind z.B. die ungebührliche Verzögerung der Bereitstellung der Devisen durch den betreffenden Staat oder die Belegung des An- oder Verkaufs von Zahlungsmitteln mit einer prohibitiven Abgabe[365].

Weiterhin setzt die Annahme voller Währungskonvertibilität voraus, dass die Währung sowohl die sog. Inländer- als auch Ausländerkonvertibilität aufweist. Unter dem Begriff der Inländerkonvertibilität wird verstanden, dass jeder inländische Inhaber eines inländischen Zahlungsmittels berechtigt ist, dieses unbeschränkt ins Ausland zu transferieren oder zum jeweiligen Wechselkurs gegen ausländische Zahlungsmittel einzutauschen, und dass jeder inländische Inhaber eines ausländischen Zahlungsmittels dieses nach dem nationalen Recht unbeschränkt zum jeweiligen Wechselkurs in inländische Zahlungsmittel eintauschen darf, ohne dass insoweit eine Ablieferungspflicht besteht. Entsprechend ist die Ausländerkonvertibilität gegeben, wenn jeder ausländische Inhaber eines inländischen Zahlungsmittel über dieses unbeschränkt verfügen darf, es insbesondere

361 *Ebke*, Internationales Devisenrecht, 40.
362 *Ebke*, Internationales Devisenrecht, 45 m.w.N.
363 *Ebke*, Internationales Devisenrecht, 42; *Vorpeil*, aaO.
364 *Ebke*, aaO.
365 *Vorpeil*, aaO.

zum jeweiligen Wechselkurs gegen ausländische Zahlungsmittel eintauschen darf[366]. Voll konvertibel im vorgenannten Sinne sind z.B. der US-Dollar, der Euro, das britsche Pfund sowie der japanische Yen[367].

2. *Fremdwährungsschulden als bloße Modifikationen der Geldschuld*

§ 387 BGB setzt voraus, dass die gegenseitigen Forderungen gleichartig sind. Wann aber zwei Forderungen gleichartig sind, sagt das Gesetz nicht. Eine Definition der Gleichartigkeit lässt sich auch nur schwer ohne weiteres herleiten.

Dass dem Begriff der Gleichartigkeit nur sehr schwer beizukommen ist, zeigen auch die Beratungen zum Entwurf des BGB. Bei den Beratungen wurde das Gleichartigkeitserfordernis als Aufrechnungsvoraussetzung genannt, ohne aber im Einzelnen auszuführen, wann zwei Leistungsgegenstände gleichartig sind[368]. Auch die übrigen Materialien zum BGB geben darüber nur wenig Auskunft. Teilweise wird unter der Gleichartigkeit die Vertretbarkeit der Leistungen im weiteren Sinne verstanden[369].

Angesichts der Schwierigkeiten der begrifflichen Erfassung des Gleichartigkeitsmerkmals verwundert die Selbstverständlichkeit, mit der die h.M. die Ungleichartigkeit von Forderungen verschiedener Währung annimmt. Dies gilt um so mehr, als sie dabei zumeist auf eine Begründung verzichtet[370].

Die Ungleichartigkeit einer z.B. auf Euro und einer auf US-Dollar gerichteten Forderung könnte sich aus ihrer unterschiedlichen Währungsbezeichnung ergeben. So sind nach einer älteren Schriftumsansicht Forderungen in verschiedenen Währungen aufgrund ihrer unterschiedlichen Bezeichnung ebenso ungleichartig wie eine Forderung auf Lieferung von Weizen und eine solche auf Lieferung von Roggen[371]. Die Möglichkeit, für Forderungen einen gemeinsamen Oberbegriff zu bilden – im ersten Fall Geldforderungen und im zweiten Fall Getreideforderungen – begründe noch keine Gleichartigkeit der sich wechselseitig gegenüberstehenden Schulden[372]. Dieser Vergleich vermag indes nicht zu überzeugen. Getreideschulden sind nämlich Sachschulden. Eine Roggenschuld kann eben nicht ohne Zuhilfenahme eines vermittelnden Wertmessers durch eine Weizen-

366 *Ebke*, aaO.
367 Vgl. zur Konvertibilität der DM und zur Freiheit des Kapital- und Zahlungsverkehrs eingehend *Hahn*, Währungsrecht, 324 ff.
368 Vgl. *Jakobs/Schubert*, Die Beratung des Bürgerlichen Gesetzbuchs in systematischer Zusammenstellung der unveröffentlichten Quellen, 692 f.
369 *Mugdan*, Materialien zum Bürgerlichen Gesetzbuch, 57.
370 Vgl. nur KG 29.06.1988, NJW 1988, 2181, 2181.
371 *Nussbaum*, Geld in Theorie und Praxis des deutschen und ausländischen Rechts, 225.
372 *Nussbaum*, aaO.

schuld unmittelbar ausgedrückt werden. Eine Geldschuld, die auf eine bestimmte Währung lautet, kann dagegen ohne weiteres in den Einheiten einer anderen ausgedrückt werden[373].

Auch handelt es sich bei Geldschulden in verschiedenen Währungen nach dem allgemeinen Sprachgebrauch zuvorderst um Geldschulden. Nachrangig ist dagegen die Verschiedenheit ihrer Währungsbezeichnung. Die gilt erst recht, wenn die beteiligten Währungen frei konvertibel sind, d.h. der Wechsel oder Transfer ins Ausland jederzeit und unbeschränkt möglich ist. Insofern begründet die Kennzeichnung einer Forderung z.B. als Euro- oder Dollarforderung nicht die begriffliche Ungleichartigkeit der währungsverschiedenen Forderungen, wenn die beteiligten Währungen frei konvertibel sind[374].

Ob die begriffliche Ungleichartigkeit daraus folgt, dass die jeweilige Währung einen von anderen Währungen abweichenden Binnen- und Außenwert[375] hat, ist zweifelhaft. Zum einen ist allen frei konvertiblen Währungen ein eigener Binnen- und Außenwert gemeinsam. Zum anderen folgt dieser Unterschied nicht allein aus der bloßen Kennzeichnung einer Geldschuld als z.B. Euro- oder US-Dollarschuld. Hierzu bedarf es der Hinzuziehung zusätzlicher Daten. Insofern begründet auch die Verschiedenheit des Binnen- und Außenwertes einer Währung nicht die begriffliche Ungleichartigkeit von Verbindlichkeiten, die in unterschiedlichen Währungen ausgedrückt sind. Begrifflich handelt es sich bei solchen Schulden um bloße Modifikationen der Geldschuld, wenn sichergestellt ist, dass die Währungen frei konvertibel sind und der Umtausch in eine andere Währung oder der Transfer des Geldes ins Ausland jederzeit möglich ist[376].

3. Keine Schutzbedürftigkeit des Aufrechnungsgegners bei freier Konvertibilität

Der Aufrechnungsgegner verliert seine Forderung ohne sein Zutun durch die Aufrechnung. Aus seiner Sicht stellt sich die Aufrechnung als aufgezwungener Erfüllungsersatz dar. Das Gleichartigkeitsmerkmal bezweckt insoweit den Schutz des Aufrechnungsgegners, als es sicherstellt, dass dem Aufrechnungsgegner nicht statt der geschuldeten Leistung deren Wert in einer anderen Form aufgedrängt wird[377].

---

373 *Birk*, AWD 1969, 12, 15; *Frigge*, Externe Lücken, 103 f.

374 So auch OLG Koblenz 3.05.1991, RIW 1992, 59, 61; *Frigge*, Externe Lücken, 104.

375 Der Binnenwert einer Währung spiegelt die interne Geldwertstabilität wieder, während der Außenwert den Wert einer Währung zu anderen Währungen angibt; vgl. dazu auch *Magnus*, RabelsZ 53 (1989), 116, 136.

376 Ähnlich auch *Gernhuber*, Erfüllung und ihre Surrogate, § 12 III 5.

377 *Nussbaum*, Geld in Theorie und Praxis des deutschen und ausländischen Rechts, 225.

Im deutschen Recht spricht sich die h.M. vor allem aus dem Gesichtspunkt des Schutzes des Aufrechnungsgegners für die Geltung des Statuts der Hauptforderung aus[378]. Auch im schweizerischen Recht findet dieser Schutzgedanke im Zusammenhang mit dem Gleichartigkeitsmerkmal Erwähnung[379]. Für die Zulässigkeit der Aufrechnung währungsverschiedener Forderungen kommt es also darauf an, dass sich diese für den Aufrechnungsgegner über die gedankliche Verrechnung der beiden Forderungen hinaus nicht nachteilig auswirkt[380].

Im internationalen Geschäftsverkehr weist eine Forderung, die auf eine Währung lautet, die am Erfüllungsort der Schuld ohne weiteres in eine beliebig andere umgetauscht oder in ein anderes Land transferiert werden kann, für ihren Inhaber einen höheren Wert auf als eine Verbindlichkeit in einer Währung, welche nicht frei verfügbar ist. Dieser Wert wird im Folgenden als sog. Konvertibilitätswert einer Fremdwährungsforderung bezeichnet.

Dass die volle Währungskonvertibilität wirtschaftlich betrachtet einen selbständigen Wert darstellt, lässt sich schon mit den vielfältigen Verwendungsmöglichkeiten einer Fremdwährungsforderung in einer frei konvertiblen Währung begründen. Eine derartige Forderung stellt im internationalen Geschäftsverkehr ein zuverlässiges Kreditsicherungsmittel dar. Auch kann der Gläubiger, wenn der Schuldner in den entsprechenden Währungseinheiten leistet, den Geldbetrag ohne weiteres in eine andere Währung umtauschen und damit selbst eine Fremdwährungsschuld bedienen. Er kann das Geld stattdessen aber auch ins Ausland überweisen und dort gewinnbringend anlegen.

Darüber hinaus zeigt sich die Bedeutung der Währungskonvertibilität im internationalen Handel nicht zuletzt daran, dass der Großteil der grenzüberschreitenden Geschäfte auf der Basis von frei konvertiblen Währungen, wie etwa dem US-Dollar oder dem Euro, abgewickelt werden[381].

Ließe man die Aufrechnung mit einer Forderung in einer nicht frei konvertiblen Währung gegen eine Schuld zu, über deren Währung frei verfügt werden kann, würde sich die Aufrechnung für den Aufrechnungsgegner über die Tilgung seiner Forderung hinaus nachteilig auswirken. Der Verlust des in der Hauptforderung verkörperten Konvertibilitätswerts würde nämlich nicht durch den gleichzeitig eintretenden Verlust auf Seiten des Aufrechnenden kompensiert, da die Gegenforderung keinen Konvertibilitätswert im vorgenannten Sinne hat.

---

378 Vgl. dazu § 5 III 2 a) aa) des 1. Teils.

379 *Bucher*, Schweizerisches Obligationenrecht, 382, Fn. 41; *Trutmann*, Die Compensation nach schweizerischem Obligationenrecht, 19 f.

380 Ähnlich *v.Hoffmann*, IPRax 1981, 155, 156, der aber verlangt, dass der Aufrechnungsgegner durch die Aufrechnung in gleicher Weise befriedigt wird wie bei normaler Durchführung der Leistungsbeziehung.

381 Vgl. zur wachsenden internationalen Rolle des Euro EZB, Monatsbericht August 1999, 25 ff.

Demgegenüber wird der vom Aufrechnungsgegner erlittene Verlust des Konvertibilitätswerts durch die gleichzeitig eintretende Einbuße des Aufrechnenden kompensiert, wenn beide Forderungen in frei konvertiblen Währungen ausgedrückt sind.

Mithin wird dem Schutz des Aufrechnungsgegners jedenfalls dann ausreichend Rechnung getragen, wenn man die Aufrechnung von Forderungen in frei konvertiblen Währungen zulässt. Aus diesem Grund sind nur Forderungen, die auf frei konvertible Währungen lauten, gleichartig i.S.d. § 387 BGB. Darauf, ob der Fremdwährungsschuldner oder –gläubiger aufrechnet, kommt es hiernach nicht an.

4. Der Normzweck des § 244 Abs. 1 BGB

Nach h.M. kann nur der Schuldner, nicht auch der Gläubiger einer unechten Fremdwährungsschuld aufrechnen. Grund dafür ist, dass nur dem Fremdwährungsschuldner die Ersetzungsbefugnis des § 244 Abs. 1 BGB zusteht. Durch die Ausübung der facultas alternativa soll die Gleichartigkeit der währungsverschiedenen Forderungen erst hergestellt werden[382].

Eine direkte Anwendung des § 244 Abs. 1 BGB auf die Aufrechnung scheidet aus, weil die Norm bereits nach ihrem Wortlaut davon ausgeht, dass gezahlt und die Tilgung nicht auf anderer Weise erreicht wird. Es kommt allenfalls eine entsprechende Anwendung der Ersetzungsbefugnis in Betracht, die aber voraussetzt, dass § 244 Abs. 1 BGB nach seinem Normzweck überhaupt anwendbar ist[383].

Die durch § 244 Abs. 1 BGB eingeräumte Befugnis, eine in ausländische Währung ausgedrückte Geldschuld im Inland auch in einheimischen Währungseinheiten zu zahlen, bezweckt zum einen, dem Schuldner die Erfüllung mit den ihm zur Verfügung stehenden Mitteln zu erleichtern[384]. Zweck der Ersetzungsbefugnis ist es also, den Schuldner von der Schwierigkeit, sich eine Fremdwährung zu beschaffen, zu befreien. Bei der Aufrechnung muss der Fremdwährungsschuldner sich aber keine ausländischen Zahlungsmittel beschaffen, um Befriedigung zu erlangen. Vielmehr wird die reale Leistungserbringung durch eine nur gedanklich vorgenommene Verrechnung der wechselseitigen Schulden ersetzt. Der genannte Normzweck des § 244 Abs. 1 BGB fällt bei der Aufrechnung also von vornherein weg[385].

---

382 Vgl dazu § 3 I 1 a), 2 a).

383 So auch *Birk*, AWD 1969, 12, 15.

384 Soergel/*Teichmann*, § 244 BGB, Rn. 28.

385 So auch Schwimann/*Honsell*/*Heidinger*, § 1440 ABGB, Rn. 2 für das österreichische Recht.

Zum anderen bezweckt die Ersetzungsbefugnis, die einheimische Währung gegenüber der ausländischen Währung durch die Förderung ihres Gebrauchs zu privilegieren[386]. Eine Währung kann aber gegenüber einer anderen logisch nur dann privilegiert werden, wenn die die Privilegierung anordnende Regelung selbst von der grundsätzlichen Gleichwertigkeit der Währungen ausgeht. So hat bereits das RG angenommen, dass die Vorschrift des § 244 BGB auf dem Gedanken der Gleichwertigkeit von inländischer und ausländischer Währung beruht[387]. Die dem § 244 BGB zugrunde liegende Wertung spricht aber gegen die Grundannahme der h.M., wonach Fremdwährungsschulden ungleichartig und damit nicht gleichwertig sind. Auch dieser Normzweck spricht gegen die entsprechende Anwendung des § 244 Abs. 1 BGB in diesem Zusammenhang.

Zudem überstrapaziert die h.M. § 244 Abs. 1 BGB im Hinblick auf seine Rechtsfolgen, wenn sie annimmt, dass durch die Ausübung der Ersetzungsbefugnis die Gleichartigkeit der sich zuvor ungleichartig gegenüber stehenden Verbindlichkeiten „hergestellt" wird.

Mithin lässt sich die Anwendung des § 244 Abs. 1 BGB auf die Aufrechnung währungsverschiedener Forderungen nur schwer mit den genannten Normzwecken der Vorschrift in Einklang bringen. Überzeugender ist insoweit ein Lösungsansatz, der von der Aufrechenbarkeit währungsverschiedener Forderungen immer dann ausgeht, wenn die Währungen frei konvertibel sind, da er eine – auch nur entsprechende – Anwendung des § 244 Abs. 1 BGB nicht notwendig macht.

Bei § 244 BGB selbst handelt es sich um eine Sachnorm des deutschen Rechts und nicht um eine einseitige international-privatrechtliche Norm mit einer Anknüpfung an das Recht des inländischen Zahlungsorts[388]. Dafür spricht bereits der Wortlaut sowie die systematische Stellung der Vorschrift. Eine Auslegung dergestalt, dass § 244 BGB unabhängig vom Vertragsstatut Geltung beansprucht, widerspricht auch der derzeitigen Tendenz im deutschen IPR, dem Grundsatz der international-privatrechtlichen Gerechtigkeit besondere Geltung zu verschaffen und dabei konsequenterweise auf deutsche Exklusivnormen zu verzichten[389].

5. Vergleich mit anderen europäischen Rechten

Für die Frage, ob Forderungen verschiedener Währungen als gleichartig betrachtet werden können und somit der Aufrechnung zugänglich sind, ist es hilf-

386 Soergel/*Teichmann*, § 244 BGB, Rn. 28.

387 RG (Vereinigte Zivilsenate) 24.01.1921, RGZ 101, 312.

388 So auch *v.Bar*, Internationales Privatrecht, Bd. 2, Rn. 545 m.w.N. zur Gegenansicht; *Gruber*, MDR 1992, 121, 122; *Maier-Reimer*, NJW 1985, 2049, 2050; MünchKomm/*v.Maydell*, § 244 BGB, Rn. 54.

389 *Gruber*, aaO.

reich, exemplarisch für andere Aufrechnungsrechte das schweizerische, österreichische, englische und französische Recht zu berücksichtigen. Dabei ist aber zu beachten, dass diese Rechte im Einzelnen erhebliche Unterschiede zum deutschen Aufrechnungsrecht aufweisen. Doch auch in dem Fall, dass die rechtliche Erfassung des Problems von Recht zu Recht verschieden ist, lässt der Rechtsvergleich zumindest einige Rückschlüsse für das deutsche Recht zu.

Im schweizerischen Recht wird überwiegend angenommen, dass Geldforderungen immer gleichartig sind[390]. Aus diesem Grund ist eine Verrechnung auch dann zulässig, wenn die Forderungen auf verschiedene Währungen lauten. Deshalb kann der Fremdwährungsschuldner wie auch der Fremdwährungsgläubiger aufrechnen. Ausnahmsweise wird eine Verrechnung dann für unzulässig gehalten, wenn für eine der beiden Forderungen eine Effektivklausel vereinbart worden ist. Die h.M. in der Schweiz ist aber nicht ohne weiteres auf das deutsche Recht übertragbar. Grund dafür ist, dass der Wortlaut des Art. 120 Abs. 1 OR aufgrund seiner Entstehungsgeschichte so ausgelegt wird, dass das Gleichartigkeitserfordernis nur für die im Gesetz genannten „anderen Leistungen" gefordert wird. Wenn sich also „zwei Personen einander Geldsummen" schulden, stellt sich die Frage der Gleichartigkeit nicht[391]. Im deutschen Recht unterliegen dagegen alle gegenseitigen Forderungen dem Gleichartigkeitserfordernis[392]. Auch wenn der dogmatische Ansatz in der Schweiz von demjenigen in Deutschland verschieden ist, so zeigt der Blick auf das schweizerische Aufrechnungsrecht zumindest, dass Geldschulden qua Gesetzes als gleichwertig betrachtet werden, ohne dass die Währungsverschiedenheit der beteiligten Forderungen zu einer Ausnahme zwingt.

Im Unterschied zur Rechtslage in der Schweiz ist die dogmatische Erfassung der Frage der Aufrechenbarkeit währungsverschiedener Forderungen im österreichischen Recht mit der im deutschen Recht vergleichbar[393]. Die sich wechselseitig gegenüberstehenden Forderungen müssen auch im österreichischen Recht gleichartig sein. Nach der ganz h.M. in Österreich sind Forderungen verschiedener Währung der Kompensation zugänglich mit der Folge, dass nicht nur der Schuldner, sondern auch der Gläubiger der Fremdwährungsverbindlichkeit aufrechnen kann. Dass vor allem letzterer mit seiner Fremdwährungsforderung aufrechnen kann, folge aus dem Zweck der Ersetzungsbefugnis des Art. 8 Nr. 8 EVHGB. Diese bezwecke nur, den Schuldner von der Schwierigkeit, eine Fremdwährung zu beschaffen, zu befreien. Dieser Zweck falle aber bei der Aufrechnung von vornherein weg. Die Kompensation soll dann unzulässig sein,

390 Vgl. zur Verrechnung im schweizerischen Recht § 4 I.
391 Vgl. zur Verrechenbarkeit währungsverschiedener Forderungen § 4 I 3.
392 Vgl. zur Aufrechnung im deutschen Recht § 2 III.
393 Vgl. zur Kompensation im österreichischen Recht § 4 II.

wenn der Aufrechnende verpflichtet ist, effektiv in der Fremdwährung zu leisten[394].

Auch im englischen Recht steht die Währungsverschiedenheit der Forderungen einem set-off oder counterclaim nicht entgegen[395]. Rechtsvergleichende Feststellungen sind aber hier noch schwerer zu treffen als im Hinblick auf die zuvor genannten Rechte. Dies liegt vor allem daran, dass sich das englische Aufrechnungsrecht grundlegend vom deutschen unterscheidet. Die englische Rechtsprechung hat nach dem *Milangos*-Urteil wiederholt die Aufrechnung währungsverschiedener Forderungen zugelassen[396].

Nach Art. 1291 Abs. 1 C.c. setzt die compensation légale voraus, dass die aufzurechnenden Forderungen auf Geld oder andere vertretbare Sachen gleicher Art lauten müssen[397]. Auch wenn die französische Rechtsprechung in der Frage der Aufrechenbarkeit währungsverschiedener Forderungen nicht ganz eindeutig ist und die Frage im Schriftum mehr als ein Problem der Liquidität als eines der Gleichartigkeit der Forderungen aufgefasst wird, lässt sich doch immerhin feststellen, dass die Cour des Cassation sowie die Literatur die Aufrechnung immer dann zulassen, wenn die ausländische Währung einen leicht zu bestimmenden Kurswert hat, was bei frei konvertiblen Währungen regelmäßig der Fall ist[398]. Insoweit gleicht der Ansatz, die Aufrechnung immer dann zuzulassen, wenn die beteiligten Währungen frei konvertibel sind, der h.M. in Frankreich.

Unabhängig davon, wie die einzelnen Rechtsordnungen die Aufrechnung von Forderungen verschiedener Währung im Einzelnen dogmatisch behandeln, ergibt sich aus den genannten Aufrechnungsrechten, dass nach der grundlegenden Wertung in diesen Ländern die Währungsverschiedenheit der beteiligten Forderungen einer Aufrechnung grundsätzlich nicht entgegensteht. Ausgeschlossen soll die Aufrechnung überwiegend dann sein, wenn die Zahlung in einer Währung „effektiv" geschuldet ist.

6. Auswirkungen der wirtschaftlichen Inderdependenz

Von großer Bedeutung für die Frage, ob zwei einander gegenüberstehende Forderungen aufrechenbar sind, ist die Verkehrsanschauung. Ob währungsverschiedene Forderungen gleichartig i.S.d. § 387 BGB sind, beurteilt sich nicht zuletzt auch nach der heute geltenden Verkehrsanschauung[399].

394 Vgl. zur Aufrechenbarkeit währungsverschiedener Forderungen § 4 II 3.
395 Vgl. zur Aufrechnung im englischen Recht § 4 III.
396 Vgl. Aufrechenbarkeit währungsverschiedener Forderungen § 4 III 4.
397 Vgl. zur Aufrechnung im französischen Recht § 4 IV.
398 Vgl. zur Aufrechenbarkeit währungsverschiedener Forderungen § 4 IV 4.
399 So auch *v.Feldmann*, JuS 1983, 357, 359; *Gernhuber*, Erfüllung und ihre Surrogate, § 12 III 5.

Dass die früher herrschende Verkehrsauffassung die Ungleichartigkeit von Forderungen in verschiedenen Währungen annahm, steht außer Streit. Keine Einigkeit besteht dagegen, ob sich die Verkehrsauffassung inzwischen geändert hat. Nach der heute geltenden Verkehrsanschauung ist Geld auch dann, wenn es in fremder Währung ausgedrückt wird, gleichartig, falls jederzeit und problemlos der Wechsel möglich ist[400].

Dafür, dass zumindest Forderungen in voll konvertiblen Währungen als gleichwertig betrachtet werden, spricht die große Zahl von (de jure) frei konvertiblen Währungen. Von den derzeit 182 Mitgliedern des IWF haben sich immerhin 150 Staaten gem. Art. 8 IWF-Übereinkommen völkerrechtlich verpflichtet, u.a. die Zahlungen und Übertragungen für die laufenden internationalen Geschäfte nicht zu beschränken (Stand: 15.02.2000)[401].

Darüber hinaus spricht für diese Sicht auch der zunehmende internationale Handel mit Devisen. Zudem stellt sich die h.M. in Deutschland, wonach selbst Forderungen in frei konvertiblen Währungen ungleichartig sind, gegen den Trend hin zu einer wachsenden Verflechtung der nationalen Volkswirtschaften. Ausdruck dieses hohen Grades an wirtschaftlicher Interdependenz ist in Europa die Schaffung eines einheitlichen Währungsraums mit einer gemeinsamen Währung sowie die gleichzeitige Übertragung der Währungshoheit von den nationalen Zentralbanken auf die Europäische Zentralbank am 1.1.1999[402]. Angesichts auch der weltweit zu beobachtenden Deregulierung nationaler Devisenvorschriften bzw. ihrer Angleichung an einheitliche Standards ist insoweit ein Wandel der Verkehrsanschauung zu beobachten. Den genannten Entwicklungen und der heutigen Verkehrsanschauung trägt aber ein Ansatz, der die Aufrechenbarkeit von Forderungen von der Währungskonvertibilität abhängig macht, hinreichend Rechnung[403].

III. Umrechnung der Währungen

Das Gesetz gibt für die Erfüllung einer Fremdwährungsschuld durch Zahlung in inländischer Währung eine Umrechnungsregel in § 244 Abs. 2 BGB vor. Danach erfolgt die Umrechnung nach dem Kurswert der zur Zeit der Zahlung für den Zahlungsort maßgeblich ist.

---

400 *Gernhuber*, aaO.
401 Quelle: www.imf.org/external/np/sec/memdir/members.htm.
402 Vgl. dazu *Sandrock*, Beilage 1 zu Heft 8 der RIW 1997, 2 ff.
403 So auch *Gernhuber*, Erfüllung und ihre Surrogate, § 12 III 5; *K.Schmidt*, FS Odersky, 685, 699.

Die Aufrechnung ist nicht nur dem Fremdwährungsschuldner gestattet mit der Folge, dass sich die Umrechnung der Forderungen nach § 244 Abs. 2 BGB bestimmt. Vielmehr können währungsverschiedene Verbindlichkeiten unter der Voraussetzung der freien Konvertibilität der Währungen aufgerechnet werden, ohne dass es darauf ankommt, ob der Fremdwährungsschuldner oder –gläubiger die Aufrechnung erklärt. Es kommt demgemäß für die Umrechnung der Fremdwährungsschulden allenfalls eine sinngemäße Anwendung des § 244 Abs. 2 BGB in Betracht[404].

Als Umrechnungszeitpunkt kann entweder die Aufrechnungserklärung oder die Aufrechnungslage herangezogen werden. Für die Maßgeblichkeit der Aufrechnungslage ließe sich anführen, dass mit der Aufrechnungslage die rückwirkende Tilgung der Forderungen eintritt (vgl. § 389 BGB) und deshalb die Aufrechnungslage der „Zahlung" i.S.d. § 244 Abs. 2 BGB vergleichbar ist[405]. Dagegen spricht aber, dass die Aufrechnungserklärung das auslösende Moment der Aufrechnung und der damit verbundenen Tilgungswirkung ist. Vergleichbar mit der Zahlung ist die Erklärung der Aufrechnung durch den Aufrechnenden[406].

Mit der Zahlung als entscheidenden Umrechnungszeitpunkt wählt § 244 Abs. 2 BGB zudem einen eindeutigen und ggf. sehr einfach zu beweisenden Bewertungszeitpunkt. Dies ist vor allem deshalb wichtig, weil der Umrechnungszeitpunkt zwischen den Parteien oft dann zum Streitpunkt wird, wenn starke Währungsschwankungen eintreten[407]. Bei der Aufrechnung stellt gerade die Aufrechnungserklärung einen derart eindeutigen Stichtag für die Umrechnung dar[408]. Dies gilt um so mehr, als gerade im grenzüberschreitenden Geschäftsverkehr die Aufrechnung regelmäßig schriftlich erklärt wird.

Gegen den Zeitpunkt der Aufrechnungserklärung spricht auch nicht, dass der Aufrechnende in Zeiten starker Wechselkursschwankungen möglicherweise Währungsgewinne erzielen kann. Da die Aufrechnungsbefugnis beiden Teilen zusteht, eröffnen sich auch für beide gleichermaßen Spekulationsmöglichkeiten. Der Aufrechnungsgegner ist deshalb gegenüber dem Aufrechnenden nicht schutzwürdig.

Auch im österreichischen Recht, das wie auch das deutsche Recht den Vollzug der Aufrechnung an eine entsprechende Erklärung des Aufrechnenden knüpft, wird für die Umrechnung der Fremdwährungsschulden überwiegend der

---

404 Auch *Gernhuber*, aaO. spricht sich für eine sinngemäße Anwendung des § 244 Abs. 2 BGB aus.

405 So *Birk*, AWD 1969, 12, 16.

406 So ausdrücklich *K.Schmidt*, FS Odersky, 685, 700.

407 *K.Schmidt*, aaO.

408 So auch *Frigge*, Externe Lücken, 104.

Zeitpunkt der Kompensationserklärung für maßgeblich gehalten[409]. Somit ist die Aufrechnungserklärung und nicht die Aufrechnungslage mit der „Zahlung" i.S.d. § 244 Abs. 2 BGB vergleichbar. Entscheidend ist also der Kurswert, der zur Zeit des Zugangs der Aufrechnungserklärung gilt.

§ 244 Abs. 2 BGB bestimmt für die Umrechnung weiter, dass der Kurswert gilt, der für den Zahlungsort maßgebend ist. Bei der Aufrechnung kommt hier vor allem der am Sitz des Aufrechnenden oder der am Sitz des Aufrechnungsgegners geltende Kurswert in Betracht. Da der Aufrechnungsgegner aber seine Forderung ohne sein Zutun verliert, spricht bereits der in anderem Zusammenhang erwähnte Schutzgedanke dafür, dass der Kurs entscheidend ist, den der Aufrechnungsgegner für den Erwerb der ihm geschuldeten Währung aufzuwenden hätte[410].

Es verbleibt nur noch zu klären, mit welchem Kurswert die beteiligten Fremdwährungsforderungen umzurechnen sind. Da die Aufrechnung mit einer bargeldlosen Zahlung vergleichbar ist, ist für die Umrechnung vom amtlichen Devisenkurs auszugehen[411]. Dafür spricht auch, dass damit ein leicht festzustellender und in Deutschland einheitlicher Kurswert zur Anwendung kommt, der weitgehend frei von Regionaleinflüssen ist.

Unter dem amtlichen Devisenkurs ist der an der Frankfurter Börse zu einem bestimmten Zeitpunkt nach den Regeln des Börsenrechts verbindlich für die Börse festgestellter Preis einer Währung in Euro zu verstehen[412]. Dieser Kurs wird an den fünf deutschen Devisenbörsen – Frankfurt a.M., Hamburg, Düsseldorf, München und Berlin – für gegenwärtig 20 Währungen ermittelt[413]. Die Frankfurter Börse fungiert hierbei insofern als Leitbörse, als allein dort die Festsetzung der Kurse erfolgt. An den anderen Börsenplätzen werden lediglich Aufträge gesammelt und zur Ausführung nach Frankfurt gegeben. Die in Frankfurt festgestellten Devisenkurse gelten auch für die anderen Börsenplätze[414].

Schwierig wird es aber dann, wenn sich für eine oder gar für beide Währungen eine amtliche Kursnotiz nicht ermitteln lässt. Denkbar wäre es, in einem solchen Fall den Marktkurs für die Umrechnung heranzuziehen. Unter dem Marktkurs wird der Kurs einer Währung im freien Devisenhandel verstanden[415]. Dieser bestimmt sich nach den Gesetzen des freien Marktes und unterliegt oft nicht unerheblichen Schwankungen. Im Hinblick auf die Umrechnung liegt die größte Schwierigkeit bei der Berücksichtigung des Marktwerts einer Währung

---

409 Vgl. dazu § 4 II 4.

410 So auch *Maier-Reimer*, NJW 1985, 2049, 2051; *Vorpeil*, RIW 1993, 529, 535.

411 So im Ergebnis auch *Vorpeil*, aaO.

412 *Fischer-Erlach*, Handel und Kursbildung am Devisenmarkt, 39.

413 *Fischer-Erlach*, Handel und Kursbildung am Devisenmarkt, 35.

414 *Fischer-Erlach*, aaO.; *Obst/Hintner*, Geld-, Bank- und Börsenwesen, 1159.

415 *Vorpeil*, RIW 1993, 529, 535.

darin, dass sich zum Umrechnungszeitpunkt kein bestimmter und allgemeinverbindlicher Kurs finden lässt. Vielmehr kann der Marktkurs einer Währung von Börse zu Börse unterschiedlich sein.

Zweifelhaft ist deshalb, ob ein derartiger Kurs mit dem Normzweck des § 244 Abs. 2 BGB, nämlich die Umrechnung von einem eindeutigen Kurswert abhängig zu machen, vereinbar ist und der Umrechnung zu Grunde gelegt werden kann. Eine Umrechnung ist jedenfalls dann ohne theoretische und praktische Schwierigkeiten möglich, wenn für die Währungen ein amtlicher Devisenkurs existiert[416].

IV. Ausschluss der Aufrechnung

Neben den zuvor genannten Ausschlussgründen[417] scheidet die Aufrechnung währungsverschiedener Forderungen insbesondere dann aus, wenn eine der beteiligten oder beide Forderungen „effektiv" in einer bestimmten Währung geschuldet ist.

Wenn die Parteien z.B. vereinbart haben, dass die auf US-Dollar lautende Kaufpreisforderung nur durch Zahlung in dieser Währung erfüllt werden kann, ist die Aufrechnung mit dieser Forderung ausgeschlossen. In einer derartigen Vereinbarung ist dann ein vertragliches Aufrechnungsverbot zu erblicken. Eine solche Vereinbarung kann durch Zusätze, wie z.B. „effektiv", kenntlich gemacht werden.

Die Zulässigkeit einer derartigen Vereinbarung folgt aus der allgemeinen Vertragsfreiheit (§ 305 BGB). Sie dient insoweit auch dem Schutz des Aufrechnungsgegners, der im Fall einer nur durch Leistung in bestimmten Währungseinheiten zu erfüllenden Schuld darauf vertraut, dass die betreffende Forderung auch real in diesen Währungseinheiten erfüllt wird.

Die Annahme der Aufrechenbarkeit währungsverschiedener Forderungen immer dann, wenn die beteiligten Währungen frei konvertibel sind, trägt der heute geltenden Verkehrsanschauung Rechnung. In den genannten europäischen Rechten wird trotz dogmatischer Unterschiede im Einzelnen von der Aufrechenbarkeit währungsverschiedener Forderungen ausgegangen. Auch nach dem allgemeinen Verständnis ist ausländisches Geld zuvorderst Geld. Dies gilt erst recht, wenn es sich hierbei um Geld in einer frei konvertiblen Währung handelt.

Die Einschränkung, dass nur Forderungen in frei konvertiblen Währungen der Aufrechnung zugänglich sind, bringt die Interessen des Aufrechnenden und des

416 So im Ergbnis auch *Vorpeil*, RIW 1993, 529, 535 f.
417 Vgl. dazu § 2 III 2 e).

Aufrechnungsgegners in einen angemessenen Ausgleich. Das Interesse des Aufrechnenden, nämlich auch dann aufrechnen zu können, wenn sich zwei Forderungen in verschiedenen Währungen gegenüberstehen, wird berücksichtigt. Der Aufrechnungsgegner wird dadurch ausreichend geschützt, dass nur die Aufrechnung von Forderungen in frei konvertiblen Währungen zugelassen wird.

Der Lösungsansatz ist auch aufrechnungsfreundlich und auch praktikabel. Er ermöglicht über die Konstruktion des § 244 Abs. 1 BGB hinaus die Aufrechnung währungsverschiedener Währungen. Da dieser Ansatz die mit der Konstruktion der h.M. notwendigerweise verbundene Komplizierung vermeidet, schafft er eine einfach zu handhabende Lösung des Problems der Aufrechnung währungsverschiedener Forderungen.

Zusammenfassung der Ergebnisse

1. Das Rechtsinstitut der Aufrechnung ist im UN-Kaufrecht grundsätzlich nicht geregelt. Insoweit ist für diese ungeregelte Frage des Kaufrechtsübereinkommens in entsprechender Anwendung des Art. 7 Abs. 2 CISG das nach dem IPR des Forums berufene Sachrecht zur Entscheidung berufen.

Eine Sonderanknüpfung der Aufrechnung als Restfrage gem. Art. 28 Abs. 1 S. 2 i.V.m. Art. 28 Abs. 2 bzw. Abs. 5 EGBGB kommt nicht in Betracht. Soweit ein deutsches Gericht zu entscheiden hat, bestimmt sich die Aufrechnung vielmehr nach Art. 32 Abs. 1 Nr. 4 EGBGB, da zu den verschiedenen Arten des Erlöschens einer Forderung auch die Aufrechnung zählt. Art. 32 Abs. 1 Nr. 4 EGBGB kommt nicht nur dann, wenn die Forderungen demselben Schuldstatut, sondern auch verschiedenen Schuldstatuten unterliegen, zur Anwendung. Maßgeblich ist insoweit das Statut der Hauptforderung.

Bei Geltung des deutschen Rechts unterliegt die Aufrechnung den §§ 387 ff. BGB. Forderungen währungsverschiedener Forderungen sind gleichartig i.S.d. § 387 BGB und damit aufrechenbar, wenn die beteiligten Währungen frei konvertibel sind. Eine Währung ist nur dann voll konvertibel, wenn die Verfügungs- bzw. Umtauschfreiheit nicht durch rechtliche Hindernisse beschränkt oder durch faktische Hindernisse nachhaltig eingeschränkt wird.

Dass die Währungsverschiedenheit der Aufrechnung nicht entgegensteht, entspricht auch den vorherrschenden Meinungen in vielen europäischen Rechten. Dem Schutz des Aufrechnungsgegners dient dabei das Erfordernis der freien Währungskonvertibilität.

Da allein die Währungskonvertibilität darüber entscheidet, ob zwei sich gegenseitig gegenüberstehenden Forderungen aufrechenbar sind, kommt es nicht darauf an, ob dem Aufrechnenden die Ersetzungsbefugnis in entsprechender Anwendung des § 244 Abs. 1 BGB zusteht. Wenn sich eine auf inländische Währung lautende und eine in ausländische Währung ausgedrückte Geldforderung gegenüberstehen, kann im Fall der freien Konvertibilität der Währungen nicht nur der Fremdwährungsschuldner, sondern auch der Fremdwährungsgläubiger aufrechnen. Ist von den Forderungen keine in inländischer Währung ausgedrückt, steht die Aufrechnungsbefugnis beiden Forderungsinhabern zu, wenn sichergestellt ist, dass über die beteiligten Währungen frei verfügt werden kann.

Für die Umrechnung der Fremdwährungsforderungen ist § 244 Abs. 2 BGB entsprechend anzuwenden. Stichtag für die Umrechnung ist der Zeitpunkt des

Zugangs der Aufrechnungserklärung. Umzurechnen ist nach dem Kurs, den der Aufrechnungsgegner am Erfolgsort für den Erwerb der ihm geschuldeten Währung aufzuwenden hätte. Maßgeblich ist insoweit der amtliche Devisenkurs.

Die Aufrechnung ist insbesondere dann ausgeschlossen, wenn die Parteien vereinbart haben, dass eine der beteiligten oder beide Forderungen nur durch Zahlung in der betreffenden Währung erfüllt werden kann.

2. Soweit sich zwei gegenseitige Geldforderungen gegenüberstehen, die aus einem dem Kaufrechtsübereinkommen unterliegenden Vertragsverhältnis entstammen, beansprucht das UN-Kaufrecht ausnahmsweise seine Geltung. Insoweit geht das Übereinkommen sowohl Art. 32 Abs. 1 Nr. 4 EGBGB als auch Art. 10 Abs. 1 lit. d EVÜ vor.

Das UN-Kaufrecht erfasst nur die Aufrechnung von CISG-internen Geldforderungen des Käufers und des Verkäufers. Sie ist in der Gegenüberstellung der beiden Ausgleichsansprüche in Art. 84 CISG konstruktiv angelegt und findet in den allgemeinen Prinzipien der Zug-um-Zug-Erfüllung sowie des Zurückbehaltungsrechts ihre direkte Fortsetzung. Da sie zum Erlöschen der beiderseitigen Forderungen führt, berührt sie auch eine der zentralen Pflichten der Kaufvertragsparteien im UN-Kaufrecht, nämlich die Zahlungspflicht des Käufers.

Um eine einheitliche Anwendung in den Vertragsstaaten sicherzustellen, ist im deutschsprachigen Raum der Funktionsbegriff der *Verrechnung* dem der *Aufrechnung* vorzuziehen. Dem CISG lassen sich im Wege der autonomen Lückenfüllung die Voraussetzungen, der Vollzug sowie die Wirkung der noch im Übereinkommen geregelten Verrechnung entnehmen.

Verrechnungsverbote nationalrechtlicher Art sind grundsätzlich nicht zu berücksichtigen. Ausnahmsweise kann sich aber ein Verrechnungsverbot aus einer Parteivereinbarung (Art. 6 CISG) sowie aus einer die Parteien bindenden Übung (Art. 9 CISG) ergeben.

Die Verrechnung entfaltet ihre Tilgungswirkung ohne eine entsprechende Erklärung einer Partei im Zeitpunkt, in dem sich die CISG-internen Geldforderungen im Gegenseitigkeitsverhältnis gegenübertreten. Dabei tilgen sich die Forderungen bis zum Betrag der niedrigeren. Sonstige Folgen, wie z.B. Verzugsfolgen, werden dadurch nicht berührt.

Die Währungsverschiedenheit der Forderungen schließt die Verrechnung nicht aus. Die beteiligten Währungen sind in dem Zeitpunkt, in dem sie sich verrechenbar gegenübertreten, mit dem amtlichen Devisenkurs umzurechnen.

Literaturverzeichnis

Achilles, Wilhelm-Albrecht: Kommentar zum UN-Kaufrechtsübereinkommen (CISG), Neuwied/Kriftel/Berlin 2000 (zit.: *Achilles*, UN-Kaufrecht)

Ahlt, Michael: Die Aufrechnung im internationalen Privatrecht, Regensburg 1988

Arminjon, P.: Précis de droit international privé, Bd. II, Les personnes – Les biens, Les actes juridiques et les obligations, Paris 1958 (zit.: *Arminjon*, Précis de droit international privé)

Bar, Christian von: Internationales Privatrecht, Erster Band, Allgemeine Lehren, München 1987; Zweiter Band, Besonderer Teil, München 1991 (zit.: *v.Bar*, Internationales Privatrecht, Bd. 1 bzw. 2)

Batiffol, Henri/Lagarde, Paul: Droit international privé, tome II, 7. édition, Paris 1983

Becker, H.: Kommentar zum schweizerischen Zivilgesetzbuch, Band VI, Obligationenrecht, I. Abteilung, Allgemeine Bestimmungen, Bern 1917 (zit.: *Becker*, Obligationenrecht)

Berger, Klaus Peter: Der Aufrechnungsvertrag, Aufrechnung durch Vertrag, Vertrag über Aufrechnung, Tübingen 1996 (zit.: *Berger*, Aufrechnungsvertrag)

Bianca, C.M./Bonell, M.J. (Hrsg.): Comentary on the International Sales Law, The 1980 Vienna Sales Convention, Mailand 1987 (zit.: Bianca/Bonell/ *Bearbeiter*)

Birk, Rolf: Aufrechnung bei Fremdwährungsforderungen und internationales Privatrecht, AWD 1969, S. 12 ff.

Böckli, Alfred: Über die Kompensation von Forderungen verschiedener Währung, SJZ 23 (1927), S. 225 ff.

Bonell, Michael Joachim: Zum Verhältnis des Wiener Kaufrechtsübereinkommens zum Haager Kauf-IPR-Übereinkommen von 1955 aus italienischer Sicht, in: Jahrbuch für italienisches Recht, Band 3, UN-Kaufrecht, Bankrecht, Anwaltsniederlassung (Asam, Herbert/Portale, Giuseppe/Thietz-Bartram, Joachim/Biamonti, Luigi, Hrsg.), Heidelberg 1990, S. 117 ff. (zit.: *Bonell*, in: Jb. it. R. 1990)

Botzenhardt, Bertrand: Die Auslegung des Begriffs der wesentlichen Vertragsverletzung im UN-Kaufrecht, Frankfurt am Main/Berlin/New York/Paris/Wien 1998 (zit.: *Botzenhardt*, Wesentliche Vertragsverletzung)

Bridge, Michael: The International Sale of Goods, Law and Practice, Oxford/ New York 1999 (zit.: *Bridge*, International Sale of Goods)

Brinkmann, Rainer: Die nichtvertragliche Verrechnung in rechtsvergleichender Darstellung und im schweizerischen Kollisionsrecht, Düsseldorf 1970 (zit.: *Brinkmann*, Nichtvertragliche Verrechnung)

Bucher, Eugen: Schweizerisches Obligationenrecht, Allgemeiner Teil ohne Deliktsrecht, Zürich 1979 (zit.: *Bucher*, Schweizerisches Obligationenrecht)

Büren, Bruno von: Schweizerisches Obligationenrecht, Allgemeiner Teil, Zürich 1964 (zit.: *v.Büren*, Schweizerisches Obligationenrecht)

Burkart, Fabian: Interpretatives Zusammenwirken von CISG und UNIDROIT-Principles, Baden-Baden 2000

Bydlinski, Peter: Grundzüge des Privatrechts für Ausbildung und Wirtschaftspraxis, 2. Auflage, Wien 1994

Carbonnier, Jean: Droit civil, Band IV, Les obligations, Paris 1956 (zit.: *Carbonnier*, Droit civil)

Casson, D.B.: Odgers on High Court Pleading and Practice, 23. Auflage, London 1991

Clashfern, Lord Mackay of: (Stichwort): Set-off and Counterclaim, in: Halsbury´s Laws of England, Band 42, 4. Auflage, London 1999 (zit.: *Clashfern*, Halsbury´s)

Czerwenka, G. Beate: Rechtsanwendungsprobleme im internationalen Kaufrecht, Das Kollisionsrecht bei grenzüberschreitenden Kaufverträgen und der Anwendungsbereich der internationalen Kaufrechtsübereinkommen, Berlin 1988 (zit.: *Czerwenka*, Rechtsanwendungsprobleme)

Delestraint,Pierre Dupont/Légier, Gérald: Droit civil, Les obligations, onzième édition 1988, Paris 1988 (zit.: *Delestraint/Légier*, Droit civil)

Derham, Rory: Set-off, 2. Auflage, Oxford 1996

Dicey and Morris: On the Conflict of Laws, (Lawrence Collins, Hrsg.), 2 Bände, 13. Auflage, London 2000 (zit.: *Dicey/Morris,*Bd. 1 bzw. 2)

Diedrich, Frank: Anwendbarkeit des Wiener Kaufrechts auf Softwareüberlassungsverträge, Zugleich ein Beitrag zur Methode autonomer Auslegung von Internationalem Einheitsrecht, RIW 1993, S. 441 ff.

Diedrich, Frank: Autonome Auslegung von Internationalem Einheitsrecht, Computersoftware im Wiener Kaufrecht, Baden-Baden 1994 (zit.: *Diedrich*, Autonome Auslegung)

Diedrich, Frank: Lückenfüllung im Internationalen Einheitsrecht, Möglichkeiten und Grenzen richterlicher Rechtsfortbildung im Wiener Kaufrecht, RIW 1995, S. 353 ff.

Dölle, Hans (Hrsg.): Kommentar zum Einheitlichen Kaufrecht, Die Haager Kaufrechtsübereinkommen vom 1. Juli 1964, München 1976 (zit.: Dölle/*Bearbeiter*)

Ebke, Werner F.: Internationales Devisenrecht, Heidelberg 1991

Ehrenzweig, Adolf (Hrsg.): System des österreichischen allgemeinen Privatrechts, zuletzt bearbeitet von Armin Ehrenzweig und Adolf Ehrenzweig, 2. Buch, Das Recht der Schuldverhältnisse, 1. Abteilung, Allgemeine Lehren, bearbeitet von Heinrich Mayrhofer, 3. Auflage, Wien 1986 (zit.: Ehrenzweig/ *Mayrhofer*)

Enderlein, Fritz/Maskow, Dietrich/Strohbach, Heinz: Internationales Kaufrecht, Kaufrechtskonvention, Verjährungskonvention, Vertretungskonvention, Rechtsanwendungskonvention, Berlin 1991 (zit.: *Enderlein/Maskow/Strohbach*)

Erman: Handkommentar zum Bürgerlichen Gesetzbuch, 2. Band, 10. Auflage, Köln 2000 (zit.: Erman/*Bearbeiter*)

Eujen, Heiko: Die Aufrechnung im internationalen Verkehr zwischen Deutschland, Frankreich und England, Frankfurt a.M. 1975 (zit.: *Eujen*, Aufrechnung im internationalen Verkehr)

Feldmann, Börries von: Die Aufrechnung - ein Überblick, JuS 1983, S. 357 ff.

Ferid, Murad: Das Französische Zivilrecht, Erster Band, Allgemeine Lehren, Recht der Schuldverhältnisse, Frankfurt a.M./Berlin 1971 (zit.: *Ferid*, Französisches Zivilrecht)

Ferrari, Franco: Das Verhältnis zwischen den Unidroit-Grundsätzen und den allgemeinen Grundsätzen internationaler Einheitsprivatrechtskonventionen, Zugleich ein Beitrag zur Lückenfüllung durch staatliche Gerichte, JZ 1998, S. 9 ff.

Fikentscher, Wolfgang: Schuldrecht, 9. Auflage, Berlin/New York 1997

Fischer-Erlach, Peter: Handel und Kursbildung am Devisenmarkt, 4. Auflage, Stuttgart/Berlin/Köln 1991

Flessner, Axel/Kadner, Thomas: CISG ? Zur Suche nach einer Abkürzung für das Wiener Übereinkommen über den internationalen Warenkauf vom 11. April 1980, ZEuP 1995, S. 347 ff.

Flour, Jacques/Aubert, Jean-Luc (Hrsg.): Les obligations, Le rapport d'obligation, La preuve – Les effets de l'obligation, La responsabilité contractuelle, Transmission – Transformation, Extinction, par Aubert, Jean-Luc, Flour, Yvonne, Savaux, Eric, Paris 1999 (zit.: *Flour/Aubert*, Les obligations)

Frigge, Bettina: Externe Lücken und Internationales Privatrecht im UN-Kaufrecht (Art. 7 Abs. 2), Frankfurt a.M. 1994 (zit.: *Frigge*, Externe Lücken)

Gäbel, Johannes K.: Neuere Probleme zur Aufrechnung im internationalen Privatrecht, München 1983

Gauch, Peter/Schluep, Walter R.: Schweizerisches Obligationenrecht, Allgemeiner Teil ohne ausservertragliches Haftpflichtrecht, Band II, 6. Auflage, Zürich 1995 (zit.: *Gauch/Schluep*, Schweizerisches Obligationenrecht)

Gernhuber, Joachim: Die Erfüllung und ihre Surrogate sowie das Erlöschen der Schuldverhältnisse aus anderen Gründen, 2. Auflage, Tübingen 1994 (zit.: *Gernhuber*, Erfüllung und ihre Surrogate)

Goode, R.M.: Legal problems of credit and security, London 1982

Goulding, Simon: Odgers on Civil Court Actions, 24. Auflage, London 1996 (zit.: *Goulding*, Odgers on Civil Court Actions)

Graveson, R.H.: Conflict of Laws, Private International Law, 7. Auflage, London 1974 (zit.: *Graveson*, Conflict of Laws)

Grothe, Helmut: Bindung an die Parteianträge und „Forderungsverrechnung" bei Fremdwährungsklagen, zu BGH, 7.4.1992 - X ZR 119/90, IPRax 1994, S. 346 ff.

Grua, Francois: (Stichwort:) Compensation, in: Dalloz, Encyclopédie juridique, Répertoire de Droit civil, 2. édition, Tome III, Paris 1976, Loseblattsammlung (Stand: 31.8.1990) (zit.: *Grua*, Encylopédie juridique)

Gruber, Joachim: Die Aufrechnung von Fremdwährungsforderungen, MDR 1992, S. 121 ff.

Gschnitzer, Franz: Österreiches Schuldrecht, Allgemeiner Teil, 2. Auflage, Wien/New York 1991 (zit.: *Gschnitzer*, Schuldrecht)

Gstoehl, Matthias: Das Verhältnis von Gewährleistung nach UN-Kaufrecht und Irrtumsanfechtung nach nationalem Recht, ZfRV 1998, S. 1 ff.

Guhl, Theo: Das schweizerische Obligationenrecht, Mit Einschluß des Handels- und Wertpapierrechts, 7. Auflage, Zürich 1980 (zit.: *Guhl*, Schweizerische Obligationenrecht)

Hahn, Hugo J.: Währungsrecht, München 1990

Hapgood, Mark B.: Set-off under the Laws of England, in: Using set-off as Security, A comparative survey for practioners (Neate, Francis W., Hrsg.), London 1990, S. 32 ff. (zit.: *Hapgood*, in: Using set-off as Security)

Heilmann, Jan: Mängelgewährleistung im UN-Kaufrecht, Voraussetzungen und Rechtsfolgen im Vergleich zum deutschen internen Kaufrecht und zu den Haager Einheitlichen Kaufgesetzen, Berlin 1993 (zit.: *Heilmann*, Mängelgewährleistung im UN-Kaufrecht)

Heinrich, Gregor: Rechtsvergleichende Aspekte der Verrechnung als Kreditsicherheit, SZW 62 (1990), S. 266 ff.

Henisheiner, Karl/Wolf, Martin/Kaden, Erich-Hans/Merk, Walter (Hrsg.): Die Zivilgesetze der Gegenwart, Band I, Frankreich, Code civil, mit Übersetzung, Einleitung und Anmerkungen sowie einer Darstellung der Grundzüge des zwischenstaatlichen Privatrechts Frankreichs und dem Text der wichtigstens Nebengesetze zum Code civil, Mannheim/Berlin/Leipzig 1932 (zit.: *Henisheiner/Wolf/Kaden/Merk*, Zivilgesetze der Gegenwart)

Henn, Günter: Kursumrechnung bei der Erfüllung von Fremdwährungsforderungen, RIW 1957, S. 153 ff.

Henn, Günter: Die Verrechnung von Fremdwährungsforderungen nach schweizerischem Obligationenrecht, ZSR 77 (1958), S. 139 ff.

Henn, Günter: Aufrechnung gegen Fremdwährungsforderungen, MDR 1956, S. 584 ff.

Herber, Rolf/Czerwenka, Beate: Internationales Kaufrecht, Kommentar zu dem Übereinkommen der Vereinten Nationen vom 11. April 1980 über Verträge über den internationalen Warenkauf, München 1991 (zit.: *Herber/Czerwenka*)

Hoffmann, Bernd von: Aufrechnung und Zurückbehaltungsrecht bei Fremdwährungsforderungen, zu LG Hamburg, 19.6.1980, 21 O 10/80, IPRax 1981, S. 155 ff.

Hoffmann, Bernd von: Internationales Privatrecht, Einschließlich der Grundzüge des Internationalen Zivilverfahrensrecht, 6. Auflage, München 2000 (zit.: *v.Hoffmann*, Internationales Privatrecht)

Honnold, John: Uniform Law for International Sales under the 1980 United Nations Convention, Second Edition, Philadelphia 1991 (zit.: *Honnold*, Uniform Law)

Honsell, Heinrich (Hrsg.): Kommentar zum UN-Kaufrecht, Übereinkommen der Vereinten Nationen über Verträge über den Internationalen Warenkauf (CISG), Berlin/Heidelberg/New York 1997 (zit.: Honsell/*Bearbeiter*)

Höß, Stefan: Der gegenständliche Anwendungsbereich des UN-Kaufrechts, „Contracts to which the CISG is applicable", Kempten (Allgäu) 1995 (zit.: *Höß*, Anwendungsbereich)

Huber, Ulrich: Der UNCITRAL-Entwurf eines Übereinkommens über internationale Warenkaufverträge, RabelsZ 43 (1979), S. 413 ff.

IPRG Kommentar (Heini, Anton/Keller, Max/Siehr, Kurt/Vischer, Frank/Volken, Paul, Hrsg.): Kommentar zum Bundesgesetz über das Internationale Privatrecht (IPRG) vom 1. Januar 1989, Zürich 1993 (zit.: IPRG-Kommenar/ *Bearbeiter*)

Jakobs, Horst/Schubert, Werner: Die Beratung des Bürgerlichen Gesetzbuchs in systematischer Zusammenstellung der unveröffentlichten Quellen, Recht der Schuldverhältnisse, §§ 241 bis 432, Berlin/New York 1978 (zit.: *Jakobs/ Schubert*, Die Beratung des Bürgerlichen Gesetzbuchs in systematicher Zusammenstellung der unveröffentlichten Quellen)

Jayme, Erik: Tagung der Deutsch-Italienischen Juristenvereinigung in Fulda, IPRax 1989, S. 332 ff.

Jayme, Erik/Kohler, Christian: Das Internationale Privat- und Verfahrensrecht der EG – Stand 1989, IPRax 1989, S. 337 ff.

Kannengießer, Matthias N.: Die Aufrechnung im internationalen Privat- und Verfahrensrecht, Mit vergleichender Darstellung ausgewählter europäischer Aufrechnungsrechte, Tübingen 1998 (zit.: *Kannengießer*, Die Aufrechnung im internationalen Privat- und Verfahrensrecht)

Kapfer, Hans: Das Allgemeine bürgerliche Gesetzbuch, 13. Auflage, Wien 1980 (zit.: *Kapfer*, ABGB)

Karollus, Martin: Der Anwendungsbereich des UN-Kaufrechts im Überblick, JuS 1993, S. 378 ff.

Karollus, Martin: UN-Kaufrecht, Eine systematische Darstellung für Studium und Praxis, Wien/New York 1991 (zit.: *Karollus*, UN-Kaufrecht)

Kegel, Gerhard: Internationales Privatrecht, Ein Studienbuch, 8. Auflage, München 2000 (zit.: *Kegel*, Internationales Privatrecht)

Keller, Max/Schöbi, Christian: Das schweizerische Schuldrecht, Mit Ausnahme der einzelnen Verträge und der außervertraglichen Haftungen gemäß Spezialgesetzen, Eine systematische Darstellung, Band IV, Basel/Frankfurt a.M. 1984 (zit.: *Keller/Schöbi*, Schweizerische Schuldrecht)

Kindler, Peter: Sachmängelhaftung, Aufrechnung und Zinsbemessung: Typische Fragen des UN-Kaufrechts in der gerichtlichen Praxis, zu LG München I, 20.03. 1995, IPRax 1996, S. 16 ff

Kindler, Peter: Die Anwendungsvoraussetzungen des Wiener Kaufrechtsübereinkommens der Vereinten Nationen im deutsch-italienischen Rechtsverkehr, RIW 1988, S. 776 ff.

Klang, Heinrich (Hrsg.): Kommentar zum Allgemeinen bürgerlichen Gesetzbuch, 2. Auflage, Sechster Band, §§ 1293 – 1502, Wien 1951 (zit.: Klang/ *Bearbeiter*)

Kleiner, Beat: Internationales Devisen-Schuldrecht, Fremdwährungs-, Euro- und Rechnungseinheitsschulden mit Mustertexten, Zürich 1985 (zit.: *Kleiner*, Interrnationales Devisen-Schuldrecht)

Koziol, Helmut/Welser, Rudolf: Grundriss des bürgerlichen Rechts, Band 2, Schuldrecht, Allgemeiner Teil, Besonderer Teil, Erbrecht, 11. Auflage, Wien 2000 (zit.: *Koziol/Welser*, Grundriss des bürgerlichen Rechts)

Kramer, Ernst A.: Uniforme Interpretation von Einheitsprivatrecht - mit besonderer Berücksichtigung von Art. 7 UNKR, JBL.1996, S. 137 ff.

Kropholler, Jan: Internationales Einheitsrecht, Allgemeine Lehren, Tübingen 1975 (zit.: *Kropholler*, Internationales Einheitsrecht)

Kropholler, Jan: Internationales Privatrecht, Einschließlich der Grundbegriffe des Internationalen Zivilverfahrensrechts, 4. Auflage, Tübingen 2001 (zit.: *Kropholler*, Internationales Privatrecht)

Lagarde, Paul: Le nouveau droit international privé des contrats après l`entrée en vigeur de la Convention de Rome du 19 juin 1980, Rev. crit. 1991, S. 287 ff.

Larenz, Karl/Canaris, Claus-Wilhelm: Methodenlehre der Rechtswissenschaft, 3. Auflage, Berlin/Heidelberg/New York/Barcelona/Budapest/Hong Kong/London/Mailand/Paris/Tokyo 1995

Loewe, Roland: Internationales Kaufrecht, Wiener UN-Kaufrechtsübereinkommen vom 11. April 1980 und New Yorker UN-Verjährungsübereinkommen vom 14. Juni 1974 samt Protokoll vom 11. April 1980, mit ausführlichen Erläuterungen sowie Vergleichen und Hinweisen zum österreichischen Recht, Wien 1989 (zit.: *Loewe*, Internationales Kaufrecht)

Longobardi, Laura E.: Disclaimers of implied warranties: The 1980 United Nations Convention on Contracts for the International Sale of Goods, 53 Fordham L. Rev. (1985), S. 863 ff.

Magnus, Ulrich: Währungsfragen im Einheitlichen Kaufrecht, Zugleich ein Beitrag zu seiner Lückenfüllung und Auslegung, RabelsZ 53 (1989), S. 116 ff.

Magnus, Ulrich: Aktuelle Fragen des UN-Kaufrechts, ZEuP 1993, S. 79 ff.

Magnus, Ulrich: Die allgemeinen Grundsätze im UN-Kaufrecht, RabelsZ 59 (1995), S. 469 ff.

Magnus, Ulrich: Das UN-Kaufrecht: Fragen und Probleme seiner praktischen Bewährung, ZEuP 1997, S. 823 ff.

Maier-Reimer, Georg: Fremdwährungsverbindlichkeiten, NJW 1985, S. 2049 ff.

Majoros, Ferenc: Konflikte zwischen Staatsverträgen auf dem Gebiete des Privatrechts, RabelsZ 46 (1982), S. 84 ff.

Malaurie, Philippe/Aynès, Laurent: Cours de Droit Civil, Les obligations, Paris 1985 (zit.: *Malaurie/Aynès*, Cours de droit civil)

Mann, F.A.: Specific performance of foreign money obligations ?, 31 M.L.R. (1968) S. 342 ff.

Mansel, Heinz-Peter: Rechtsvergleichung und europäische Rechtseinheit, JZ 1991, S. 529 ff.

Martiny, Dieter: Europäisches Internationales Vertragsrecht - Erosion der Römischen Konvention ?, ZEuP 1997, S. 107 ff.

Marty, Gabriel/Raynaud, Pierre/Jestaz, Philippe: Droit civil, Les obligations, 2. édition, Tome 2, Le régime, Paris 1989 (zit.: *Marty/Raynaud/Jestaz*, Droit civil)

Mayer, Pierre: Droit international privé, 6. édition, Paris 1998

Mazeaud, Henri et Léon: (Stichwort:) Compensation, Rev. trim. dr. civ. 42 (1944), S. 117 f.

Medicus, Dieter: Schuldrecht I, Allgemeiner Teil, Ein Studienbuch, 12. Auflage, München 2000 (zit.: *Medicus*, Schuldrecht)

Mondegris, Roger: La nature juridique de la compensation, Paris 1969

Mugdan, Benno: Die gesamten Materialien zum Bürgerlichen Gesetzbuch für das Deutsche Reich, Recht der Schuldverhältnisse, Band 2, Berlin 1899, Neudruck Aalen 1979 (zit.: *Mugdan*, Materialien zum Bürgerlichen Gesetzbuch)

Münchener Kommentar zum Bürgerlichen Gesetzbuch (Rebmann, Kurt/Säcker, Jürgen, Hrsg.): 2. Auflage, München 1984 – 1990; 3. Auflage, München ab 1993 (zit.: MünchKomm/*Bearbeiter*)

Naumann, Hanno: Der Regelungsbereich des UN-Kaufrechts im Spannungsfeld zwischen Einheitsrecht und Kollisionsrecht, Frankfurt a.M. 2000 (zit.: *Naumann*, Regelungsbereich des UN-Kaufrechts)

Neumayer, Karl H./Ming, Catherine: Convention de Vienne sur les contrats de vente internationale de marchandises, Commentaire, Lausanne 1993 (zit.: *Neumayer/Ming*)

Nussbaum, Arthur: Das Geld in Theorie und Praxis des deutschen und ausländischen Rechts, Tübingen 1925 (zit.: *Nussbaum*, Geld in Theorie und Praxis des deutschen und ausländischen Rechts)

Nussbaum, Arthur: Deutsches internationales Privatrecht, Unter besonderer Berücksichtigung des österreichischen und schweizerischen Rechts, Tübingen 1932 (zit.: *Nussbaum*, Deutsches internationales Privatrecht)

Obst/Hintner: Geld-, Bank- und Börsenwesen, Ein Handbuch, (Kloten, Norbert/ v.Stein, Johann Heinrich, Hrsg.), 39. Auflage, Stuttgart 1993 (zit.: *Obst/ Hintner*, Geld-, Bank- und Börsenwesen)

Palandt: Bürgerliches Gesetzbuch, Kommentar, 60. Auflage, München 2001 (zit.: Palandt/*Bearbeiter*)

Piltz, Burghard: Internationales Kaufrecht, Das UN-Kaufrecht (Wiener Übereinkommen von 1980) in praxisorientierter Darstellung, München 1993 (zit.: *Piltz*, Internationales Kaufrecht)

Pünder, Hermann: Das Einheitliche UN-Kaufrecht - Anwendung kraft kollisionsrechtlicher Verweisung nach Art. 1 Abs. 1 lit. b UN-Kaufrecht, RIW 1990, S. 869 ff.

Reichel, Hans: Rückwirkung der Aufrechnung gegen Fremdgeldforderungen, AcP 126 (1926), S. 313 ff.

Reinhart, Gert: UN-Kaufrecht, Kommentar zum Übereinkommen der Vereinten Nationen vom 11. April 1980 über Verträge über den internationalen Warenkauf, Heidelberg 1991 (zit.: *Reinhart*)

Reinhuber, Nikolaus: Grundbegriffe und internationaler Anwendungsbereich von Währungsrecht, Berlin/New York 1995

Reithmann, Christoph/Martiny, Dieter (Hrsg.): Internationales Vertragsrecht, Das internationale Privatrecht der Schuldverträge, 5. Auflage, Köln 1996 (zit.: *Reithmann/Martiny*, Internationales Vertragsrecht)

Rummel, Peter (Hrsg.): Kommentar zum Allgemeinen bürgerlichen Gesetzbuch in zwei Bänden, 2. Band, §§ 1175 bis 1502 ABGB, Nebengesetze, Wien 1992 (zit.: Rummel/*Bearbeiter*)

Sandrock, Otto: Der Euro und sein Einfluß auf nationale und internationale privatrechtlichen Verträge, Mit Klauselvorschlägen zur Absicherung von Risiken, Beilage 1 zur RIW 1997, Heft 8, S. 1 ff.

Schlechtriem, Peter: Einheitliches UN-Kaufrecht, Das Übereinkommen der Vereinten Nationen über internationale Warenkäufe, Darstellung und Texte, Tübingen 1981 (zit.: *Schlechtriem*, Einheitliches UN-Kaufrecht)

Schlechtriem, Peter: Internationales UN-Kaufrecht, Ein Studien- und Erläuterungsbuch zum Übereinkommen der Vereinten Nationen über Verträge über den internationalen Warenkauf (CISG), Tübingen 1996 (zit.: *Schlechtriem*, Internationales UN-Kaufrecht)

Schlechtriem, Peter (Hrsg.): Kommentar zum Einheitlichen UN-Kaufrecht, Das Übereinkommen der Vereinten Nationen über Verträge über den internationalen Warenkauf (CISG), 3. Auflage, München 2000 (zit.: Schlechtriem/*Bearbeiter*)

Schmid, Christoph: Das Zusammenspiel von Einheitlichem UN-Kaufrecht und nationalem Recht, Lückenfüllung und Normenkonkurrenz, Berlin 1995 (zit.: *Schmid*, Lückenfüllung und Normenkonkurrenz)

Schmidt, Karsten: Gleichartigkeit und Rückwirkung bei der Aufrechnung von Geldschulden, Grenzen des § 389 BGB, in: Festschrift für Walter Odersky zum 65. Geburtstag am 17. Juli 1996 (Böttcher, Reinhard/Hueck, Götz/Jähnke, Burkhard, Hrsg.), Berlin/New York 1996, S. 685 ff. (zit.: *K.Schmidt*, FS Odersky)

Schmidt-Kessel, Martin: Vertragsaufhebung nach UN-Kaufrecht, zu BGH, Urteil vom 15.02.1995 – VIII ZR 18/94, RIW 1995, S. 505, RIW 1996, S. 60 ff.

Schmidt-Ränsch, Jürgen: Wertsicherungsklauseln nach dem Euro-Einführungsgesetz, NJW 1998, S. 3166 ff.

Schütz, Markus: UN-Kaufrecht und Culpa in contrahendo, Karlsruhe 1995

Schwimann, Michael (Hrsg.): Praxiskommentar zum ABGB samt Nebengesetzen, 2. Auflage, Band 7, §§ 1293 – 1502 ABGB, Wien 1997 (zit.: Schwimann/*Bearbeiter*)

Shadeen, Malik: Offer: Revovable or irrevocable. Will Art. 16 of the Convention on Contracts for the international Sale ensure uniformity ?, 25 Indian J. Int 'l L (1985), S. 26 ff.

Siehr, Kurt: Zum Vorentwurf eines EWG-Übereinkommens über das Internationale Schuldrecht, AWD 1973, S. 569 ff.

Siehr, Kurt: Der internationale Anwendungsbereich des UN-Kaufrechts, RabelsZ 52 (1988), S. 587 ff.

Soergel: Bürgerliches Gesetzbuch mit Einführungsgesetz und Nebengesetzen, 11. Auflage, Stuttgart/Berlin/Köln usw. 1978 bis 1983; 12. Auflage, Stuttgart/Berlin/Köln usw. 1987 bis 1996 (zit.: Soergel/*Bearbeiter*)

Staudinger, Julius von – Kommentar zum Bürgerlichen Gesetzbuch: 12. Auflage, Berlin ab 1978, 13. Auflage, Berlin ab 1993 (zit.: Staudinger/*Bearbeiter*)

Steenken, Stefan: Fremdwährungsschulden im deutschen und englischen Recht, Ein Rechtsvergleich, Frankfurt a.M./Berlin/Bern/New York/Paris/Wien 1992 (zit.: *Steenken*, Fremdwährungsschulden)

Stoll, Hans: Internationalprivatrechtliche Fragen bei der landesrechtlichen Ergänzung des Einheitlichen Kaufrechts, in: Festschrift für Murad Ferid zum 80. Geburtstag am 11. April 1988 (Heldrich, Andreas/Sonnenberger, Hans Jürgen) Frankfurt a.M. 1988, S. 495 ff. (zit.: *Stoll*, FS Ferid)

Stoll, Hans: Regelungslücken im Einheitlichen Kaufrecht und IPR, IPRax 1993, S. 75 ff.

Trutmann, Walter: Die Compensation nach schweizerischem Obligationenrecht, Dornbirn 1922

Tuggey, Timothy N.: The 1980 United Nations Convention on Contracts for the International Sale of Goods: Will a Homeward Trend emerge ?, 21 Tex. Int. 'l LJ. (1986), S. 540 ff.

Tuhr, Andreas von: Partie générale du Code fédéral des Obligations, Premier volume: Essence et contenn de l ` obligation, Obligations résultant d´un contract, d´un acte illicite ou d´un enrichissement illégitime, Lausanne 1933 (zit.: *v.Tuhr*, Partie générale du Code fédéral des Obligations)

Vékás, Lajos: Zum persönlichen und räumlichen Anwendungsbereich des UN-Einheitskaufrechts, IPRax 1987, S. 342 ff.

Volken, Paul: The Vienna Convention: Scope, Interpretation and Gap-Filling, in: International Sale of Goods, Dubrovnik Lectures (Sarcevic, Peter/Volken, Paul, Hrsg.), New York/London/Rom 1986, S. 19 ff. (zit.: *Volken*, in: International Sale of Goods)

Vorpeil, Klaus: Aufrechnung bei währungsverschiedenen Forderungen, RIW 1993, S. 529 ff.

Weber, Rolf H.: Vertragsverletzungsfolgen: Schadensersatz, Rückabwicklung, vertragliche Gestaltungsmöglichkeiten, in: Wiener Kaufrecht, Der schweizerische Aussenhandel unter dem Übereinkommen über den internationalen Warenkauf (Bucher, Eugen, Hrsg.), Bern 1991, S. 165 ff. (zit.: *Weber*, in: Wiener Kaufrecht)

Weill, Alex/Terré, François: Droit civil, Les obligations, Paris 1980 (zit.: *Weill/Terré*, Droit civil)

Wild, Peter E.: Die Verrechnung im internationalen Privatrecht - unter besonderer Berücksichtigung der schweizerischen und US-amerikanischen Rechtsordnung, St.Gallen 1992 (zit.: *Wild*, Verrechnung im internationalen Privatrecht)

Witz, Wolfgang/Salger, Hanns-Christian/Lorenz, Manuel: International Einheitliches Kaufrecht, Praktiker-Kommentar und Vertragsgestaltung zum CISG, Heidelberg 2000 (zit.: *Witz/Salger/Lorenz*)

Wolf, Martin: Die Aufrechnung im internationalen Privatrecht, Dortmund 1989 (zit.: *Wolf*, Aufrechnung im internationalen Privatrecht)

Wood, Philip R.: English and International Set-off, London 1989

Zweigert, Konrad/ Drobnig, Ulrich: Einheitliches Kaufgesetz und internationales Privatrecht, RabelsZ 29 (1965), S. 146 ff.

INTERNATIONALRECHTLICHE STUDIEN
Beiträge zum Internationalen Privatrecht,
zum Einheitsrecht und zur Rechtsvergleichung

Herausgegeben von Ulrich Magnus

Band 1 Birgit Reimers-Zocher: Beweislastfragen im Haager und Wiener Kaufrecht. 1995.

Band 2 Lenja Vespermann: Schadensersatz bei Beeinträchtigung rechts- oder sittenwidriger Interessen im deutschen und französischen Recht. 1996.

Band 3 Peter Cypra: Die Rechtsbehelfe im Verfahren der Vollstreckbarerklärung nach dem EuGVÜ unter besonderer Berücksichtigung der Ausgestaltung in Deutschland und Frankreich. 1996.

Band 4 Brigitta Lurger: Regulierung und Deregulierung im europäischen Privatrecht. 1997.

Band 5 Uta Gutknecht: Das Nacherfüllungsrecht des Verkäufers bei Kauf- und Werklieferungsverträgen. Rechtsvergleichende Untersuchung zum CISG, zum US-amerikanischen Uniform Commercial Code, zum deutschen Recht und zu dem Vorschlag der Kommission zur Überarbeitung des deutschen Schuldrechts. 1996.

Band 6 Stefan Abel: Die Qualifikation der Schenkung. Zur Methode der Qualifikation im Internationalen Schuldvertragsrecht. 1997.

Band 7 Daniel Kötz: Verkäuferpflichten und Rechtsbehelfe des Käufers im neuen norwegischen Kaufrecht vom 13. Mai 1988 Nr. 27 im Vergleich zum UN-Kaufrecht vom 11. April 1980 (CISG). 1997.

Band 8 Olaf Beier: Grundsätze eines europäischen transportmittelübergreifenden Schadensrechts für den Gütertransport. Eine rechtsvergleichende Untersuchung unter besonderer Berücksichtigung der CMR, der ER/CIM 1990, des WA/HP und der HVR. 1999.

Band 9 Ulrich Krüger: Modifizierte Erfolgshaftung im UN-Kaufrecht. Die Haftungsbefreiung bei Lieferung vertragswidriger Ware gemäß Art. 79 CISG. 1999.

Band 10 Wolf-Henning Hammer: Das Zurückhaltungsrecht gemäß Art. 71 CISG im Vergleich zu den Kaufgesetzen der nordischen Staaten unter Einbeziehung transportrechtlicher Aspekte. Eine rechtsvergleichende Studie. 1999.

Band 11 Ulrich Quay: Der Consulting-Vertrag im Internationalen Privatrecht. 2000.

Band 12 Axel Halfmeier: Die Veröffentlichung privater Tatsachen als unerlaubte Handlung. Eine rechtsvergleichende Untersuchung. 2000.

Band 13 Stephanie Scholz: Lohngleichheit durch Verfahren. Eine Studie zur Förderung der Lohngleichheit durch verfahrensrechtliche Ansätze. 2000.

Band 14 Tarık Cebecioğlu: Stellung des Ausländers im Zivilprozeß. Eine rechtsvergleichende Untersuchung des türkischen und deutschen Rechts. 2000.

Band 15 Gunnar Straube: Sozialrechtliche Eingriffsnormen im Internationalen Privatrecht. 2001.

Band 16 Daniela de Lukowicz: Divergenzen in der Rechtsprechung zum CISG. Auf dem Weg zu einer einheitlichen Auslegung und Anwendung? 2001.

Band 17 Mohamed Hassan Fadlalla Ali: Das islamische Ehe- und Kindschaftsrecht im Sudan. Mit Hinweisen zu den Lehren der Islamischen Rechtsschule, der anwendbaren Familienrechtsvorschriften für Nichtmuslime im Sudan und im deutschen Familienrecht. 2001.

Band 19 Florian Schulz: Der Ersatzlieferungs- und Nachbesserungsanspruch des Käufers im internen deutschen Recht, im UCC und im CISG. Eine rechtsvergleichende Untersuchung unter Berücksichtigung der Schuldrechtskommission, der EG-Richtlinie 1999/44/EG und des Diskussionsentwurfs eines Schuldrechtsmodernisierungsgesetzes. 2002.

Band 20 Ingo Janert: Die Aufrechnung im internationalen Vertragsrecht. 2002.

www.ingramcontent.com/pod-product-compliance
Ingram Content Group UK Ltd.
Pitfield, Milton Keynes, MK11 3LW, UK
UKHW021937290926
8980IPUK00016B/1680

9 783631 391327